大夏书系·成尚荣教育文丛

教学 律令

成尚荣/著

华东师范大学出版社
全国百佳图书出版单位
上海市著名商标
ECNUP

图书在版编目（CIP）数据

教学律令 / 成尚荣著 . —上海：华东师范大学出版社，2017
ISBN 978 - 7 - 5675 - 6629 - 3

Ⅰ . ①教 ... Ⅱ . ①成 ... Ⅲ . ①课程—教学改革—中小学 Ⅳ . ① G632.3

中国版本图书馆 CIP 数据核字（2017）第 165131 号

大夏书系·成尚荣教育文丛

教学律令

著　　者	成尚荣
策划编辑	李永梅　林茶居
特约编辑	贲友林
审读编辑	张思扬
封面设计	奇文云海·设计顾问

出版发行	华东师范大学出版社
社　　址	上海市中山北路 3663 号　邮编　200062
网　　址	www.ecnupress.com.cn
电　　话	021 - 60821666　行政传真　021 - 62572105
客服电话	021 - 62865537
邮购电话	021 - 62869887　地址　上海市中山北路 3663 号华东师范大学校内先锋路口
网　　店	http://hdsdcbs.tmall.com

印刷者	北京季蜂印刷有限公司
开　　本	700×1000　16 开
插　　页	1
印　　张	19
字　　数	291 千字
版　　次	2018 年 4 月第一版
印　　次	2018 年 7 月第三次
印　　数	9 101-12 100
书　　号	ISBN 978 - 7 - 5675 - 6629 - 3/G · 10467
定　　价	55.00 元

出版人	王焰

（如发现本版图书有印订质量问题，请寄回本社市场部调换或电话 021-62865537 联系）

目录
Contents

第四辑　教学改革的典范

第五辑　理性的回答

目录

附　录

致　谢

自　序
在更大的坐标上讲述自己的故事

　　曾经犹豫很久，不知丛书的自序究竟说些什么，从哪里说起，怎么说。后来，我想到，丛书是对自己人生的第一次小结，而人生好比是个坐标，人生的经历以及小结其实是在坐标上讲述自己的故事。于是自序就定下了这个题目。

　　与此同时，我又想到故事总是一节一节的，一段一段的，可以分开读，也可以整体地去读。因此，用"一、二、三……"的方式来表达，表达人生的感悟。

一、尚可：对自己发展状态的认知

　　我的名字是"尚荣"二字。曾记得，原来写的是"上荣"，不知何人、何时，也不知何因改成"尚荣"了。那时，家里人没什么文化，我们又小，改为"尚荣"绝对没有什么文化的考量，但定有些什么不知所云的考虑。

　　我一直认为"尚荣"这名字很露，不含蓄，也很俗，不喜欢，很不喜欢。不过，现在想想，"尚荣"要比"上荣"好多了，谦逊多了，也好看一点。我对"尚荣"的解读是"尚可"，其含义是，一定要处在"尚可"的认知状态，然后才争取从尚可走向尚荣的理想状态。

　　这当然是一种自我暗示和要求。我认为，人不能喧闹，不能作秀，更不能炫耀（何况还没有任何可以炫耀的资本）。但人不能没有精神，不能没有思想，我一直要求自己做一个有追求的人，做一个精神灿烂的人。正是"尚可""尚荣"架构起我人生的坐标。尚可，永远使我有种觉醒和警惕，无论有什么进步、成绩，只是"尚可"而已；尚荣，永远有一种想象和追求，无论有什么进展、作为，只不过是"尚荣"而已。这一发展坐标，也许是冥冥之中人生与我的约定以及对我的承诺。我相信名字的积极暗示意义。

二、走这么久了，才知道现在才是开始

我是一只起飞很迟的鸟，不敢说"傍晚起飞的猫头鹰"，也不愿说"夕阳无限好，只是近黄昏"。说起飞很迟，是因为61岁退休后才安下心来，真正地读一点书，写一点小东西，在读书和写作中，生发出一点想法，然后把这些想法整理出来，出几本书，称作"文丛"。在整理书稿时，突然之间有了一点领悟。

第一点领悟：年龄不是问题，走了那么久，才知道，原来现在才是开始。人生坐标上的那个起点，其实是不确定的，任何一个点都可以成为起点；起点也不是固定的某一个，而是一个个起点串联起发展的一条曲线。花甲之年之后，我才开始明晰，又一个起点开始了，真正的起点开始了。这个点，就是退休时，我在心里默默地说的：我不能太落后。因为退休了，不在岗了，人一般会落后，但不能太落后。不能太落后，就必须把过去的办公桌，换成今天家里的那张书桌，书桌告诉我，走了那么久，坐在书桌前，才正是开始。所以，年龄真的不是问题，起点是自己把握的。

第二点领悟：人生是一首回旋曲，总是要回到童年这一人生根据地去。小时候，我的功课学得不错，作文尤其好。那时，我有一个巴望：巴望老师早点发作文本。因为发作文本之前，总是读一些好作文，我的作文常常被老师当作范文；也常听说，隔壁班的老师也拿我的作文去读。每当那个激动人心的时刻来临，我会想入非非：总有一天要把作文登在报刊上，尤其是一定要在《新华日报》上刊登一篇文章。童年的憧憬和想象是种潜在的力量。一个人童年时代有没有一点想入非非，今后的发展还是不同的。和过去的学生聚会，他们也逐渐退休了，有的也快70岁了。每每回忆小学生活，总忆起

那时候我读他们的作文。文丛出了，我似乎又回到了自己的童年时代。童年，那是我人生的根据地；人总是在回旋中建构自己的历史，建构自己的坐标，总得为自己鸣唱一曲。

第三点领悟：人的发展既可以规划又不能规划，最好的发展是让自己"非连续发展"。最近我很关注德国教育人类学家博尔诺夫的"非连续"教育理论。博尔诺夫说，人是可以塑造的，但塑造的观点即连续性教育理论是不完整的，应当作重要调整和修正，而非连续性教育倒是对人的发展具有根本的意义。我以为，非连续性教育可以迁移到人的非连续性发展上。所谓非连续性发展，是要淡化目的、淡化规划，是非功利的、非刻意的。我的人生好像用得上非连续发展理论。如果你功利、浮躁、刻意，会让你产生"目的性颤抖"。人的发展应自然一点，"随意"一点，对学生的教育亦应如此，最好能让他们跳出教育的设计，也让名师的发展跳开一点。只有"尚可"，才会在不满足感中再向前跨一点。

三、坐标上的原点：追寻和追赶

文丛实质上是我的一次回望，回望自己人生发展的大概图景，回望自己的坐标，在坐标上讲述自己的故事。回望不是目的，找到那个点才最为重要。我要寻找的是那个坐标上的原点，它是核心，是源泉，是出发点，也是回归点。找到原点，才能架构人生发展的坐标，才会有真故事可讲。

那个点是什么呢？它在哪里呢？

它在对人生意义的追寻中。我一直坚信这样的哲学判断：人是意义的创造者，但人也可以是意义的破坏者。我当然要做意义的创造者。问题是何为意义。我认定的意义是人生的价值，既是个人存在和发展的价值，也是对他人对教育对社会产生的一点影响。而意义有不同的深度，价值也有不同的高度。值得注意的是，人生没有统一的深度和高度，也没有统一的进度和速度，全在自己努力，不管从什么时候开始，你努力了，达到自己的高度才重要，把握自己的进度才合适。而所谓的努力，对我来说就是两个字：追赶。因为我的起点低，基础薄弱，非"补课"不可，非追赶不可。其实，追赶不仅是态度，它本身就是一种意义。

我追赶青春的步伐。路上行走，我常常不自觉地追赶年轻人的脚步，从步幅到步频。开始几分钟，能和年轻人保持一致，慢慢地赶不上了。过了几分钟，我又找年轻人作对象，去追赶他们的脚步，慢慢地，又落后了。追赶不上，我不遗憾，因为我的价值在于追求。这样做，只是对自己的要求，是想回到青年时代去，想再做一回年轻人，也是向年轻人学习，是向青春致敬的一种方式。有了青春的步伐，青春的心态，才会有青春的书写。

我追赶童心。我曾不止一次地引用作家陈祖芬的话：人总是要长大的，但眼睛不能长大；人总是要变老的，但心不能变老。不长大的眼是童眼，不老的心是童心。童心是可以超越年龄的，只要有童心，就会有童年，就会有创造。我自以为自己有颗不老的童心，喜欢和孩子说话，喜欢和年轻人对话，喜欢看绘本，喜欢想象，喜欢天上云彩的千变万化，看到窗前的树叶飘零了，我会有点伤感。追赶童心，让我有时激动不已。

我追赶时代的潮流。我不追求时尚，但我不反对时尚，而且关注时尚。同时，我更关注时代的潮流，课程的，教学的，教育的，儿童的，教师的；经济的，科技的，社会的，哲学的，文化的。有人请我推荐一本杂志，我毫不犹豫地推荐《新华文摘》，因为它的综合性，让我捕捉到学术发展的前沿信息。每天我要读好几种报纸，报纸以最快的速度传递时代的信息，我会从中触摸时代的走向和潮流。读报并非消遣，而是让其中一则消息触动我的神经。

所有的追赶，都是在寻觅人生的意义。人生坐标，当是意义坐标。意义坐标，让我不要太落后，让我这只迟飞的鸟在夕阳晚霞中飞翔，至于它落在哪个枝头，都无所谓。迟飞，并不意味着飞不高飞不远，只要是有意义的飞翔，都是自己世界中的高度和速度。

四、大胸怀：发展的坐标要大些

人生的坐标，其实是发展的格局，坐标要大，就是格局要大。我家住傅厚岗。傅厚岗曾住过几位大家——徐悲鸿、傅抱石、林散之，还有李宗仁。我常在他们的故居前驻足，见故屋，如见故人。徐悲鸿说，一个人不能有傲气，但一定要有傲骨；傅抱石对小女傅益瑶说，不要做文人，做一个有文化的人，重要的是把自己的胸襟培养起来。徐悲鸿、傅抱石的话对我启发特别大。我的理解是：大格局来自大胸怀，胸怀大是真正的大；大格局不外在于他人，而是内在于人的心灵。而胸怀与视野联系在一起。于是，大视野、大胸怀带来大格局，大格局才会带来大一点的智慧，人才能讲一点更有内涵、更有分量的故事。这是我真正的心愿。

大胸怀下的大格局，是由时间与空间架构成的坐标。用博尔诺夫的观点看，空间常常有个方向：垂直方向、水平方向和点。垂直方向引导我们向上，向天空，向光明；水平方向引导我们向前；点则引导我们要有一个立足点。无论是向上，还是向前，还是选择一个立足点，都需要努力，都需要付出。而时间则是人类发展的空间。时间特别引导人应当有明天性。明天性，即未来性，亦即向前性和向上性。所以，实践与空间构筑了人生的坐标，这样的坐标是大坐标。

五、对未来的慷慨：把一切献给现在

在这样的更大坐标中，需要我们处理好现实与未来的关系。我非常欣赏这样的表述：对未来的慷慨，是把所有的一切都献给现在。其意不难理解：不做好现在哪有什么未来？因此想要在更大的坐标上讲述故事，则要从现在开始，只有着力讲好今天的故事，才有明天的故事。有一点，我做得还是比较好的：不虚度每一天，读书、读报、思考、写作成为一天的主要生活内容，也成了我的生活方式。有老朋友对我的评价是：成尚荣不好玩。意思是，我不会打牌，不会钓鱼，不会喝酒，不喜欢游山玩水。我的确不好玩。但我觉得我还是好玩的。我知道，年纪大了，再不抓紧时间读点书写点什么，真对不起自己，恐怕连"尚可"的水平都达不到。这位老朋友已离世了，我常默默地对他说：请九泉之下，仍继续谅解、宽容我的不好玩吧。真的，好不好玩在于自己的价值认知和追求。

六、首先做个好人，一个有道德的人

讲述的故事不管有多大，有一个十分重要的主题，那就是做个好人。做个好人真不容易。我对好人的定义是：心地善良，有社会良知，谦虚，和气，平等对人，与人为善，多站在对方的位置上想想。我的主要表现是：学会"让"。让，不是软弱，而是不必计较，不在小问题上计较，不在个人问题上计较。所谓好人，说到底是做个有道德的人。参与德育课程标准的研讨，参与道德与法治教材的审查，参与学生发展核心素养的论证，我最大的体会是：道德是照亮人生之路的光源，人生发展坐标首先是道德坐标。我信奉林肯的论述："能力将你带上峰顶，德行将让你永驻那儿。"我还没登上峰顶，但是道德将成为一种攀登的力量和永驻的力量。我也信奉，智慧首先是道德，一如亚里士多德所言，智慧就是就那些对人类有益的或有害的事采取行动的伴随着理性的真实的能力状态。我又信奉，所谓的退、让，实质上是进步，一如插秧歌："手把青秧插满田，低头便见水中天，六根清净方为道，退步原来是向前。"我还信奉，有分寸感就不会贪，有意志力就不怕，有责任心就不懒，有自控力就不乱。而分寸感、意志力、责任心、自控力无不与道德有关。

在更大的坐标上讲述故事，是一个反思、梳理、提升的过程，学者称之为"重撰"中的深加工。文丛试图对以往的观点、看法作个梳理，使之条理化、结构化，得以提升与跃迁。如果作一些概括的话，至少有三点体会。其一，心里有个视角，即"心视角"。心视角，用心去观察问题、分析问题。心视角有多大，坐标就可能有多大；心视角有多高，坐标就可能有多高。于是，我对自己的要求是，对任何观点对任何现象的分析、认识看高不看低，往深处本质上去看，往立意和价值上去看。看高就是一种升华。其二，脑子里有个思想的轮子。思想让人站立起来，让人动起来、活起来，人的全部尊严在于思想。思想是从哪里来的？来自哲学，来自文学，来自经典著作。我当然相信实践出真知，但是实践不与理论相结合，是出不了思想的。思想好比轮子，推着行动走。倘若文章里没有思想，写得再华丽都不是好文章。我常常努力地让思想的轮子转动起来。发展坐标是用思想充实起来、支撑起来的。其三，从这扇门到那扇门，打开一个新的天地。读书时，我常有种想象，我把这种阅读称作"猜想性阅读"。这样的阅读会丰富自己原有的认知框架，甚至可以改变自己原有的认知框架。写作则是从这扇门到那扇门，由此及彼，由表及里，由浅及深，是新的门窗的洞开。

七、把坐标打开：把人、文化，把教育的关注点、研究点标在坐标上

更宽广的视野，更丰富的心视角，必然让坐标向教育、向生活、向世界打开。打开的坐标才可能是更大的坐标。我对专业的理解，不囿于学科，也不囿于课程，而要在人的问题上，在文化的问题上，在教育改革、发展的一些大问题上有些深度的阐释和建构，这样的专业是大专业。由此，对教师的专业发展我曾提出"第一专业"的命题。对教师专业发展如此，对教育科研工作者也应有这样的理解与要求。基于这样的认识，文丛从八个方面梳理、表达了我这十多年对有关问题思考、研究的观点：儿童立场、教师发展、道德、课程、教学、语文、教学流派以及核心素养。我心里十分清楚：涉及面多了，研究的专题不聚焦，研究的精力不集中，在深度上、在学术的含量上达不到应有的要求。不过，我又以为，教育科研者视野开阔一点，视点多一点，并不是坏事，倒是让自己在多样性的认知与比较中，对某一个问题发现了不同的侧面，让问题立起来，观察得全面一些，也深入一些。同时，研究风格的多样化，也体现在研究的方向和价值上。

坐标打开，离不开思维方式和打开方式。我很认同"遮诠法"。遮诠法是佛教思维方式。遮，即质疑、否定；诠，即诠释、说明。遮不是目的，诠才是目的；但是没有遮，便没有深度、独特的诠；反过来，诠让遮有了更充足的理由。由遮到诠是思维方式，也是打开、展开的方式。

遮诠法只是我认同并运用的一种方式，我运用得比较多的是"赏诠法"。所谓赏，是肯定、认同、赞赏。我始终认为，质疑、批评、批判，是认识问题的方式，是指导别人的方式，而肯定、认同、赞赏同样是认识问题的方式，同样是指导别人的方式，因为肯定、认同、赞赏，不仅让别人增强自信，而且知道哪些是认识深刻、把握准确、表达清晰的，需要保持，需要将其放大，争取做得更好。对别人的指导应如此，对自己的学习和研究也应这样。这样的态度是打开的，坐标也是打开的。打开坐标，研究才会有新视野和新格局。

打开，固然可以深入，但真心的深入应是这一句话："根索水而入土，叶追日而上天。"我对自己的要求是：向上飞扬，向下沉潜。要向上，还要

向下，首先是"立起身来"。原来，所有的坐标里，都应有个人，这个人是站立起来的。这样的坐标才是更大的坐标。

八、打开感性之眼，开启写作之窗

不少人，包括老师，包括杂志编辑，也包括一些专家学者，认为我的写作是有风格的，有人曾开玩笑地说：这是成氏风格。

风格是人的影子，其意是人的个性使然，其意还在风格任人去评说。我也不知道自己的写作风格究竟是什么，只知道，那些文字是从我的心里流淌出来的，大概真实、自然与诗意，是我的风格。

不管风格不风格，有一点我是认同的，而且也是在努力践行的，那就是相信黑格尔对美的定义：美是用感性表达理念和理性。黑格尔的话与中国文化传统中的"感悟"，以及宗白华《美学散步》中的"直觉把握"是相同的，相通的。所以，我认为，写作首先是打开感性之眼，运用自己的直觉把握。我自觉而又不自觉地坚持了这一点。每次写作，总觉得自己的心灵又敞开了一次，又自由呼吸了一次，似乎是沿着一斜坡向上起飞、飞翔。心灵的自由才是最佳的写作状态，最适宜的写作风格。

当然也有人曾批评我的这一写作风格，认为过于诗意，也"带坏"了一些教师。我没有过多地去想，也没有和别人去辩论。问题出在对"诗意"的理解存在偏差。写作是个性化的创造，不必去过虑别人的议论。我坚持下来了，而且心里很踏实。

九、讲述故事应当有一个丰富的工具箱

工具的使用与创造，让人获得了解放，对工具的使用与创造已成为现代人的核心素养。

讲述故事也需要工具，不只是一种工具，而且要有一个工具箱。我的工具箱里有不少的工具。一是书籍。正如博尔赫斯所说的，书籍是人类创造的伟大工具。书籍这一工具，让我的心灵有了一次又一次腾飞的机会。二是艺术。艺术是哲学的工具。凭借艺术这一工具我走向哲学的阅读和思考。长

期以来，我对艺术作品及其表演非常关注。曾记得，读师范时，我有过编写电影作品的欲望，并很冲动。现在回想起来，有点好笑，又非常欣慰。因为我那电影梦，已转向对哲学、伦理学的关注了。三是课程。从目的与手段的关系看，课程是手段、是工具。课程这一透镜，透析、透射出许多深刻的意蕴。四是教科书。我作为审查委员，对教材进行审查时，不是审查教材本身，而是去发现教材深处的人——教材是不是为人服务的。工具箱，提供了操作的工具，而工具的使用，以及使用中生成的想象，常常帮助我去编织和讲述故事。

十、故事让时间人格化，我要继续讲下去

故事可以提供一个可供分享的世界。不过，我的目的，不只在与世界分享，更为重要的是，通过故事让时间人格化，让自己的时间人格化。讲述故事，是对过去的回忆，而回忆时，是在梳理自己的感受，梳理自己人格完善的境脉。相信故事，相信时间，相信自己的人生坐标。

我会去丰富自己的人生坐标，在更大的坐标上，继续讲述自己的故事。

2017 年 1 月 15 日

写在前面
关于教学律令

　　我们每天都在课堂里度过，每天都和教学打交道，对教学最熟悉不过，但有时又深感困惑。犹如伽德默尔对文化的感受一样：每天都沐浴在文化之中，但倾我们自己之所知，倾我们自己之所能，也未必能说清楚什么是文化。也许，这正是教学永远的魅力——教学研究与实践永远在熟悉与不熟悉之间，从不熟悉到熟悉，再从熟悉到不熟悉，每一次"到"都会有新的发现。况且，教师一茬又一茬的，新教师总是在重复老教师走过的路。

　　这是一种循环。但如何让循环充满活力、生长意义，是需要持续、深入研究的。当下的事实是，无意义的循环仍大量存在，可是对此，我们又常常习以为常，甚至熟视无睹。这很可怕。

　　这样，一个问题自然产生了：教学有没有基本稳定的东西可以依循呢？它可能是永远不变的，是有"律令"性质的。我想，肯定是有的。假若将那些"律令"寻找出来、揭示出来，就可能让教师心中有数，教起来也能渐渐地熟能生巧。于是，我将教学改革这本书取名为"教学律令"，与此同时，产生了以下一些断想。

一、教学节律究竟在哪里

　　复旦老校长陈望道曾这么说："语文的研究，应该屁股坐在中国的今天，伸出一只手向古代要东西，伸出另一只手向外国要东西。"画家吴冠中也说过类似的话。他说，吃过中国的茶饭，也曾寄养在西方，喝过西方的咖啡，最后都要消化在创造的肚肠里。教学改革正是如此，应该伸出两只手去。

中国是个开放的国度，教学改革也是一个开放的系统，向国外要当代教学理论，是应该的、必需的。比如，当下，我们更加关注当代教学理论对教学情境复杂性的揭示。这么多年来，我们一直关注教学情境理论，但对其复杂性关注不够，研究更不够。这一理论启发我们，教学实践研究、教学理论研究，不能只是一个视角、一种观点、一个依据，而应体现多元思维、多重视角、多种观点的整合。复杂性情境理论如此，其他理论呢？实事求是地说，我们对国外理论相当关注，但消化不够，内化水平不高，尤其是与本土的实践结合不准，随意性、盲目性的现象是存在的，而且比较普遍。我们需要反思、改进。

不要忘了另外一只手，不要忘了中国的"茶饭"，不要忘了中华传统文化中的教育理论、思想和经验。"半部《论语》治天下"，不敢认同，但《论语》中有关教学的论述，那么丰富，那么深刻，那么亲切，是能"治一治"当下教学弊端的。可我们往往将它们搁置一边。因此，我们只是向西方伸出了一只手，而另一只手还没有真正地伸出去。显然，我们的文化自信不够。

更为重要的是，东西方的教学理论、思想、经验要加以整合，"都要消化在创造的肚肠里"。屁股坐在中国，国外只是"寄养"，因此，教学改革也有个基本立场问题，而整合、消化、创造，回复到中国教学改革的本土，才是我们的目的。因此，我们也有一个关于教学改革的中国梦——探索、建构具有中国特色的教学理论和实践体系。我以为，这应是最高层面的教学律令，我们应为此坚持不懈地努力。

二、教学改革要回到教学基本问题上去

我对当下有些地区、学校教学改革有不少的忧虑。当下教学改革的热度很高，而且都"热"在教学特色的追求和教学模式的建构上，稍稍浏览，便可发现各种命名的教学模式迎面扑来，有时让人有喘不过气来的感觉。我并不反对追求教学特色，也不反对建构教学模式，尤其对于名师，这些追求

都是必然的，也是必需的。问题有两个，一个是究竟何为教学特色、教学模式，一个是教学特色、教学模式究竟是建立在什么基础上的。教学模式被称为理论化的实践、实践化的理论，其基础是对教学基本规律的准确认知与把握，而基本规律又源自对教学问题剖析基础上所概括出来的教学基本规定性；舍弃基本问题、基本规定性，便舍弃了教学基本规律，而舍弃这些，教学模式就无从说起，即使有了所谓的教学模式，能站得住吗？有价值和意义吗？教学模式如此，教学特色亦是如此。

基于对以上现象的初步讨论，不难得出以下结论：基本问题、基本规定性、基本规律折射的正是教学律令；教学律令直抵教学的本质和核心，回到基本问题上去，就是回到教学的本质、核心上去；教学律令这一命题的提出，是在提醒我们，教学改革要安静下来，安下心来，要警惕、反对、克服盲目性、浮躁心态、浮华现象。课程改革深化至今天，我们还只是凭着一股激情，而无理性的思考与理论的支撑，那只能说明我们是不成熟的，课改也不是成熟的。

三、教学育人：最高的教学律令

如果一位教师手捧教科书教着课，他一定不是好教师，因为他并不知道那本教科书只不过是随时准备让学生弹离的一块跳板而已。跳板是工具、手段，课程、教科书也是工具、手段，不是目的，目的是让学生凭借这块跳板跳得更高、更远、更好，亦即使学生获得发展。可我们常常把手段与目的的关系搞颠倒了。苏霍姆林斯基曾论述过人的最高价值，结论当然是：人是人的最高价值。正因为此，苏霍姆林斯基才对一位物理教师这么说：你不是教物理的，是教人学物理的。

老子也深刻论述过人的价值，他认为域中有四大：道大，天大，地大，人亦大。而且人上接天，下接地，又关乎道。他的意思也十分明确，天地之间，人才会有最高价值。我以为，教学之道，乃人学习之道，人发展之道。

人永远是目的。但实际教学中，我们常常把人忘掉了，只看见课程，只看见教材，只有教学过程，人却不见了，这样的教学肯定不是好的教学，甚至不是教学。教室的上空，永远飘扬着一面旗帜，上面写着一个大写的

"人"。问题不能止于此，还应追问的是：教学究竟培养什么样的人，怎么培养人？还有一个重要问题：为谁培养人？于是，教学要紧紧围绕核心素养展开，立德树人应当是教学的根本任务。让我们牢牢记住这教学的第一命令：育人，为社会主义中国培育核心素养良好的人。

四、支持学生学会学习：教学律令的核心

教学的核心是学生的学习，是学生学会学习，是主动学习、创造性学习、享受学习。这几乎已成共识。但熟知也未必是真知，共识未必有真正的行动，未必得以真正实现。当下的实际情况正是这样。原因究竟在哪里？

作个大体的分析。一开始我以为是操作问题没有得到解决，我们应当研究操作的技术问题；后来，我以为是教学结构没有真正变化，仍在老的"框子"里转悠，被老框子"框"住了；再后来，我们又把重点放在学习方式的变革上去，有学者认为，课改以来，"接受性学习"被丢弃了，被边缘化了，自主、合作、探究学习走过头了，因而教师又回到"接受性学习"为主上去了，变革学习方式成了一句空话……以上原因分析都不无道理，但是，我们忽略了一点，那就是这些原因都是交织在一起的，无法孤立地一一去解决，如果没有整体性的解决方案，那么，收效不大是可以预见的。

2017 年 5 月 26 日，我参加了在福州教育学院第四附属小学召开的海峡两岸"学习共同体"研讨会，听了附小老师的语文课。我亲身感受到，学生学会学习在课堂里是怎么实现的，学生真正的学习是怎么发生的。首先，让课堂安静下来，而且安心、安定，学会轻轻地充分地表达，学会静静地认真地倾听；然后，努力地说出自己心里想说的，说出自己认为最精彩的；再互相讨论，互相鼓励，互相补充，同时又保留自己的看法……"学习共同体"首先是学习，没有真正的自主学习，就没有真正的学习共同体。这次观摩研讨活动，让我找到了整体性的解决方案，即用共同体里的互助学习来实现以学为核心的目的，至少这是整体解决方案中的一种。同时，只有让学生真正学起来，而不是被动地跟着老师走，才会有真正学习的真正发生。

五、诞生精彩的观念：教学律令的境界追求

哈佛大学教授爱莉诺·达克沃斯有一个观点：教学，不是教知识，而是让学生建构观念，诞生精彩的观念。她还认为，精彩的观念是智力的核心。

对这一观点我是认同的，而且认为这一观念本身就是精彩的。其一，精彩的观念，是基于知识、能力和态度的整合，是三者的综合体现。因而，精彩的观念其实是学生的核心素养。其二，精彩的观念对学生个人而言是独特的见解，具有鲜明的个性，具有创新的价值和意义。其三，精彩的观念诞生的过程是思维的过程，是思维的结晶。学习就是要学会思维，培养思维的品质和方法。精彩观念的诞生过程中，有批判性思维，有原认知思维，有创新思维等等。教学，只有进入思维的层面，才会有深度学习的发生，才会有精彩，才会有境界。因此，教学律令不是限制学生的，不是束缚学生的，而是鼓励学生、解放学生、让学生创造性学习并享受学习快乐的。

教学律令对于学生如此，对于教师亦应这样。当教学律令解放教师时，教师自己才会有精彩的观念，才会有自己的个性和风格。换个角度说，只有解放教师，才有可能解放学生。所以，达克沃斯明确地说，让学生诞生精彩的观念，需要给学生以机会。此时，教学律令的温暖与美丽才会漫溢在教学之中。

六、建立完善教学的新常规：教学律令的制度性保障

教学改革绝不是否定、舍弃教学秩序，否定、舍弃教学规则。相反，教学规则、规范、秩序应是教学改革的题中应有之义；同时，教学规则、规范、秩序应是实现教学改革的基础和条件。同样，教学规则、规范、秩序应是教学律令的内涵，也是教学律令畅通、实现的制度性、条件性保障。

教学改革所需要的教学新规则、规范、秩序与传统的规则、规范、秩序是不一样的。首先，改革所需的新规则、规范、秩序是以人为核心的，尊重人性，尊重童心，解放儿童，鼓励创新创造，而不是相反。其次，新规则、规范、秩序不是教师教给学生的，而是让学生参与讨论、制定出来的，是自主的行为。再次，新规则、规范、秩序是动态的、生成的、开放的，而不是

静止的、封闭的、僵化的，可以随着改革的进程加以修改、完善。第四，新规则、规范、秩序让感性与理性统一起来，燃烧激情，又沉静下来理性思考，外表是安静的，而内心是丰富的、不安分的；抑或外表是热烈的，内心是沉静的。教学律令就具有这样的特征，渐渐地提升了品质。

在现实教学中，我们已触及教学规则问题了，但还没有真正提到议事日程上来，因而往往是碎片化的，也往往是自发的。当下，我们应该将这一命题付诸实践。而且，我深以为，教学规则、规范、秩序，其实质是教学制度的再建。这样，教学律令才会持久，久而久之，成为教学的新常态。

七、教学律令需要一批充满活力的教学样式来支撑、演绎、推进

教学律令的价值最终落实并体现在教学实践中。可以这么认为，教师的教学实践其实是教学律令的活化过程，正是在教学律令的运用中，教师不仅理解了教学律令，而且自觉不自觉地用各种教学案例来印证、支撑教学律令，甚至创造了适合自己的教学律令，然后又将适合自己的教学律令渐渐地转化为具有普遍意义、可推行的教学律令。所以，教学律令不是来自教科书，不是来自专家的指令，而是来自丰富的实践。

课改以来，教师们已进行了积极的探索，凝结了极富活力的案例，有的还形成了具有特色的教学模式，不少名师还建构了教学模式。案例、样式、模式，生动而具体地彰显了教学律令的基本要求，但又潜伏着。所以，研究、探索教学律令不妨从案例、样式、模式开始，分析、发现、概括、提炼。这一路径，让教师自然地"卷入"其中，我以为是最有效的方式。

八、越是普适的理论越没有用——基于教学的情境性

社会科学研究有三个基本原理。第一个是变异性，不像自然科学可以有放之四海而皆准的原则。第二个是社会分担，因为社会现象具有相对的特征，即相似性。第三个是社会情境。正因为此，有学者认为，"社会科学并没有适用于所有社会情境的普遍原则"。他还引用马克斯·韦伯的话来印证自己的观点，"越是普适的理论越没有用"。（谢宇《中西方比较视域中的中

国社会特色》)

　　教育学当属社会科学。社会科学研究的这一观点，适用于教育学、教学论吗？适用于教学律令吗？我以为，"社会科学并没有适用于所有社会情境的普遍原则"，以及马克斯·韦伯的"越是普适的理论越没有用"，并不是对"普适性理论"的否定，而是强调应当基于运用时的特定情境。教学情境具有复杂性、不确定性，所以，运用教学律令时，同样要充分考虑具体的教学情境。同时，我又领悟到，教学律令只有在教学情境里运用时才会有生命的活力，才会发展。看来这一断想并不多余。

核心观点
回到教学的基本问题上去

一、教学的基本问题：教学改革中一个被忽略的重要问题

改革的历史与经验告诉我们，当我们向前走的时候，需要常常回过头来看看，审视自己曾经走过的路，从中可能有新的发现。这就是反思。改革需要反思，反思让改革者更加理性更加成熟，让改革更深入更持久。在我们梳理教学改革成果的时候，不难发现有一个问题正在被大家自觉地或不自觉地忽略，这就是教学的一些基本问题。教学、教学改革总是围绕教学的基本问题展开的；任何教学、教学改革也总是在对这些基本问题深刻认知与准确把握中推进的。反之，偏离了这些基本问题，就是偏离了正常的轨道，就可能导致教学改革陷入困境，或不理想，或不成功，甚至是失败。倘若教学的基本问题被忽略，对它认识模糊，甚至丢失了它，教学改革的深入推进肯定是有问题的。

事实恰恰是，教学的基本问题正在被悄悄地忽略。从实践层面看，有以下一些现象。一是教学基本问题被遮蔽。当下的教学改革风生水起，一派繁荣景象，但是其中不乏热闹。热闹，不是真正的活跃，更不是真正的繁荣，而是在形式上对所谓创新的追求。一些地区、学校和教师进行教学改革，总是力求建构一个体系、一种模式，也总是力求与别人不一样，形成自己的个性。追求体系、模式的建构本身没有错，问题是体系、模式建构必定离不开

对基本问题进行研究这一重要基础，况且体系、模式本身就是对基本问题的深刻认知、把握和准确体现。同样，追求新意和个性也没错，问题是教学改革应该是大同小异，而不是"大异小同"。所谓"大同"，是建基于教学基本问题上所形成的基本特征，我们应做足"小异"的文章，但不应以"小异"代替"大同"。倘若缺乏这样的认识，所谓的体系、模式和新意，就会以表面的热闹和刻意的作为遮蔽教学基本问题。二是教学基本问题被悬置。教学改革少不了教学手段、教学方法和教学途径的改革，教学手段、方法、途径支撑教学改革，其本身也是教学改革的应有之义。但是，千万不可忘记的是，手段、方法、途径毕竟是教学的技术，是形而下的"器"，即使是现代的教学技术也是为教学服务的，其本质的特征仍是文化。教学改革不能只是技术，而把教学的基本问题悬置起来，忘掉了形而上的"道"，否则，教学改革就会失缺准绳。三是教学基本问题被误读。教学基本问题是"基本"问题，基本问题决不意味着陈旧和落后，也决不意味着过时或可有可无。今天，教学的基本问题不被提及，不被重视，其中一个重要原因是对它的误读所带来的误解，因而无意抑或有意地远离了它，让它处在教学改革的边缘地带。

从理论层面看，也同样存在类似的现象。20世纪80年代，人民教育出版社出版了由瞿葆奎先生主编的一套《教育学文集》。该套文集以新中国成立以来和国外理论的研究成果为主，共26卷，其中"教学"单独成卷，而且分为上、中、下三册（分为三册的只此一卷）。其上、中两册为教学的基本理论，下册为分科教学理论。上册第一篇就是胡克英的《教学论若干问题浅议》，其他所选论文也都在论述教学、学习、教学过程、教学方法、教学原则、教学策略等，其中包括江山野的《论教学过程和教学方式》、罗杰斯的《我的教与学的思考》、布卢姆的《对学习者的新看法》。专论教学过程的就有6篇。在阅读全书以后，我强烈感受到，那个时期对教学基本理论的研究如此重视，成果如此丰富；所谓教学理论问题，论述的其实是教学的基本问题。近30年过去了，教学理论有了新的发展，比以往更丰富，但是现在回过头看看，相比较起来，如今，我们对教学基本问题的关注和研究，是很不够的。从一些核心刊物和复印资料来看，教学改革的热点仍是具体的学科教学，介绍比较多的是学科教学的各种样式。其实，学科教学的背后、深处是教学的基本问题，遗憾的是对这些基本问题的开发很不够。这给大家的感觉是，教学改革似乎只是具体教学方法的改革和教学模式的建构。1997年，叶澜先生发表了《让课堂教学焕发生命的活力》，在全国引起了极大的反响。我以为，这篇论文是教学基本问题的深度论述。遗憾的是，此后，这种论述有深度的文章并不多见。

教学基本问题的被遮蔽、被悬置、被误读，必然带来教学基本问题的被忽略。而被忽略的结果必然是教学改革不能紧贴根基，把握准绳，因而会发生不必要的漂移，偏离基本规律。如果不进行必要的纠正，很有可能使教学发生异化。我们不能走得太远，而忘了是从哪里出发，是为什么出发的。返本开新与改革创新往往需要回归。教学改革需要回到教学的基本问题上去，回到教学的基本问题恰恰是一种新的出发，一次新的改革。

二、教学的基本问题体现的是教学基本规定性，揭示了教学的基本规律

教学是一个复杂的过程。教学的复杂性表现在：教学具有地域和学校的差异性，不同的地域、不同的学校，由于对教学的理解不同、具体情况不同，表现出不同的教学过程、不同的教学样式；教学具有鲜明的教师个性，教学是教师个性化的创造性工作，不同教师具有不同的呈现方式，表现出各异的教学风格；教学具有年段和学科的特性，不同的年段，学生有不同的学习特点，不同的学科也有不同的教学特质。地域学校的差异性、教师教学风格的独特性以及年段、学科的特殊性，带来了教学的多样性。教学的多样性中必定有共同的基本规定性，这些基本规定性往往通过基本问题来呈现，然后从中抽象出来而形成。正是这些基本问题所反映所体现的基本规定性，让教学呈现和而不同的生动状态，形成丰富多彩的气象。

也正因为此，许多教学研究论文，都在研究和描述这些基本问题和基本规定性。"只要是科学的东西，就得有一定的规定性。不要规定性，那就是只讲任意性；而只讲任意性，是反科学的。"施良方说："考察了教学理论的历史发展之后，我们再来思考教学的基本问题。教学的基本问题有哪些呢？这自然可以从多种不同的角度去考虑。"接着，他以教学实践活动的结构和

长期以来各种教学理论流派争论的焦点为线索，从教学活动的参与者、活动的目标与内容、活动过程与方法等方面梳理了教学的基本问题。布鲁纳在《论教学的若干原则》中，从教学论的角度概括了一些特点："应当详细规定最有效的使人能牢固树立学习的心理的经验……必须详细规定学习和教学过程中奖励和惩罚的性质和步调"等。可以认定，一部教学论，实质上是对教学基本问题的理论阐释；一次教学改革，实质上是对教学基本问题的深度检验和发展的历程；教师的全部教学，实质上是对教学基本问题不断领悟、准确把握和探索践行的过程。当下，深入推进教学改革，其中一个重要的命题仍然应该围绕教学基本问题来深入研究，深入推进的过程正是深入研究的过程。

教学的基本问题不仅反映了教学的基本规定性，而且揭示了教学的基本规律。规律是什么？如何认识规律？我们常常引用列宁的话："规律就是关系。……本质上的关系或本质之间的关系。"的确，厘清了本质的关系或本质之间的关系，往往也就把握住了基本规律。值得注意的是，这种关系，是教学过程本身所固有的。裴斯泰洛齐则认为，教学规律是"我们人类从混乱的感觉印象上升到清晰概念的那种认识形式"，教学目的"基本上是通过这种形式实现的。正是在这种形式中而不是在其他形式中使我们得以发展的"，同时，规律也是"从教学的机制转化而来的"。教学的基本问题—教学的基本规定性—教学的基本规律，三者有着内在紧密的逻辑联系，它们是从问题出发，寻找关系，形成形式，概括成规定性，建立机制，转化为规律的。

我们还可以从教学特性的角度讨论教学的基本问题。教学的基本问题具有根基性。教学、教学改革是从基本问题出发和发展的。回到教学的基本问题上去，也就回到了教学的发展上去。教学的基本问题具有普遍性。教学的基本问题超越了具体的学科和年段，是所有学科所有教学共有的、都必须遵循的。教学的基本问题具有稳定性。尽管发生了一些变化，但仍然不离其宗，因为稳定，才称得上是"基本"问题。教学的基本问题又具有发展性。佐藤学曾讨论过"教育关系的重建：教与学的再定义"。他认为，"教与学的实践，可以解释为三个范畴构成的复杂的问题"，即"认识形成与发展的活动范畴"，"介于教与学的认识活动之间并促进该活动的人际关系的活动"，"在该活动主体——教师与学生的自身内在关系中构成的"。"以往的'教'与

'学'的概念仅限于第一范畴（认知过程），而失落了第二范畴（社会过程）与第三范畴（内省过程）。"显然，关于教与学的关系，教学基本规定性已在原有的基础上发展了。教学的基本问题既是稳定的，又是发展的，教学才会发展，教学改革也才会深入。

综上所述，回到教学的基本问题上去，就是回到教学的基本关系上去，回到教学基本规定性上去，也就是回到教学基本规律上去。这样的"回到"，意味着教学改革不仅需要激情而且需要理性，不仅需要实践而且需要理论，不仅需要面向现代化而且需要回归传统，不仅需要解放而且需要规范。从深层次看，回到教学的基本问题，实质是教学要更注重科学化，这样，教学改革才会更成熟、更有序、更有效。

三、几个教学基本规定性的讨论

众所周知，夸美纽斯将大教学论阐明为"将一切事物教给全人类的无所不包的艺术"，而教学艺术应置于正确的基础上。接着他从"家长""教师""学生""学校"等几个方面作了具体阐述。其实，他是阐释教学过程中的各种关系，处理好各种关系，才会厘清、把握好教学的基本问题和教学基本规定性，而这些基本问题和规定性又是在各种关系产生的矛盾中逐渐明晰和发展起来的。日本的斋藤喜博说："在教学中之所以会产生那些变化、变动、爆炸，是因为在教学过程中不断地产生出矛盾，引起冲突和纠葛，因而是在不断地克服着矛盾的缘故；所以形成一步步的教学。……克服了这些矛盾、冲突、纠葛，教师和学生就会发现新知，创造新知，进入新的境界。"尽管他所界说的是"发展的教学"，其实界说的也正是教学过程中普遍的各种关系。基本矛盾的解决由此带来基本规定性。今天，回到教学基本问题上去，同样应该厘清这些关系和矛盾。

1. 教学与教育

赫尔巴特非常明确地指出，"我想不到任何'无教学的教育'，正如在相反方面，我不承认有任何'无教育的教学'"。"无教学的教育""无教育的教学"，说的是教学与教育的关系。其实，第斯多惠的话——"任何真正的教学莫不具有道德的力量"，正是对赫尔巴特话的最准确的解释。赫尔巴特还在他的《普通教育学》的绪论里说，要突出"通过教学来进行教育"这一基本思想，而且以"通过教学进行的教育"的句式来具体论述。夸美纽斯同样强调教学的教育性、道德性。他说："如果在儿童或少年的教育开始时，没有把道德教育放在首位，那就表明严重缺失判断力。"叶圣陶也曾说，所有的课都是政治课。他的意思很明确，即所有的教学都应当进行思想品德教育。教育总是自然地、紧密地与教学联系在一起。因此，所有的课堂都应是道德课堂，所有教师都应是道德教师，加强道德教育和价值教育应当是教学改革的重要课题。

我们不必去争论中国道德究竟是"滑坡"了，还是在"爬坡"，道德、道德教育遇到了新的挑战，处于困境之中，是一个不争的事实，学生面临着多元文化、多元价值，产生道德迷茫和价值困惑，也是一个不可回避的问题。因此，当今的教学改革必须以立德树人为根本任务，所有教学都要自觉融入社会主义核心价值观教育，帮助学生扣好人生的第一粒扣子。而核心价值观就是德，既是个人之小德，又是社会、国家之大德。因此，教学改革要围绕社会主义核心价值观深刻把握教学的教育价值。所有教学都应加强中华优秀传统文化的教育，把教学改革根植于中华文化土壤中，从教学中锻造中国的"文化软实力"。进行道德教育，既要渗透道德、价值教育，又要认真开发课程内容的德育元素，在教学中帮助学生进行价值澄清，进行必要的价值引领。这一切都要从学科性质、任务、特点出发，要依据学生的年龄特点和接受方式。无论是渗透，还是开发，应该是一个自然融入的过程，这就对教师的自觉性、创造性、教育智慧和教学艺术提出了更高的要求。

2.知识与核心素养

知识与技能是课程目标之一，任何时候都不应忽略知识和技能的教育。知识的重要性是不言而喻的。苏霍姆林斯基说："知识之所以是需要的，不仅是为了劳动，而且是为了享有一种与劳动并无直接联系的、丰富多彩的幸福的精神生活。"马克思也非常重视知识的学习和获得，不过他胸怀更宽广，目标更远大。他说"将自己的知识分享于全人类的事业"，是"做学问人们之第一要务"。科学家则说："作为科学家，内心最强烈的夙愿就是回归到获得重视的旅程中，细细品味探究知识留下的印记。"重视知识教学早已形成共识，问题是共识止于此是远远不够的，这远远不是教学应有的完整规定性。我们深知，知识与作为符号的思想并不是等同的，只有当这符号引起了关于知识获得过程的可靠性的研究时，它们才是等同的。长期的教学改革实践，尤其是课程改革以来，我们也已深深地认识到，重要的不是知识学习，而是基于知识，寻找知识的源泉，把握学习、获取知识的方法，培养创造知识的能力，让知识成为人精神生活的因素，变为人的意义生活。这一过程，必然会关涉学生发展的核心素养。从知识走向能力，走向核心素养。走向素养，意味着聚焦于人，指向人的发展，走向核心素养，意味着聚焦于人发展的关键性能力和必备品格。总之，超越知识，以学生发展为本，这是知识与核心素养的根本关系。这是教学改革目标的重要走向，也是教学改革中必须处理好的基本问题。否则，教学永远把学生困死在知识的学习上，学生成为知识的奴仆，是工具，而不是目的，是被驱赶的牲畜，而不是发展中的人。当下，少数地区和学校提出的"只要学不死，就往死里学"，正是这一现象的极端典型，我们坚决反对。

研究学生发展核心素养，将其置于课程教学改革的核心目标，是世界各国尤其是发达国家、地区和重要的国际组织进行课程、教学改革的重点，几近成为国际教育改革的走向。据佐藤学的考证，"素养"这一术语早在1883年就使用了，它是伴随着公立学校制度的整顿而问世的。"其核心是读写能力"，它是"由非情景化的知识技能构成的"，"意味着参与社会公共领域的基础——共同教养"，所以学校要致力于通识教育。公共性、共同性、共通性，应是核心素养的重要特性。由此看来，核心素养并不神秘，它早就蕴藏在课程、教材、教学中，早就影响着甚至决定着学生的终身发展。但是，不应忽视的是，随着时代的进步，核心素养又有更新的内涵，呈现着时代的要求和特点，要求在继续重视以往学生核心素养发展的同时，更要重视学生的创新精神、创造性思维和探究能力的培养。因此，其关键性、发展性、时代性的特质尤为明显。

核心素养是个结构，在研究把握上位的即一般性的学生发展核心素养的同时，还必须研究把握学科核心素养。学科核心素养是学生发展核心的具体的学科体现，学生发展核心素养既要引领学科教学，又要落实在学科素养的发展上。只有将上位的核心素养与学科核心素养结合在一起，并真正贯穿在整个教学过程的时候，核心素养才能落到实处，才能走进学生的素养结构，成为学生的素养，引领学生一生的发展。学科核心素养的研制与把握，我以为在学生发展核心素养的统领下，重要的是"三个基于"：（1）基于学科特质。不同的学科有其独特性，学科特质要求学科有着不同的素养要求。（2）基于学科核心任务。学科的课程性质也决定着不同的学科有着特殊的任务，教学任务里"隐藏"不同的核心素养，核心素养又影响着课程内容和教学任务的完成。完成学科核心任务，才能培养和发展学生核心素养。（3）基于学科的实施方式，学生的学习方式实质是学生学科核心素养的外在表现，同时学科核心素养、核心任务要求有适应的学习方式。核心素养结构的合理性、良好性必将推动学科教学改革，也必将促进学生核心素养的整体建构与发展。

3. 教与学

教与学是教学中的一个基本关系。它们不是对应的。这一基本关系处理不当，就会影响整个教学过程，影响教学本质的体现和落实，甚至使教学发生异化。长期以来，正是在这一基本问题上我们翻来覆去，没有得到真正的阐明，一些教师头脑里实际上还是比较糊涂的。

理论和实践早就给这一关系以非常明确的回答。无论是哲学家海德格尔的"让学"还是教育家夸美纽斯将大教学论定义为"使教员可以少教，学生可以多学"，无论是语义发展中的"'教'字来源于'学'字，……教的概念是在'学'的概念的规定性中又加了一层规定性"，还是陶行知的"先生责任不在教，而在教学，教学生学"，都指出教学的本质是教学生学，学会学习是教学的核心。为此，联合国教科文组织指出，"现代教学……应该使它本身适应于学习者"，"学习过程现在正趋于代替教学过程"，美国乔伊斯直截了当地说："教学模式就是学习模式"。

糊涂的原因是比较复杂的，一是一些老教师和年轻教师没有真正认识教学的本质和核心，总以为教学就应该以教为主；二是长期以来形成的思维定式与行为模式难以改变，总是顽固地按着原来的轨道走；三是在实践操作中缺少具体办法，尤其是小学和初中，特别是小学的低中年级。确实，以学会为核心应随着年段的上升，即随着学生成熟度的提高，有不同的要求和做法，而我们现在还没有进行具体和深入的研究。此外，总是在"先学后教""多学少教"的教学程序上、教学时间的分配上兜圈子，而缺乏其他途径和方法，这也是教学改革难以突破的一个原因。看来，正确处理好教与学的关系永远是一个探索的过程。

当下处理好教与学这一基本关系，又出现了一些新问题，那就是有的地方和学校有"去教学化""去教师化"的现象。有的学校提出"无师课堂"就是其中一个突出表现。尽管这还未成为一种倾向，但应该引起我们足够的警惕。教学是一个完整的概念，应当建构一个完整的教学过程，以学为核心，并不排斥更不否定教师的教，恰恰相反，在课堂教学的范畴中没有教师真正的教，就没有学生真正的学，没有教师高水平的教，就没有学生高水平的学。那就是海德格尔断言的：教比学难。问题在于为什么教和教什么。为什么教，当然教是为了学；至于教什么，叶圣陶早就指出："教是为了不需要教"，我将其概括为"不教之教"。其实，教什么的实质仍是个为什么教的问题。不教之教，说到底是教学生学习方法，培养学生的学习能力，提升学生的学习品质，让学生有带得走的智慧。因此，要着力研究学生的意义学习和深度学习。还需要说明的是，教师的不教之教，也让教师成为学习者，所谓以学习者为中心，也应包括教师在教学过程中获得身份变化和意义的建构。师生都成为学习者，教与学的关系问题才会真正得到解决，而且才会臻于崇高的境界。

4. 教学科学性与艺术性

在教育改革历史上，曾发生过教学科学性与艺术性之争。这一争论形成两派。"艺术派"认为教学是一门艺术，而不是一门科学。其主要理由是，教学是教师个性化创造性劳动，没有共同的规则可循。"科学派"则认为，教学有规律可依凭，既有科学理论作基础，又有科学的方法，还可以进行科学评价。两派争论的点很多，这里不再赘述。争论的结果之一，是催生了"有效教学"。面对这一争论，我们到底应采取何种态度？有专家从教学的规定性去讨论："教学是一种科学，又是一种艺术。……的确，应该肯定，教学是一种艺术，是一种创造性劳动。但是，如果过分强调了艺术性、创造性的一面，忽视了最根本的科学性、规定性的一面，那就会使很多教师感到无所

核心观点

依凭、难以捉摸，因而也就很难保证基本的教学质量，更谈不上大面积提高教学质量了。"显然，他们更赞同教学是科学，因而强调规定性。熊川武则从理性、反思的角度去讨论这一争论。他说："这些观点本身也许有继续探讨的必要。但人们想到要澄清教学到底是艺术还是科学，其深刻和高明之处已远远超出了直接描述教学事实本身。因为这是人们对自己理论的怀疑和初步反思"，"工具理性与人文理性开始显露融合势头。……对教学过程及各个方面进行整体性研究"。显然，他主张两者的融合，强调科学与艺术的整体性研究。

我更赞同熊川武的观点。科学性、艺术性都应是教学的特性，两者都有存在的理由，不可偏废。但是，只强调科学性，教学就会陷入工具理性的泥淖，而无教学的个性，也无教师的教学风格；只强调艺术性，教学就无科学规律遵循，而偏向价值理性，甚或是随意性。科学性与艺术性的融合，工具理性与价值理性的统一，才是完整的教学规定性。此外，也不能认为，只有把教学当作艺术的时候，教学才有创造性，认定教学是科学时，教学同样具有创造性；当科学性与艺术性结合的时候，教学的创造性才会得到充分开发。

这一基本规定性对当下的教学改革特别有启发意义。从总体上来看，不少教师和教研人员偏向了教学的艺术性，教学中过度的精致、生动等，就是一种突出的表现；从学科来看，文科类的教学偏向艺术性，而理科类的则偏向科学性，这固然体现了学科的特点，不过，无论是文科还是理科教学都应将科学性与艺术性统一起来。这样一来，也就为教学评价提供了整体性、合理性的标准。

5.规范与变革

教学的基本问题带来的教学基本规定性，必然要求教学建立必要的教学常规。比如，必要的备课制度、听课制度、评价制度，还有课堂教学中必要的规则、秩序和制度。这是必需的。不过，教学常规的建立，不能抑制教学的变革与创新。其实，不应把教学的规范性与变革性对立起来，教学既需要规范，也需要变革和创新。这二者同样不是对应的，只有将它们结合起来才能完整地建构教学，也才会切实有效地推动教学改革，达成改革的目标。

规范与变革的结合，其关键是二者关系的深切把握。常规、制度等规范，只是一种手段，不应是目的，最好的规范是为大家提供改革、创造的条件与机会，因此，规范应为改革、创新服务；而改革、创新又催生新的秩序、新的纪律、新的规范。正是在规范与改革的积极互动中，教学向着核心处、向着深处走去。此时，我们对规范的尊重实质是对改革、创新的尊重，而对改革、创新的追求正是对规范的尊重和遵守。

当下的教学改革，在建立教学规范方面还不够，必要的纪律、秩序、制度还没有进一步建立起来。其原因之一，是两者的关系很难准确把握，新的情况又不断出现，不容易拿捏。这也很正常，但是，建立教学规范绝不是从零开始，传统的教学规范，有的还应保留，有的可以改造、优化，不应一概否定。比如，教学卫生，应当引起大家足够的重视。开窗，让空气流通；灯光配置合理，保证采光充沛；座位排定后应定期调整，离黑板应保持一定距离；学生板书时应防止粉笔灰飞扬；读书、写字应保持正确的姿势，保证学生休息、运动的时间；等等。这些基本的常规应当坚持，切实促进学生健康发展，而不可因改革把这些也改掉，否则，就违背了教学的基本规定性。

教学的基本问题还有很多，不过，我以为以上几个方面是很基本的，也是当前改革中比较突出的，因而显得更重要些。回到教学的基本问题，决不意味着否定改革、创新，恰恰相反，回到基本问题，更有利于改革、创新，而且，其本身就是改革、创新。因此，就要知道如何回到教学的基本问题上去。

四、以研究的态度和方式回到教学的基本问题上去

1. 教学本体的研究

教学与课程的关系问题，是一个长期争论不休的基本问题，人们对课程与教学的关系的认识主要有以下三种：教学论包括课程论；课程论与教学论并列；课程论里包括教学论。讨论这些关系的目的是搞清楚"课程和教学的关系是很密切的。课程的实施有赖于教学，讲课程论的时候必然会接触到教学问题；教学的内容就是课程，离开课程而空谈教学，往往会不切实际"。

可以说，课程质量、水平影响着学生的素养，课程结构影响着学生的素养结构。可喜的是，随着课程改革的深入，教师的课程概念已逐步建立起来了，课程的意识增强了，教学的课程背景开阔了。可以说，课程研究也是教学的本体性研究，但与此同时，教师还得更突出教学本身的研究，研究教学原则、教学策略、教学过程、教学方式以及课堂教学评价等。从课程回到教学，必定会有新的发现，再从教学回到课程，也必定会有新的体悟。正如对待教学的艺术和科学之争的问题，所有的教学改革都应当从整体上研究，摒弃非此即彼的简单的二元对立思维方式，以辩证的思维对待教学及其改革。这样，我们才能真正地立足于教学进行改革，才会有新的突破，这是需要研究的。

2.优秀的教学传统的研究

回到教学的基本问题上去，从某种角度看，就是回到教学的传统，研究和进一步发掘优秀的教学传统。何为传统？"传统是围绕人类的不同活动领域而形成的行事方式，是一种对社会行为具有规范作用和道德感召力的文化力量，同时也是人类历史长河中的创造性想象的沉淀。"因而，一个社会不可能完全破除其传统，而只能在传统的基础上对其进行创造性改造。同时对传统给予时代的阐释，传统才会成为现在时或未来时。

中国的教学改革应该融入中华优秀传统文化的血脉中。中国古代就有极为丰富的教学思想和经验。众所周知，儒家从长期教学经验中总结出来的教学过程，主要是"学—思—行"；《中庸》总结了先秦儒家的教学过程，规定为"博学之，审问之，慎思之，明辨之，笃行之"五个步骤，其基本的教学原则是"端正学习态度、及时施教、由博返约、学思结合、启发教学、循序渐进、因材施教、温故知新、亲师乐友等"。这些都闪烁着教学思想的光芒，孕育出现代教学理念，至今都是先进的。当然，也应扬弃其中一些落后的东西，呈现开放状态，借鉴国外先进的教学理论和经验，丰富自己，提升自己。重温我国古代的教学经典，应当进入教师的专业阅读和专业发展框架。从优秀的传统思想和经验出发，应答时代要求，面向未来，教学改革才会走得更好更远。

3. 教学中的儿童研究

儿童是教学的对象，也是教学过程中的主体；儿童不仅是资源，也是课程、教学的建构者。教学要从儿童出发，基于儿童、依靠儿童、发展儿童。因此，儿童研究是教学研究的重要课题。

长期以来，我们总是把教学研究和儿童研究分隔开来，使教学研究和儿童研究变成两回事。美国的爱莉诺·达克沃斯把儿童发展心理学的成果成功地运用到教学改革中，提出了教学研究与儿童研究一体化的主张。教学即研究，也应是教学改革的重要走向。在教学改革深入发展的今天，我们还要理清教学研究和儿童研究的关系，将儿童研究融入教学研究，在教学研究中认识儿童、发现儿童，教学改革才会进入新的境界。

教学即儿童研究，聚焦在一个主题上：学生究竟是怎么学习的。研究学生的"在学习"，调动学生学习的兴趣，让他们有积极的学习状态；研究学生的"真学习"，面对问题和困难，真情地对待，以真实的学习促进自己真实的发展；研究学生的"会学习"，让他们有办法、有能力，自主学习、合作学习、创造性学习。而这一切，都要让学习看得见，看得见学生的学习方式、学习过程，"看得见"学生的思维活动。所谓看得见，一定要让学生在丰富的情境中展现。教师要看得见学生的学习，首先心中要有学生，同时要有观察的能力和判断的智慧。让学习看得见，才会引导学生去进行深度学习。学习看得见了，学生看得见了，教学改革才会成功。

第一辑

课改，必须改课

"课改"与"改课"不是玩词语游戏，而是指向课程改革两个重要的维度。课程与教学两个概念尽管有大小之分，但在价值上是同等重要的。"课改"一定要"改课"，而课改背景下，课堂教学必须有实质性的改革。

教师应成为课程改革的主角

　　课程改革有两条路线：自上而下与自下而上。随着课改的深入，改革的路线正在发生变化，即在自上而下与自下而上互相结合的同时，更鼓励、倡导自下而上地进行。这一路线变化的意义与价值在于，课改越来越走向地方，越来越走向学校，越来越走向教师。同时，赋予了地方更大的改革自主权和空间，让学校真正成为课改的创生地，让学校的课程更具校本的特点，也让教师真正成为课改的研究者、开拓者和创造者。

　　这一路线的调整，是基于对地方、学校和教师潜能的认识。改革是一片广袤的田野，田野的希望源自它的主人——教师。草根的力量是巨大的，充满着生命创造力，绝不是"沉默的大多数"。事实上，教师们正以自己探索的行动抵抗沉默，抵抗改革的障碍，抵抗所谓的权威。他们在课程改革和教学改革中，作出了十分有益的探索、实验，提出了不同的教学主张，逐步形成了不同的教学模式，创造出许多生动、鲜活的改革经验。改革的实践告诉我们，只要解放学校、解放教师，学校与教师定会释放出不可限量的正能量。自上而下与自下而上的结合是改革正确、合理的路线，而更倡导自下而上的路线，是对学校和教师改革力量及创造性的尊重，是为了更充分地让教师在改革中大显身手，成为改革的主角。这无疑是一种战略的、智慧的选择。

　　这一路线的调整，也基于对国家、地方、校本课程的深度理解。国家、地方、学校课程包含两种含义：一是指课程形态，即国家课程、地方课程、校本课程，这是为大家所普遍认可的；二是指管理的权限，即实行国家、地方、学校三级管理，以往大家对此是有所忽略的。随着改革的深入，在关注、建设课程形态的同时，更要关注改革的路线调整，鼓励、倡导地方尤其是鼓励学校和教师更多地从学校和当地的实际出发，创造更适合学校、更适合学生发展的课程、教学，因此管理者们要为他们创造、提供更好的改革机会和条件。

循着这一改革路线的重点，我们需要思考的是，教学改革的关键在哪里？我以为关键不在课程本身，不在教学，也不在教材，而在人本身。人是目的，不是手段。苏霍姆林斯基曾经对教科书有个比喻：起跳板。他这么说："至于教科书，对他来说只不过是应当随时准备弹离的踏板而已。"这里的"他"是指教师，其实对学生而言，教科书以及课程也不过是随时准备让学生弹离的"起跳板"而已。"起跳板"是工具，人才是主角，才是目的。因此，教学改革的目的与关键，是让教师去创造更适合学生弹离的"起跳板"，是让学生凭借"起跳板"弹得更高、弹得更远。

基于这样的理念和路线，教学改革应当做些什么？我以为应当主要在以下三个方面作出积极努力。

其一，鼓励教师创造性地实施国家课程。这是个老话题，但事实是，至今的进展还很不够。问题出在哪里呢？第一，出在对课程标准的理解上。基于课程标准的教学一定是超越基于教材的教学。基于课程标准的教学视野更开阔，教学内容的增删以及各种方式的调整空间更大，可以整合，可以改造，可以取舍，而基于教科书的教学则显得狭窄，难以"周旋"。所以应当引导教师将视野从教科书向课程标准转移，让教师的创造有更大的回旋空间。第二，出在课程资源上，课程资源较为贫乏，"起跳板"的宽度与弹性不够，教师难以施展引领的本能，学生也难以弹离。课程资源应当是教师开发与创造的，而教师常因为耗时多，无暇也无心去开发，因此丰富的课程资源只在公开课上出现，日常课则显得贫乏。第三，出在管理制度上，尤其是考试、评价制度的制约，不是为教而考，而是为考而教。这样一来，教师如何能放开手脚去创造呢？

其二，应鼓励教师在实践中探索、形成自己的教学样式，还应鼓励特级教师、名师创造性地开发教学模式和个性化的教材体系。江苏省南京市琅琊路小学的特级教师周益民出了一本书《回到话语之乡》。话语是有诞生之乡的，周益民认为是在民间，在民间故事、神话、民谣、童谣，包括那些对对子、绕口令等。他说：民间文学是民族文化之根，饱含着极为丰富的生活经验、民众情感和历史价值，儿童对民间文学的阅读正是一种寻根之旅，寻找母语学习之源。这是他对海德格尔"语言是存在的家"的深度阐释。基于这样的理解，我以为他在教好规定的语文教科书的同时，也是在建构第二套"教学大纲"、第二套语文教材，是在创立自己的语文课程体系。很多教师也用实践告诉我们，在课程的视野里，自下而上的改革，教师是有愿望、有需求的，也是有能力的。我们应坚定地支持和积极地引导。这样，教学改革才会呈现更为丰富多彩、生动活泼的局面。

其三，应鼓励教师在已有教学经验、特色的基础上追求并形成自己的教学风格。风格是教师专业发展的最高境界，也是教学改革的最高境界。如雨果所言，风格是打开未来之门的一把钥匙。遗憾的是，这一命题提出后，并未引起更大范围的关注，也未有更深入的研究和实践。在教学改革越来越走向教师的今天，教学风格应当引起足够的重视。当我们把目光投向广大教师的时候，一定会发现教师的教学风格是客观存在的，只是没有形成自觉，没有作较好的概括、提炼。这种状况既不利于教师水平的进一步提升，也不利于教学改革的深化，当然更不利于学生情感的丰富、能力的增强、智慧的生长。所谓课堂教学的魅力在很大程度上是教师的教学风格，风格是众多合唱声中领唱者的旋律。我真诚期待有更精彩的领唱者旋律飘荡在课程改革的田野之上，飘进学生的心灵。

教学改革要坚持以学生学会学习为核心

　　说到以学生学会学习为核心，总有两个故事从我记忆深处豪迈地来到我面前，向我诉说着。

　　第一个故事，关于江苏省泰州市实验中学的暑假作业。有一年，放暑假前，校长给全校学生布置作业：自学下学期语文、数学、英语、物理的教材，开学后进行考试。假期结束后，果真组织了考试，当然考的是最为基础的知识。结果是，语文、数学平均分达到及格以上，较差的英语、物理平均分也有50分左右。校长和教师颇有感慨。感慨之一，是作业功能的定位。作业绝不只是复习、巩固，其本质应当是学生自主学习、自主探究的机会和过程；感慨之二，是学生有着潜在的学习能力，不可小视，所以不是所有的内容都必须由教师教，在一定条件下，学生有能力在不同程度上通过自学完成学习任务。

　　第二个故事，关于成都师范学校附属小学的一节高年级语文课。我曾到这所学校考察，听过特级教师姚嗣芳上的一节语文课。课题已记不清了，但学生们自学课文、小组讨论、全班交流的情景至今都难以忘怀，用"指点江山，激扬文字"来形容学生们的学习状态一点都不为过。从内容到表达，从遣词造句到写作方法，从段落梳理到篇章布局，学生们细致入微，比照、分析、补充、纠正、拓展……个个跃跃欲试，人人清晰地表达自己的见解，绝不是表面的热闹，而是真刀真枪、实实在在。我们无不感慨：渴望学习是学生的天性，小学生也会自主学习、探究，也会用自己的方式学习，关键是教师放不放手，让不让学。

这两个真实的故事从实践角度生动地说明了：教学的本质是教学生学会学习，教学改革必须以学生学会学习为核心；相反，以教为主，一味地灌输和训练，甚至简单地"告诉"，是对学生学习潜能的漠视，是对学生学习机会、学习权利的剥夺，是对学生主动学习的无情压迫。而这些，说到底是对教学本义和教学使命的曲解与异化。教学必须以帮助学生学会学习为核心，为使命，为最高境界。这样的变革才是深度的、根本性的。对此，我们应当坚信不疑、坚定不移、坚持不懈。实事求是地说，当下的教学，包括一些特级教师的教学，还只是在技术上，至多是在教学技艺上下功夫，以教为主，学生被动学习的状况改变还不大。对此，应当引起我们足够的重视。

在引起重视的同时，我觉得有两个问题凸显出来，应当及时研究、解决。一个是诸多概念之间的逻辑关系。当下的提法很多，概念不少，但是没有给出准确的解释；一些改革者信心满满，总认为自己提得最准确、最先进，可以"通行天下"，自我改进、完善也不够，渐渐地自我封闭，停滞不前，走向"模式化"，而"模式化"导致了僵化。因此，从另一个角度说，当下众多的教学模式，似乎还存在一些较为混乱的现象，加以梳理、厘清、匡正是很有必要的。而梳理、厘清、匡正的一个重要任务就是使这些概念形成结构。

初步梳理了一下，当下关于"学"有如下一些概念：以学论教、顺学而教、以学为核心、多学少教、先学后教、以学定教，等等。这些概念可以形成一个结构，分为上、中、下三层。居于上位的应当是以学为核心，它是教学的目的，也可以理解为灵魂。居于中间的应当是多学少教、先学后教、以学定教、顺学而教，可以将它们视为保证"以学为核心"达成的四根支柱。多学少教，从教学时间的安排上支撑，以保证学生有足够合理的学习时间，没有"多学"，很难达成"以学为核心"的目的。先学后教，从教学的程序上加以支撑。教学程序的改变，必然带来教学结构的变化，先学后教正是从教学结构上落实"以学为核心"，即从学生的学出发，让"学"走在"教"的前头。这是第二根支柱。以学定教，是从策略和方法的层面来支撑"以学为核心"，即陶行知所说的，学生怎么学就怎么教，教的法子来自学的法子。这是第三根支柱。顺学而教则是第四根支柱，它从教学的进程上支撑"以学为核心"，亦即教师的"教"伴随着学生"学"的过程，"教"是无时不在的。

居于下位的应当是讲学稿、导学案、活动单、学习单，等等。它们是教与学的载体，载体也可以引发整个教学的改革，因此，载体不可忽视，但是绝不能用载体替代整个教学过程，更不能替代教学目的和教学的核心，也不能使之技术化，成为练习册、应试卷。

"以学为核心"这一结构有一个主导思想，那就是以学论教。以学论教是前提——从学的核心出发，以讨论、研究的方式改进教学；以学论教是评价的尺度——学为目标，教是为了达成学生的学，以此评价教学；以学论教是教学的主线——学生的学贯穿于教学的全过程。

第二个应及时研究和解决的是关于"以学为核心"到底还要不要教的问题。我认为，当然是需要教的。道理很简单，"以学为核心"，并不意味着以学代替教，学与教是两个不同的概念，只有学习的概念并不是教学的完整概念。这是其一。无论理论还是实践都证明，没有高水平的教就没有高水平的学，学需要教的点拨、点化、深化与提升。这是其二。当下的状况是，不少改革的典型起步往往是因为教师水平够不上，不得已让学生先学，让学生自主地学，但是学生学起来以后，教师再也不能止于原有的水平，不能止于原先的教学状态，必须研究教，提升教的水平，发挥教的作用。这是其三。

问题往深里说，是我们需要什么样的教。叶圣陶给出过良方，那就是"教是为了不教"。教不是目的，不教才是目的，因此"教是为了不教"应当是"不教之教"，即为了不教的教。"不教之教"首先是一种理念和主导思想，即解放学生，鼓励学生主动地、积极地、生动活泼地学，激发学习的欲望和兴趣，让他们处于乐于学习和紧张的智力状态。其次，"不教之教"的核心指向是能力和智慧，不是教知识，而是"转识成慧"，获取带得走的能力。再次，"不教之教"是一种策略，关键时候教，教在关键处。关键时候教，是学生最需要教师帮助的时候，教师的教让学生"柳暗花明又一村"；教在关键处，是指教在内容的深处、难处、转折处、争议处，此时的教让学生有"烟花三月下扬州"之感。

"不教之教"也是一种方法，是启发、激发、鼓励、引领。总之，"不教之教"不是不教，而是智慧地教，使教学达至高水平、高境界。

课程改革:"回归"不是倒退

课改一定要"改课"。现实的、实际操作的课程是发生在校园、教室里的。校园、课堂不仅是所有课程的汇集地,也是所有课程的整合地,而且是课程的创生地:教学改革的深度推进,不仅能有效地体现、落实课程改革的理念、要求,更重要的是能完善、提升课程改革。我们不难得出这样一个结论:教学改革是课程改革具有实质意义的阶段和环节。今后,课程改革深化的一个重点应当是教学改革。

"改课"要在课改的语境下进行。"改课"是课改实施的一个途径和方式,自然要遵循并坚守课改的宗旨、理念、目标与要求。假若忘却了课改的语境,教学改革有可能发生偏差,逐步远离课改的框架,在另一种语境下进行。这不是不可能发生的事情。比如,有人很容易在"回归"的旗号下,有意或无意地回到课改前的教学状态中去。这绝不是我们所需要的教学改革。

教学改革和所有的改革一样,需要回归。回归就是回到原点,回到事物的本真状态,回到发展的规律上去。在回归的过程中,一定会有一种陌生感,由此充满新的想象,会有新的发现和创造。从这些意义上说,回归是另一种发展方式,可以视作更为深刻的发展。因此,回归绝不是回到原来的状态中去,更不是一种倒退和"复辟"。但总有一些人,或因为认识上的模糊,或因为情感上的"别扭",或因为实践中的困惑,以"回归"的名义,试图让课程改革、教学改革回到改革之前。关于学习方式的争论就是其中一个具有代表性的现象。

在不少场合，一些专家反复质疑自主、合作、探究学习。其基本观点是，接受学习应是中小学生主要、基本的学习方式，但课改以来对此重视很不够，甚至已被边缘化了；同时，对自主、合作、探究式学习过于重视和强调，挤掉、压垮了接受学习。他们也认为，自主、合作、探究学习必须具备条件，现行的考试、评价制度和方法不改革，自主、合作、探究学习是无法进行的；还有人认为，自主、合作、探究学习是"贵族化"的学习方式，不适于农村或经济不发达地区以及学习有困难的学生。当然，他们的观点中还有一个理由，那就是较长时间以来，自主、合作、探究学习中形式主义严重，往往是形式大于内容，是"走过场"式的学习，如此有何必要坚持？总之，他们主张，应当"回归"到课改之前的接受学习中去。这样的争论经常发生。

争论不是坏事，而是好事，有不同的声音总比没有声音好，在不同的声音里我们可以发现一些值得深思的问题。关键在于，我们要从争论中辨别是非，明晰学理，进一步明确改革的方向。其实，在学理上，早就有学者对接受学习、发现学习的优点和缺陷作了剖析。施良方教授非常明确地指出："接受学习受到很大限制，只在一定范围内可行"，"接受学习虽然有高效、系统掌握现成知识的功能，但是在培养学生的探究精神、创造精神，让学生掌握科学探究方法方面的作用明显不如发现学习"，"从某种意义上说，发现学习是接受学习的基础"。至于条件论、"贵族化"论，是站不住脚的。这里要说明的是，我们不是只要自主、合作、探究学习，而是说，这一学习方式我们尤为缺乏，也更为重要和紧迫，是今后教学改革必须坚守的。

应该强调的是，把教学改革作为课改的重点，如果不在课改的语境下，即不坚守课改的宗旨、课改的核心价值、课改的目标和要求，包括不坚守学习方式的变革，教学改革则有可能倒退，可能回到改革之前的状态去。若回到课改之前的状态，对以培养学生社会责任感、创新精神、实践能力为重点的素质教育的深入实施是极为不利的，其结果必然妨害学生的发展。同样的教学改革，在不同的语境下定有不同的境界、目标、方式和结果，"改课"在课改的语境下推进是不容置疑的。

教学改革的新走向与新趋势

　　教学总得走向未来，未来也总以不同的方式向现在发出信息，因此当下的教学改革总会呈现出一些走向。理解、把握这些新走向，我们才能更主动地作好准备，去迎接未来。

　　以人为本、以学生发展为本的理念告诉我们，"教学即儿童研究"，教学与儿童研究是"一张皮"，教学的过程亦是儿童研究的过程，两者融为一体，儿童研究再也不仅仅是保证教学的前提，不仅仅是保证教学的手段，其本身就是目的。与以往研究"学情"不同，儿童研究既是为了获取"学情"，更是为了通过研究让学生真正成为主体。无论从哪个角度看，"教学即儿童研究"正预示着改革的新走向。

　　那么，它对教师的挑战在哪里呢？那就是要关注和研究儿童学习的态度、情感、方式，表现在以下方面：一是让儿童喜欢学习。学习是儿童的天性，教学首先要呵护并激发这种天性，要帮助儿童找到爱学习的触发点，解决学习动力问题。二是让儿童真实地学习。真实的学习一定是投入、专注、紧张而又快乐的学习状态。教学一定要想办法让儿童进入真实的学习状态。三是让学生个性化地学习。教学一定要在观察、分析的基础上，针对儿童差异，帮助他们确立适合自己的学习方式，发展个性化的学习风格。最后，教学要让儿童的学习看得见。所谓"看得见"，就是要让儿童的学习过程，包括思维过程暴露出来，这种学习才会诞生针对性的教学策略和方法。

第一辑　课改，必须改课

新修订的课程标准预示着教学改革的另一走向：基于学科本质的教学。北京市海淀区教师进修学校曾举办教研员和培训人员的研讨会。他们认为，学生创新精神的培养不仅在课外活动中，课堂教学也应承担这一任务，而学生的创新精神培养要着眼于学科的本质，从学科本质出发，寻找学生创新精神培养与发展的链接点。江苏省南京市力学小学的课题"基于学科特质的小学研究性课堂的深化研究"，其基本假设是学科特质将把研究性学习引向学科的深处，使研究性课堂更具学科特点。这样，不同的学科都从不同角度出发，共同为全面提升学生的素养而努力，否则是淡化的，是落空的。

我理解的基于学科本质的教学改革，是引领教师回到三个地方：回到学科教学的本质属性上去；回到学科教学的核心任务，即学科的核心知识、核心能力以及促使学生学科素养发展的关键性因素上去；回到学科独特的学习方式上去。三个"回到"，促进学科教学更有深度、更讲科学、更关注学科专业，也更有效地落实课程标准。这一改革走向超越了"学科味"的讨论，比"学科味"更具内涵，更触及学科教学的本质和"独当之任"。

当然，值得注意的是，基于学科本质，绝不是把学科的边界封闭起来各自为战、互不联系，恰恰相反，它进一步加深了学科间的深度合作，使课程整合建立在更为可靠的基石之上。

教学改革的另外一个走向是必须正视现代信息技术、云计算以及脑科学的迅猛发展，新的技术革命必然带来教学的革命，这是必然的。

技术革命，不仅改变了教学方式，而且会极大地丰富教学资源，拓展教学空间，把世界引进课堂，让课堂走向自然与社会。法国的技术哲学家让·伊夫·戈菲说："技术的第一个标准是它的文化特征。"从这一标准看，基于现代科学技术的教学改革是在建构一种新的课程教学文化。这是值得研究的新文化现象。

教学改革的价值认同与境界提升

　　课程改革中常常有这么一种现象：一个看似普通、简单的命题，却引起一些质疑，甚或是批评。这不仅不是坏事，相反是好事，课程改革应该听到不同的声音，应该建构健康的"教育批评"。之所以发生这样的情况，无非两种原因：或是作者的解说不清晰、不透彻，或是读者解读不准确，同时持有不同的看法。大概"课改"与"改课"的讨论当属这一情况。

　　2013 年，我在《人民教育》发表了关于课程改革、教学改革的文章，编者将其编成"课改与改课"系列。我的意图还是明确的，即形成"课改"与"改课"的互动，达成改革的共识，推动改革的深化。河南卫辉市教育局教研室主任、特级教师陈中岭对拙稿发表了不同的看法。我反复看了陈老师的文章，感受到他改革的使命感、责任感以及批判精神。从陈老师的质疑、批评中，我领悟到一个问题：千万不要忽略那些看似普通、简单的命题，恰恰是普通的命题不普通，简单的命题不简单，在普通、简单的背后或深处，隐藏着深刻。我并不想对陈老师的质疑一一回应，而是试图透过普通、简单寻找进一步讨论的空间，发现新的话题，形成思想的张力，引发改革的深入研究。

一、关于课程与教学的关系：联合体与独联体，在共同体的建构中提升、发展

课程与教学，我们是熟悉的。还是黑格尔判断得深刻："熟知非真知"。课程与教学看起来熟悉，其实是陌生的，它们总是有点纠缠我们，因此我们有点纠结。课程与教学的关系，看起来不是问题，其实还真是个问题。我将其归结为"课改"与"改课"的关系问题。

使用简称需要小心。"课改"是一个约定俗成的日常用语，而"改课"解说为"课堂教学改革"当然也是可以的，但是，作为学术研究，概念的使用不能停留在日常用语上，而应进入教育科学领域，真正作为科学概念来使用。建立概念，才会引领我们进入理论思维，提升我们的理性思考水平。同时，简称的使用也启发我们，教师进行"草根式"的表达，在注重感性表达的同时，还应逐步学会使用科学概念，或者感性表达加以适当的理性阐释。

课程与教学究竟是什么关系呢？不同的国家，不同的文化背景，有着不同的视角，形成了不同的关系。

从东西方使用的差异看课程与教学的关系

东西方对课程与教学关系的认知差异很大，表达了不同的理念，形成不同的行动，其代表是苏联和美国。从表面上看，苏联好像没有课程概念，只有教学概念。事实是苏联不是没有课程概念，而只是把课程的有关内容放在教学论里，其表达的概念是"教学内容"或"教学或教育的内容"。因此，苏联没有把课程论作为教育学的一门分支学科来研究。与此不同的是，教学的概念在苏联非常"强大"。人民教育出版社的课程专家陈使先生，曾专门对苏联的课程与教学关系做了文献研究，他得出了以下结论："在苏联，教学论已经作为教育学的一门分支学科，取得了独立的地位"，放在教学论里讲的课程，篇幅所占的比例不多，"平均只有 16.7%，即只有六分之一"[①]，其余所讲的都是教学理论。在美国，则全然相反。1981 年出版的美国课程论学者比彻姆的著作《课程理论》中，"明确提出课程理论是教育学的下位理论"，课程与教学各有各的研究领域，"没有必要把课程论包括在教学论中，使它成为教学论的组成部分"[②]。不仅如此，美国认为课程包含教学。值得

注意的是，苏联虽然没有把课程论作为一门分支学科来研究，并不等于说苏联不研究课程问题。相伴而行、互相靠拢的状况正在逐步形成中。

从课程改革的国际走向看课程与教学的关系

华东师范大学编辑出版了"世界课程与教学新理论文库"，其中一本是《课程·教学》，第一期中就引用了一些课程箴言。富兰克林·博比特说，"首要的科学任务是决定课程"。拉尔夫·泰勒说，"课程是学习教育的核心。在课程开发过程中所做出的决策，不管有意或是无意，都极大地影响着教师教什么，学生学什么，教师采用怎样的教学程序，学生进行怎样的学习活动，以及教师怎样组织教学来促进持续而整合的学习……课程开发是一个持续不断的过程"。佐藤学说，"课程的性质决定学习的品质、类型与方式，有什么样的课程，就有什么样的学习"[③]……诸如此类的课程箴言还有不少。与其说是箴言，不如说是对课程发展趋势的描述。那就是课程的地位越来越重要。不过值得注意的是，这些论述，从主体来看，论述的是课程，但从其内涵来看，论述的还有教学，泰勒论述的学习品质、类型、方式，都涉及教学。所以，不妨把课程与教学的关系看作是课程包含着教学，课程离不开教学，论述课程时总是要论述教学。

从一些比喻看透射出的课程与教学的关系

美国学者塞勒等人曾用三个比喻，帮助我们思考课程与教学的关系。比喻一：课程是一幢建筑的设计图纸，教学则是具体的施工。比喻二：课程是一场球赛的方案，这是赛前由教练员和球员一起制定的，教学则是球赛进行的过程。比喻三：课程被认为是一个乐谱，教学则是作品的演奏。[④]三个比喻有不同的侧重点。比喻一侧重在实际施工与设计图纸之间的吻合程度，强调预设的重要；比喻二侧重在球赛过程的情境性与多变不确定性，强调生成的重要；比喻三侧重在演奏时的乐队风格，强调预设与生成的统一。这三个比喻已成了隐喻，其喻意是深刻的，即无论侧重、强调的哪一方面，课程与教学是互相依存、相辅相成的，是在互动中发展的。

以上我从三个视角讨论了课程与教学的关系，观点是，当下的课程改革，以课程来统领教学，以课程改革涵盖教学改革，是符合课程改革趋势的，但并不意味着课程与教学之间彼此有轻重之分、主次之别。从价值的维度看，课程与教学是等值的，不存在谁重要，谁更重要的关系。因此提出"课改"与"改课"的关系，为的是将它们理解为联合体。从研究对象维度看，课程与教学又分属不同的领域，它们各有不同的研究对象、理论内涵和实施方式，因此它们又是独联体，在共同体的理念引领下，让教师既具有教学概念，又具有课程概念；既具有教学目标意识，又具有课程标准意识；从教学走向课程，在课程的理念与框架中进行教学改革，又从课程的视野关照教学，让教学丰富课程。我想，这是课程改革所追求的一种境界。回过头来看看"课改"与"改课"两个简称，稍加注意，似乎并不存在"概念混乱"的问题，据我了解，也并未引起"不小的混乱"。我甚至认为，通过"课改"与"改课"关系的以上讨论，它们是可以作为科学概念来使用的。

二、关于"课改"一定要"改课"：教学及其改革的价值需要进一步形成共识，并要不断提升

"课改"一定要"改课"，这是我深入观察和思考以后形成的观点。这一命题是由两者关系的合理性决定的，又是由教学的价值的重要性决定的。但不能因为它在"课改"的涵盖下，就降低其价值。恰恰相反，教学、教学改革的价值不可忽略，连稍稍轻慢都不行。之所以产生"课改"一定要"改课"的疑问，正是对教学及其改革价值的忽略。

施良方对教学、教学改革的价值作了简明的论述和判断。他是从课程实施的角度来切入的："课程实施是整个课程编制过程中的一个实质性的阶段，那是因为一般来说，课程设计得越好，实施起来就越容易。但是，课程设计得再好，如在实践中得不到实施，那也就没有什么意义了。"⑤ 这并不难理解。有什么样的实施就有什么样的教学质量；什么样的教学，反映什么样的课程，某种程度上，有什么样的教学可能就有什么样的课程。这当然是"实质性"的。从另一个角度看，真正的课程是在哪里诞生的，我在文章里这么说："现实的、实际操作的课程是发生在校园、教室里的。校园、课堂不仅是所有课程的汇集地，也是所有课程的整合地，而且是课程的创生地；教学改革的深度推进，不仅能有效地体现、落实课程改革的理念、要求，更重要

的是能完善、提升课程改革。"无论是理论还是实践，不止一次地证实，这样的判断都是正确的。"'汇集地'无课程可汇集，'整合地'无课程整合，'创生地'无条件可创生。"不能认为这样的判断毫无根据和道理，但我坚定地认为即便在应试教育的干扰下，教师们的课堂里也都在个性化地实施，在个性化实施中创生属于自己的课程，因为教师总是作为目的，而非工具而存在的，其创造性不会被摧毁，这大概就是教师们的专业尊严。

如果再简要回顾一下教学论问题的发展历史，也可发现教学的深层价值。现代意义上教学论问题的发展历史始于17世纪，在各个不同时期专家学者都对教学论进行讨论，而且他们对教学论实践不断进行反思。他们的反思对今天仍有重要的现实意义。如果对他们的反思再作些选择的话，我以为以下一些论点揭示了教学的重要价值。夸美纽斯曾绘制了一个课程宇宙，这课程宇宙图的意义在于指出了"然后这种教育才会是可见世界的真实的舞台，而理解是教学的序幕"⑥——拉开理解这一序幕，教学站在了世界的舞台，瞭望全球，理解世界。卢梭设想了一个理想的儿童"爱弥儿"。爱弥儿面对着自然、事物和人，卢梭认为要将这些"自然、事物和人转换成为成长着的一代在其中自己组织其学习过程提供机会的活动情境"⑦——教学承担着"转换"的任务，而在转换中，学生自己学会组织自己的学习。赫尔巴特不承认"无'教学'的'教育'"，也不承认"无'教育'的'教学'"⑧——他从道德的角度，强调教学对教育的支撑，同时强调教学应当具有道德意义和价值，而这种道德是教育的最高目的。被称为改革教育家的沙伊普纳，提出"作为劳动过程的教学"⑨，认为工作技巧和劳动经历在学习过程中有重大的教学论意义——强调教学具有学习劳动的价值，不仅学习道德，学习知识，而且学习工作技巧和劳动本领。以上只是一些摘取，但这些闪光的观点已让我们掂量出，在教学论发展过程中，教学的重要价值的讨论与认同一直贯穿始终，而且日益得到充分彰显。尽管教学的价值与课程的价值紧密相联，但其独特的价值总是在教育过程中闪烁着异样的光彩。

讨论的视角还可以作些转换——现实的观察。长期以来，课堂教学总是改革的重点与难点，常常被称作难以攻克的碉堡。课改以来，课堂教学发生了十分可喜的变化，在不少地区和学校，这一碉堡开始动摇。但是，一个不争的事实是，从总体上看，课堂教学还未发生根本性变革，学生被动学习的状况还未真正得以改变。因此，课堂教学仍是当下改革的重点和难点，而且在很长的时期中，它就是重点、难点，这一判定我想还是合乎事实的。这正是教学及其改革价值的另一表现。

综上所述，我们自然得出一个结论："课改"一定要"改课"。但是，需要说明的是两点："课改"只是"改课"的一个重点，而不是唯一的重点，它不是排他的，而是"容他"的，这是其一。其二，"改课"应当坚持在"课改"的语境下展开，"改课"与"课改"仍然紧紧联系在一起。

关于"课改"一定要"改课"，讨论的深层意义在哪里？我以为是对教学重要价值的再认识。教学及其改革的价值需要进一步统一认识，真正形成共识，而且还需要不断提升，让课程实施、教学改革永远成为具有实质意义的环节和阶段。

三、关于教师应该成为课程改革的主角：教师的再定义，让教师成为课程、教学改革的研究者、创造者，这是崇高境界与必然追求

教师在课程改革中究竟处于什么样的地位，他们究竟是不是课程改革的主角，究竟能不能成为主角，这问题也许是一个看起来不是问题的问题，但从深处看，仍然是个问题，而且是一个非明晰不可的问题，因为这涉及教师的地位认同、课改成败与境界追求。

首先涉及教师定义的问题。佐藤学对此有过精辟、透彻的论述。《课程与教师》是他一本极有影响的学术著作。专著分两篇，在充分论述第一篇"课程论评"以后，他以"教师形象的转换"为题，展开第二篇。显然，他的观点是，课程讨论离不开关于教师的讨论，课程改革离不开教师，没有"教师形象的转换"，就很有可能没有真正的课程改革，甚至会导致课程改革的失败。佐藤学有几个非常重要、相当精彩的观点。其一，教师要从"中间人"转化为"介入者"。他说，教师总是处于"儿童"与"成人"、"实践家"与"理论家"、"从属者"与"掌权者"等等之中徘徊，不知如何适从，而成为事实上的"中间人"。换个角度看，"教师作为存在的'中间人'的'不确定性'、'复杂性'、'危险性'，不仅是一种消极现象，而且必须作为积极的契机加以把握。'中间人'也是'介入者'。而教育作为有意义的经验形成、

作为创造性的行为实践的契机，也是在这种'中间领域'的'裂缝'中得以准备的……作为'中间人'的教师必须作为'介入者'加以重建"⑩。严格来说，教师亦是课程、教学与学生的"中间人"，但这种"中间人"必须转变到"介入者"来。这是一种重要转化，其转化的重要意义在于，教师要"介入"到学校课程的决策、规划、设计中来，"介入"到教学过程中来。所谓"介入者"实质上是成为主体，成为主角，成为参与者、研究者和创造者。其二，佐藤学认为要超越"教学研究"的现有架构，"首先必须确认的是，教学的研究原本就是'实践性研究'，其主体是教师"。⑪原来的"教学研究"架构是把教师排斥在外的，而真正的"教学研究"，教师是不能缺席的，而且不是一般的参与者，而应成为主体。其三，佐藤学认为教师是"反思性实践家"。⑫不是"实践者"，而是"实践家"，所谓"实践家"，是言其实践的理论寻找和创造，言其从被动走向主动，从技术操作走向有深度的研究。"实践家"当然应当是实践的主体，是改革的主角。教师的重要地位不言而喻。

　　教师成为课程改革的主角，是有个历史演进过程的，而且有历史教训可记取的。大家都知道，美国在上世纪曾展开过一场声势浩大的基础教育课程改革，然而，这场耗资巨大的新课程运动却以失败告终。失败的原因复杂，但是公认的一个原因就是，新课程运动排斥了一线教师的课程参与，无视了一线教师在课程中的主体性和创造性。当时，这场运动"采取了'防教师'的课程发展策略"⑬。"防教师"，就是不信任教师，就是排斥教师，而相信的是那些地位很高的著名的自然科学家、数学家、人文社会学家以及各个学科的代表。"防教师"，"人为地割断了教师与课程之间的天然联系，课程材料成为教师课程实践控制的工具，教师则依附于预设的、客观的、价值中立的课程材料"⑭。这场运动的失败，非常明确地告诉历史也告诉未来，教师是课程的主体和创生者，排斥教师，忽略教师的主体性、创造性，必然导致课程改革的失败。正因如此，历史视野下的教师，在课程改革中，角色不断在演变，从"教师是尚未开发的课程资源"走向"教师即课程"，从"教师作为课程实践者"走向"教师作为课程批判者"，走向课程的创造者。历史的教训必须记取，历史进程的趋势必须认清和把握。

　　还应该关注我们国家的基础教育课程改革的政策设计。大家一定非常熟悉课程改革纲要里所规定的"国家""地方""学校"三级课程管理。以往，我们总是把重点放在"国家课程""地方课程"和"校本课程"的形态上，其实，这一政策设计的重点是课程的赋权，让地方、学校参与到课程改革及管理中来，让学校，即让校长、教师也成为课程管理者。从更深的意义上看，就是从课程管理走向课程领导，就是改革要实行自上而下与自下而上路线的结合，其本质是让"草根"成为改革的参与者、研究者、创造者，唯此，田野才是有希望的。既然政策设计已赋予我们权利与机会了，为什么要刻意地回避，甚至拒绝呢？这是误解了，还是缺少勇气和实力呢？教师在课程中的这种责任担当，一定会促使教师走向专业发展的新境界。

课程改革中的教师应当有理想、有追求，但我们又不是理想主义者。让教师成为主角，绝不是放弃课程改革的顶层设计，也绝不是把一切责任都交给教师。我们也清楚地知道，教师们成为主角的过程中，一定会遇到许多困惑、困难，比如，时间很紧，工作很忙很累，能力有待提升，但这些不能作为教师不应成为改革主角的理由。正是在成为主角的过程中，教师才会成为真正的主角。让"教师的主要职责是课程实施，而不是课程研发，他们也只会在'改课'上'折腾'"的陈旧观点，永远成为"过去时"，迎接教师成为改革研究的主角这一实然和应然的认知。

参考文献

①② 陈侠.课程论［M］.北京：人民教育出版社，1989：6，9.

③ 世界课程与教学新理论文库：课程·教学［J］.北京：教育科学出版社，2005：6.

④⑤ 施良方.课程理论——课程的基础、原理与问题［M］.北京：教育科学出版社，1996：139，128.

⑥⑦⑧⑨［德］F. W.克罗恩.教学论基础［M］.李其龙，译.北京：教育科学出版社，2005：60，64，76，96.

⑩⑪⑫［日］佐藤学.课程与教师［M］钟启泉，译.北京：教育科学出版社，2003：209，230，242.

⑬⑭ 李小红.教师与课程：创生的视角［M］.桂林：广西师范大学出版社，2009：9，11.

价值追求：有效教学的核心与命义

一、有效教学的反思：过度关注了"有效"，轻慢、忽略了"价值"

　　这几年，有效教学像是一股风吹遍了我们的课堂，成了课堂教学改革的重要目标，成了提高课堂教学效益和质量的关键词，也成了校园里流行的话语。其被认同的程度和被研究、被实践的热度，可以说是前所未有的。不少教育行政部门把有效教学作为课程改革、提高当地教学质量的重点，规定了目标，提出了要求，有目的、有计划地组织与推进，取得了进展和效果。中小学教师把有效教学作为自己努力的方向、探索的重点，针对具体问题做试验，取得了不少鲜活的经验，切实地改进了课堂教学，增强了教学的有效性。理论界也主动地介绍有效教学的背景、内涵与特点，就有效问题做深入的研究，厘清了一些关系，有效地推动了有效教学的研究与实践。在此基础上，报纸杂志作了相关报道，组织了讨论，介绍了经验，宣传了一些好的典型。当前，有效教学仍然是教学研究的重点，并在不断深化。

　　有效教学的普遍被认同，说明其有存在和发展的价值与意义。这是因为有效教学具有很强的针对性。的确，长期以来，课堂教学存在着低效甚或无效的现象，耗时很多，收效甚微，教学任务难以完成，"夹生饭"始终伴随着教学进程，教学效益不高始终是困扰我们的一大问题。如果我们能切切实实地逐步解决教学的有效问题，教学效益与质量的提高是可以期待的。这种从问题出发、针对问题开展研究的品质应当肯定、应当提倡，教师们也非常欢迎和接纳这种研究的方向和方式。事实证明，有效教学的命题虽来自国外，但中国教育的传统中隐含着关于有效教学丰富的理论和经验，有效教学完全切合中国的教学；有效教学的理念虽源于20世纪上半叶西方的教学科学化运动，但中国的教学面临同样的问题，有效教学基本切合当前我国课堂教学改革的实际。这一命题的重提及其研究的展开，具有重要的现实意义，从某一个角度讲它推进着课程改革的深入实施。

命题的针对性总是与导向性紧紧联系在一起的。教学要永远追求有效，任何时候不关注、不研究教学过程中的有效性问题，教学都会陷入事倍功半的泥淖，不关注、不研究有效的课堂肯定不是好课堂、好教学，其教师也肯定算不上好教师，因此，有效教学应是永恒的话题。但是，值得注意的是，对教学的导向绝不是单一的，任何单一的尤其是离开整体设计与建构而孤立进行的"导向"会发生偏差，甚至会背离教学应有的规律与原本的轨道，而"导向"到另一个很可能是片面、绝对的方面，结果适得其反。所以，在坚持针对性的同时，必须充分考量其导向性，在坚持现实意义的同时，必须远瞻其长远的战略意义。我认为，当下的有效教学研究正是在处理针对性与导向性方面存在一些问题，必须引起足够的警惕和重视。

我们可以先从两个常见的现象开始讨论：如果"教师为组织教学花费一定时间，尽管它与本课的教学任务无直接关系，但它保证了课堂教学的顺利进行，这是有效的还是无效的？"再如"课堂上教师为调节气氛随口说出的一句俏皮话，大多数学生仅一笑了之，但对后来成为喜剧演员的学生来说，却留下了终身难忘的记忆。……这个学生在这里的'学习收益'是其他学生无法相比的"[①]。确实，此类现象平日课堂并非少数。这种屡见不鲜的现象，实质上是对有效教学的质疑，即：有效教学的有效标准究竟是什么？好课堂、好教学除了有效外，还应有什么标准？

有效教学一强调课堂教学时间的规定性，二强调教学目标的规定性，其核心目标定位于教学效益、教学效率和教学结果上，这无可非议，但问题恰恰在于，以上两种现象表面上看来与教学任务的完成没有直接的关系，也"浪费"了教学时间，似乎是"无效"的，但却对学生的发展起着十分重要的作用。比如，花费一定的时间组织教学，其目的是让学生集中注意力，进入积极的学习状态，这本是教学过程中一个不可或缺的环节，其过程包含着培养学生态度、情感、意志的教育因素，是教学目标中的一个重要维度，假若把这也排除在教学目标外、排除在"有效"外，显然是不妥的，无形中我们又退回到课程改革前的状态。再如，教师说一句与教学内容没什么关系的俏皮话，却让学生记了一辈子，甚至影响了一辈子，似乎是"无效"的，却真正影响了学生的发展，说到底是很有意义的。如此看来，对课堂教学的评价，有效是一个标准，但不是唯一标准，更不是主要标准；有效教学是"好教学"，但绝不完全等同于"好教学"。我们应当在"有效"外，寻找并确立"好教学"的根本性标准、核心标准。我以为这根本性的核心标准应是追求教学的真正价值。

毋庸置疑，"有效"是有价值的，问题在于如何对待"有效"与"价值"的关系。我以为，其一，不能以"有效"取代"价值"。"有效"是价值内涵中的一个因素，是价值的一种表现形态，但不是价值的全部内容和完整形态，因此绝不能以"有效"取代"价值"。取代的后果必然是用单一的标准评价教学，若此极有可能发生价值判断的偏差，以偏概全，导致评价的片面与绝对，最终极有可能伤害学生发展这一核心价值和根本命义。当前的问题正在于过度关注了"有效"，而轻慢了甚至忽略了"价值"。其二，不能把"有效"等同于"有用"，更不能用"有用"覆盖"价值"。"有效"的可能是"有用"的，但两者不能等同；价值具有"有用性"，但对人的发展的价值绝不能仅从"有用性"来理解。马克思早就说过，"工业的已经生成的对象性存在，是一本打开的关于人的本质力量的书，是感性地摆在我们面前的心理学"，但人们"总是仅仅从外在的有用性来理解"——他批判了价值就是"有用性"的观点。当前的问题是，常常把"有效"等同于"有用"，进而又用"有用"来完全替代价值判断。如前所言，有用价值我们应客观面对，但如果让有用价值不断凸显，"我们就会被这种'有用就有价值'的功利主义思想所左右……人们更多地关注教学的有效性，教师更多地关注教学过程的完整性，学生更多地在乎教学评价的结果，人的存在价值及其意义很遥远，于是让位于现实目标"[②]。这样做的结果，还使我们滑入了工具理性的窄洞，丢弃了价值理性，只重结果而不问过程，只重效益而忽略动机，只重效率而不讲科学规律，最终导致教学的功利主义、浮躁心态，以至为追求所谓的最好结果而走上应试教育的道路。其三，一些学校、少数教师，在有效教学中，把"有效"偏向知识的学习和技能的训练。这既有认识上的偏差，又有评价制度层面的缺失，加之知识、技能的评价相对容易量化，把教学的"有效"聚焦在知识与技能目标的达成上，致使有效教学知识化、技能化、工具化，其丰富的人文教育意义和促进学生生动活泼主动发展的价值，在知识化、技能化、工具化的过程中消失，又不知不觉地回到了课程改革前的状态。这里其实暗含着另一个问题，即人文素养教育的"有效"如何考量与评价。事实是，人文素养教育的"有效"是难以考量、评价的。可见，真正把握"有效教学"是很难的。

没有一种教学观、教学模式、教学方法是完美无缺的。以上的一些反思与检讨，绝不是对有效教学的否定，而只是提醒和建议：一是不要误读有效教学；二是不要以"有效"替代"价值"；三是应把价值追求作为有效教学的核心命义，作为"好教学"的根本标准。只有这样，有效教学才具有真正的价值。

二、价值追求：有效教学的核心与命义

价值追求是有效教学的核心与命义。其中涉及一些基本问题：

1. 从背景与理念看有效教学的价值追求

如前所述，有效教学的理念源于20世纪上半叶西方的教学科学化运动，特别是受美国实用主义哲学和行为主义心理学影响的教学效能核定之后，这一概念频繁地出现在英语教育文献之中，引起了世界各国的关注。其实，有效教学的提出也是"教学是艺术还是科学"之争的产物。20世纪之前，在西方教育理论中占主导地位的教学观是：教学是艺术。它倡导教学是教师个性化的、没有"公共的方法"的行为，是一种"凭良心行事"的、"约定俗成"的行为。它的主张是，影响教学过程的因素是复杂的，教学结果是丰富的，难以用科学的方法进行研究。但是，随着20世纪以来的科学思潮的影响，以及心理学特别是行为科学的发展，人们才明确提出，教学也是科学，

即教学不仅有科学的基础，而且还可以用科学的方法来研究。就在这一背景下，有效教学应运而生。"教学是艺术还是科学"之争，是教学观的历史性进步，而不是对"教学是艺术"观点的否定，它进一步强调教学既是艺术又是科学，在注重教学艺术性的同时还应注意教学的科学性。注重艺术性，是为了坚持教学的个性化、不确定性与教学成果的丰富性、多样性；注重科学性，则是为了在此基础上，追求教学的确定性以及效能、效益。艺术性与科学性的结合，就是把确定性与不确定性、个性与共性、可核定性与多样性结合起来。通过背景的研究，我们应重新认识有效教学的核心价值，是对教学的整体建构及其完整意义的追求。当然，这一教学观的转变，更注重教学的科学性也是顺理成章的，但我们万万不能误读为是对教学艺术性的舍弃。

"所谓'有效'，主要指通过教师在一段时间的教学以后，学生所获得的具体的进步或发展，也就是说，学生有无进步或发展是教学有没有效益的唯一指标"，因此，有效教学的主要理念是，"关注学生的进步或发展"。[3] 很清楚，这是对有效教学的价值定位，即它是指向学生的发展的。所谓教学有没有效益，并不是指教师有没有教完规定的内容或教得认真不认真，而是指学生有没有学到什么或学得好不好；所谓"有没有学到"或"学得好不好"，并不是单纯看知识的增加、技能的增强，而表现在学生有没有积极的变化。这种积极变化的价值在于对学生当下的发展和今后的持续发展的影响。从另一个方面说，如果学生不想学，或者虽学了却没有收获，即使教师辛苦也是无效教学。因此，有效教学关注的焦点不在规定的时间和规定的内容，而在规定的时间、规定的内容对学生发展所起的作用。这种价值指向才是有效教学的宗旨，也才是有效教学的原本的价值追求。看来，有效教学在当下的研究与实践中，有些地区和学校没能完整把握，以至使之变形、变意。

2. 从对价值的理解看有效教学的价值追求

如何界定价值，一直是价值哲学研究争论最多的问题，有人认为价值是不可定义的。我们当然不同意，那样会使价值问题神秘起来、虚空起来。在教育范畴讨论价值问题，我认为首先要界定一个范围。一是在价值哲学意义上去理解价值。"价值概念有三种不同的形态，即：经济学意义上的价值概念、价值哲学意义上的价值概念和日常用语意义上的价值概念。"在经济学意义上，价值"反映的是人和商品的关系"，在日常用语意义上，价值"反映的是物与物之间的关系"，而在价值哲学意义上，价值"反映的是人与对象的关系"。④ 正是在价值哲学意义上，价值不是一种自然现象，而是一种文化现象；价值是文化的核心，体现的是人的愿望、要求、需要、利益等。这种价值的属人性提示我们，有效教学价值追求的是教学的文化属性，追求教师和学生共同愿望的实现及教师与学生之间的依存性，不能把经济学意义上和日常用语意义上的价值用在有效教学上，否则就会使教学技术化、物质化、商品化。二是在教学论意义上去理解价值。就知识而言，从发生学意义上讲，任何知识都是有效的、有价值的，但从教学论意义上讲，教学知识可以分为有效知识和无效知识。毋庸置疑，有效教学追求的是有效知识的价值。同时新的知识观和新的学习观告诉我们，明示知识、默会知识是人类知识的两个维度。我们"主张真正的学习一定涉及人类知识的'默会知识'的维度，而'默会知识'总是同具体的、特定的情境联系在一起"，所以"'知识'并不是靠教师传递的，而是学习者自身建构的"。⑤ 有效教学追求新的知识观和学习观，追求的是学生对知识的积极建构，这样的教学才具有价值意义。

其次，从意义层面看有效教学的价值追求。德国新康德主义者李凯尔特曾主张："关于价值，我们不能说它们实际存在着或不存在着，而只能说它们是有意义的，还是无意义的。"袁贵仁认为："价值关系是主体和客体之间的意义关系，某物、某事对人有意义，也就是某事、某物对人有价值，意义的大小也就是价值的大小。因此，所谓价值，这里可以理解为客体对于主体所具有的意义。"问题在于三方面。一方面是如何理解意义。冯友兰先生作出了既深刻又浅显的解释，他认为，意义发生于自觉和了解。任何事物，如果我们对它能够了解，便有意义，否则毫无意义；了解越多，越有意义，了解的少，便没有多大意义。从冯先生的阐述中，我们自然想到有效教学的有效，应当是学生进入自觉状态下的了解，而非教师的传递、灌输，也非学生不加思考的接受，了解的程序与水平，即是意义的接纳与生成，亦即是"有效"的价值所在。第二方面，在意义层面上，价值是相对于人的心灵而言的。正如当代西方价值哲学的代表人物文德尔班所说："……取消意志与情感，就不会有价值这个东西。"意义总是伴随着情感，伴随着需要；假若离开人们的心灵，教学只指向人的外部动作与行为，那么，有效教学的"有效"只能是肤浅的、无根基的，也只能是暂时、不稳定、不可持续的。心智的变化、情感的丰富、学习愿望的增强、意志力得到锻炼，这些恰恰是有效教学的根本价值追求。第三方面，有效教学追求的是人的价值，人的价值是一种能够创造价值的价值，而且人的价值必须通过创造活动表现出来，人的创造性活动是一切价值的源泉。歌德说得好："你若喜爱自己的价值，你就得给世界创造价值。"创造应当是有效教学的灵魂，创造性教学活动应当是有效教学的主要的基本教学活动，培养学生的创造性是有效教学的根本价值之所在。从这个意义上看，有效教学应当是一种可能性的实现。

3. 从对教学的理解看有效教学的价值追求

对教学可以有多种理解。哈佛大学教授曾把课堂教学比作是把学生带到高速公路入口处。生动形象的比喻道出的是深刻的哲理。学生的一生是自己选择的、自己行走的，一旦上了高速公路将会迅捷地走，直至目的地。教师的责任在于把学生引入高速公路的入口。这是一个学生在教师指导下寻找、探索、发现的过程，这一过程一定负载着价值的澄清、选择和确定；这是一个学生在教师指导下，凭依自己的知识和经验的基础，自我建构、自我生长的过程，这一过程一定会遇到困难和挫折，但这些困难、挫折一定伴随着价值考验，在考验中价值观逐步澄明。总之，教学应该是一个价值世界，而且一直被视为社会价值观发展的核心。英国《道德教育杂志》的主编莫尼卡·泰勒专门以《价值观教育与教育中的价值观》为题撰文。她认为，教与学的过程是一个价值问题，"价值观是在教和学的过程中表达出来的，除了某些特定的内容和环境条件下，应该说所有的教学都是与价值观相连的"。[⑥]有效教学当然不能离开价值观的教育，不能把价值搁置起来，就"有效"讨论"有效"，果真如此，有效教学说到底是无效的。

价值教育是教学的使命，教学是一种价值工具，教学在价值观的引领下完成教学任务，教学才会体现自己的真正价值。这里有两个问题应该引起我们的关注。其一，"价值即理想中的事实"[⑦]。价值是指一种可能性的实现，它不仅指向现在，更指向未来；不仅指向学生的现实性，更指向学生的可能性；它不仅解释学生的"是如此"，更引领学生的"应该如此"。价值的这种属性和指向，必然要求有效教学要从学生的不确定性、可能性与未来着眼，不拘囿于现实中的一得一失；必然要求有效教学不仅在预设任务的完成上，更关注教学的生成与发展。指向未来的有效教学是一种创造性教学，应具有大视野、大谋略、大智慧。其二，对有效教学"有效"的判断，应该是一个价值负载的活动和过程。当下对有效教学的评价有许多很好的做法，当然也有离开价值而进行效率、效益评价的倾向，这样的评价不可避免地陷入细节、技术的优劣评判中。我们不是不关注细节和技术，说老实话，我们对教学的细节和技术的关注、研究还不够，问题在于，对细节和技术的评判不能脱离价值意义、价值导向。如果用一句通俗的话来说，就是脑中有细节、有效益，但心中一定要怀揣价值。这样，对"有效"的评价过程才是一种价值判断和价值观教育的过程。

三、价值关怀：有效教学及其研究的起点

价值追求这一有效教学核心与命义的实现，在具体的教学过程中，要以价值关怀为起点，以价值关怀贯穿教学的全过程。

价值具有主体性，这是价值的根本特性。价值的主体性，是人在与客体对象的关系中，所具有的主动性、能动性和创造性。价值关怀，说到底是对人的存在和发展价值的关怀，是对人的主体性的尊重，是对人的主动性、能动性和创造性的开发。在这个前提下，对教学的内容、组织形式、教学方式予以关怀，并使教学过程为人的存在和发展价值的提升服务。这种价值关怀下的有效教学才是真正意义上和根本意义上的有效教学，才可能获得最大的"有效"。

第一，坚持价值的主体性，关怀学生发展的内在需求。这是有效教学的内在尺度。杜威所主张的"教育无目的"，其实是认为教育的目的就在教育过程中，就在人的发展中。有效教学必须遵循人的发展这一内在尺度。人的内在尺度，是以人的愿望、要求、理想、利益等为基础的，关怀人的内在尺度，首先要关怀人的这些内在需求。所以，有效教学的第一起点，应当是要充分了解学生发展的需求，以及他们的基础、兴趣，从这些需求出发，进行有效教学的设计，而不应只是关注具体的教学内容和任务要求，也不应把教

学过程只看作是"上课"的过程，只是"教学任务"完成的过程。一切离开人的发展需求的教学，都会显得无目的、无活力、无创造性，也就无价值、无效。事实正是这样，一些"有效教学"的课堂，忽略了学生发展内在尺度的指引，学生往往处在不主动、不积极、不自觉的状态，如此，教师再辛苦，教学只能是低效的、无效的。反之，有效教学的鼓槌敲击在学生发展的需要与愿望的鼓点上，则有可能奏响动听的旋律。甚至可以作这样的判断：对学生基础、兴趣、需要的准确了解，决定着教学的有效水平与程度。

第二，坚持价值的平面性，关怀学生的创造性学习。所谓价值平面性，是指抛弃价值的等级性，主张平等性，旨在反对与抗拒传统教学中的权威以及封闭、僵化的教学模式和环境，也意在反对与否定简单的二元对立思维方式。无数事实已不止一次地告诉我们，一个教师权威独占的讲台，难以有对学生真正的价值关怀，一个封闭、僵化的课堂，难以有学生心灵的自由，一个简单二元对立思维把持的教学，难以有学生思维的开放、思想的活跃。有效教学应是坚持价值平面性的教学，是一个民主、平等、互相取长补短的平台，这种以学生创造性学习为核心价值取向的课堂，才可能成为学生创造精神、创造能力得到充分尊重和保护的精神家园，才可能成为创新人才成长的文化栖息地。

不过，这种价值取向肯定是对有效教学的考验与挑战。拉斯思说：只要我们关心价值，就必须乐意给儿童选择的自由。自由是创造的保姆。学生的心灵一旦获得自由，他们的好奇心、想象力、创造性就会一一被唤醒，就会像在阳光下、微风中、细雨里舒展起来，就会在有限的时空里作无限驰骋。的确，有效课堂应当让学生有解放的感觉。但是，值得注意的是，这样的课堂极有可能出现以下现象和问题：预定的计划被打乱，安排的进度被阻滞，纪律涣散，课堂无序等等，总之，可能使教学"低效"，甚至"无效"。当然，坚持价值平面性，绝不是废除纪律和制度，也绝不是抛却任务和进度，但是纪律和制度应当为人的创造性发展而存在，任务和进度也应当为学生的智慧生长而服务。如果价值取向不改变，有效教学只能是机械的行动、按部就班的执行，而毫无创造性可言。显而易见，坚持价值平面性，正是为了彰显创新性这一核心价值观。

第三，坚持价值多元性，关怀学生的价值选择。有效教学的价值关怀，不仅表现在对学生的尊重与创造性的鼓励上，也应体现在对学生的价值引领上。多元文化是当今文化开放与繁荣的特征，给课堂教学带来丰富的信息，拓展了教育的思路，提供了新的发展空间，使教学呈现更为开放、活跃的状态。这本身就是一种价值形态，本身就具有价值。多元文化带来教学过程中价值观的多元，带来学生学习的多元选择。教学不是指定某种价值观让学生学习、接受，而是让学生主动地去辨别和选择，逐步学会如何获得价值观念。有效教学应当树立这样的理念："如何获得价值观念"，比"获得怎样的价值观念"更重要。"如何获得"不仅仅是学生自己的任务，教师也应当是学生"如何获得"过程的参与者、指导者，即在学生对价值辨别和选择过程中，引导他们运用分析和评价的手段，帮助他们减少因价值混乱而带来的价值困惑和负面影响，发展他们思考和理解人类价值观的能力，教给他们正确处理价值冲突的方法。这种对价值选择的过程，是一个价值凸显的过程，是价值教育的价值体现，有效教学的价值同样体现在价值观的教育上，体现在教师对学生价值观获得过程中的有效指导上。

第四，坚持学科的独特价值，关怀学生的学科学习特点。不同的学科有不同的价值，对学生的发展起着独特的作用。有效教学不仅在一般层次上认同并践行共同的价值追求，还应体现在对学科独特价值的认同与追求上，使教师将认同的共通价值向学科价值转换与渗透，把二者结合起来。学科本身是学科教学关注的轴心，具体地说，学科的独特价值应是学科教学关注的轴心。但是，实际教学中往往造成一种重要的缺失，"一方面表现为大多数学习科目的内容与学生今日的成长缺乏内在联系，课堂教学内容成了与学生的日常生活隔绝的一个专门的领域，它似乎属于另一个世界；另一方面，学生在成长过程中经常会出现的困惑、好奇、问题、期望、兴趣以及许多潜在的能力等，在学科设置上得不到体现"[8]。我以为，以上问题同样存在于学科教学的过程中，因此，有效教学必须认真分析本学科对于学生的独特的发展价值，而不是首先把握这节课教学的知识重点与难点。每个学科对学生的发展价值，除了一个领域的知识以外，从更深的层次看，还应为学生的发展提供唯有在这个学科的学习中才可能获得的价值理念、经历、体验、独特视角、路径，以及不同的思维方式。这就需要把备课的重点，从一般的授课内容向价值思考转变，尤其要从学科的独特价值出发，把教学目标的设定作为教学的价值定位和价值承诺，同时在价值定位的基础上，对教学内容作必要的重组和补充，对教学过程作必要的调整和改进，以使价值承诺真正得到落实。因此，学科教学中的价值追求，不仅在价值理念上，而且在具体的内容和方式、方法上有一个重大的"转身"，即在价值取向上有一个转变，以此对学生的学科学习、学科特殊能力培养予以价值关怀。

第五，坚持价值教育的人文性，关怀学生的学习方式。价值教育的方式应是以人与人交往的方式进行。人与人交往的准则是平等、尊重、合作，这不仅是价值教育的理念，其本身也是价值之所在。这种理念是在暗示和提示学生，课堂上与老师的对话是我们学习的权利，也是我们学习的方式。有人曾经尖锐地批判当今课堂的现象："在今天中国的教室里，坐着的是学生，站着的是先生，而在精神上，这种局面恰恰打了个颠倒——站着的先生占据至尊之位，而坐着的学生的躯体内，却藏着一个战战兢兢地站着，甚至跪着的灵魂。"⑨一个战战兢兢地站着，甚至是跪着的灵魂，怎么可能有真正意义上的自主、合作、探究的学习方式，即使是接受性学习方式，也不可能具有主动、积极的意义。学习方式的有效，在某种程度上影响着教学的有效程度和水平。

最后想回到有效教学的原义上来。有效教学必须注重在规定时间里完成规定的教学任务，提高教学的效益。但是，以价值追求为核心和命义的有效教学将会在追求效益的同时，从技术和工具理性中超拔出来，有更高的追求和境界，使效益成为促进学生发展的价值。

参考文献

① 张璐.再议有效教学［J］.教育理论与实践，2002（3）：48.

② 黎琼锋.价值关怀：一种课堂教学改革的路向［J］.当代教育科学，2007（15）：21.

③ 崔允漷.有效教学：理念与策略（上）［J］.人民教育，2001（6）：46.

④ 喻文德.论价值的本质及其根源［J］.太原师范学院学报（社会科学版），2007（7）：35—37.

⑤ 钟启泉."有效教学"研究的价值［J］.教育研究，2007（6）：32.

⑥ ［英］莫尼卡·泰勒.价值观教育与教育中的价值观［J］.杨韶刚，万明，

　　译．教育研究，2003（5）：35．

⑦鲁洁．当代德育基本理论探讨［M］．南京：江苏教育出版社，2003：4．

⑧刘良济．价值观教育［M］．北京：教育科学出版社，2007：38．

⑨高玉丽．构建主体性德育模式［N］．中国教育报，2001-08-13（3）．

教学改革绝不能止于"有效教学"

——"有效教学"的批判性思考

假若稍加用心观察一下当今的课堂教学改革，便会立即发现，流行得最为广泛、最深入人心的主题词是"有效教学"——几乎占领了整个课堂和教学研究。毋庸置疑，有效教学是教学改革的重要命题，是我们不懈的追求。但是，对此我总存有不少的忧虑。其一，什么是真正的有效教学，其实我们还没有真正搞清楚；有效教学的宗旨究竟是什么，最根本的有效又是什么，我们也没有真正弄明白。其二，有效教学在某些地区、某些学校已悄然地被异化，最为重要的是，教学改革绝不能止于有效教学，绝不能以有效教学替代整个教学改革。正因为如此，我们必须矫正有效教学的方向，对有效教学作必要的调整，尤其要把握教学改革的方向和重点，否则，有效教学将会遮蔽教学的本质和核心，模糊教学改革的视野和视线，扰乱教学改革的思路。这些话，不是危言耸听。

一、对有效教学的追问——走向教学的根本性变革

有效教学是个永恒的话题。尽管作为概念，有效教学于 20 世纪上半叶才出现，事实上，有效教学始终伴随着教学而存在。比如，课程的诞生，主要是为了解决知识无限与教学时间有限的矛盾，课程好比是凹凸镜，聚焦在

对最有价值知识的选取和组织安排上，为的是提高教学的有效性。班级授课制的诞生，更是为了追求教学的效益。所以，有效教学是个古老的话题。江苏省泰兴市洋思中学的老校长蔡林森在河南沁阳永威学校，经过调查和分析，认为有 50% 的课是低效甚至是无效的。教学的低效、无效严重影响了教学质量的提高。从这个角度看，有效教学既是个基本要求，也是个很高的要求，为此建议不要轻易地提"高效课堂""高效教学"。当然，有效教学也是个需要持续研究的课题。

反观有效教学研究与实践，我们不得不回到有效教学本身，不得不对有效教学进行追问。追问为的是对有效教学有一个完整准确的把握。

追问之一：有效教学产生的背景

有效教学的理念源于西方教学科学化运动，特别是在受美国实用主义哲学和行为主义心理学影响的教学效能核定之后，这一概念频繁出现在英语教学文献中，引起了世界各国的关注。有效教学的提出是"教学是艺术还是科学"之争的产物。此前，在西方教育理论中占主导地位的教学观是：教学是艺术。"它倡导教学是教师个性化的、'没有公共的方法'的行为，是一种'凭良心行事的'、'约定俗成的'行为。"[①] 受 20 世纪以来科学思潮的影响，人们才明确提出，教学也是科学，即教学不仅有科学的基础，而且可以用科学的方法来研究。于是，有效教学应运而生。

有效教学的提出及日益明晰化，显然顺应了时代的要求，这是历史的进步。值得思考的是，有效教学强调"教学也是科学"，是否意味着对"教学是艺术"的否定呢？当然不是。我始终认为，应当强调教学是科学与艺术的统一，两者不可偏废。否定科学性，必定造成教学进度的缓慢、教学效率的低下，教学质量难以保证；同样，否定艺术性，必然会影响教学的个性化和风格形成，当然也会影响教学质量。提出科学性是为了对教学有一个整体把握，绝不是以科学性来否定、排斥艺术性。当今有效教学的背景已发生了变化，减轻学生过重课业负担成了主要的背景和目的，因此，更要在科学性和艺术性的统一中多下功夫。但是，当下的有效教学，在不少地区和学校，过分强调科学性，轻慢了甚至忽略了艺术性，不恰当地强调统一和标准，不恰当地强调效率、效果，于是，科学性不知不觉地演化为了科学主义，又不知不觉地演变为技术主义，生动活泼的状态和局面正被消解、驱赶。显然，这不符合课程改革的理念和要求。

追问之二：有效教学的理论支撑

关于这一点，崔允漷教授已在《有效教学：理念与策略（上）》一文中作过十分清楚的阐述：有效教学是在美国实用主义哲学和行为主义心理学影响下产生的，这两种理论成为有效教学的支撑性理论。实用主义哲学更关注行动、实践和经验，主张回归生活。不难理解，实用主义哲学的思想至今对课程改革，对教学改革仍有指导意义。而行为主义心理学则不然，虽然时常还能看到这一理论的影子，但它的致命缺陷是忽略学习者的情感、动机等，因为虽然"刺激和反应可以说明人类的某些学习，但是许多研究表明，要解释一般意义的学习，必须考虑人们的思想、信念和情感"[②]。所以有人讥讽行为主义心理学是"动物心理学"。

遗憾的是，在有效教学的实践中，我们不难发现，教师常常把学生的学习兴趣、情绪、信心等问题搁置起来，剩下的只有效率、效果。其实，事实已经不止一次地给我们以警醒：不关注、不激发学生情感，不顾及、不调动学生兴趣的教学绝对是低效的甚至是无效的。因此，在新背景下，根据课程改革的理念，必须为当下的有效教学寻找新的理论支撑，以推动有效教学健康、深入发展。

我以为，当下的有效教学更需要以下理论来支撑和指导。

一是情感教育理论。马克思早就明确指出，情感是一个精神饱满、为自己目标而奋斗的人的本质力量。它会给学生以兴趣、以需求、以信心、以希望，推动、促进学生的发展。情感也是人的表情，从人的情绪和情感可以触摸到一个人的整体面貌，因为情感整体性地表达人的精神发育的外部特征。当然，情感不仅仅是兴趣、情绪，道德感、理智感、审美感都属情感范畴。

二是建构主义理论。有人误认为建构主义理论"反科学""反知识"。实质上，建构主义理论并没有否认真实世界的存在，而是强调这样的"真实"，应当有一种对其加以认识的适当的方式，因而教学方式应当转变。不仅如此，在认识方式、教学方式转变的背后更是对学习者、对学习、对教育等认识方式上的根本性变革。它更强调个体的内在认识发生机制，强调在情境脉络中主体对外部世界的适应及建构。的确，有效教学应当运用建构主义理论，有效地促进学生去主动建构知识，建构自己的经验世界，在建构中成长。

三是因材施教理论。因材施教是我国优秀的教育传统，既是经验，又是理论，既是方法，又是原则。因材施教所追求的是适合的教育，即对不同的学生施加不同的教育和影响。适合的教育是注重差异的教育，适合的教育是个性化教育，因而，适合的教育是最能促进每一个学生发展的教育，是最为有效、最好的教育。实事求是地说，当下的有效教学往往忽视学生的差异，追求统一的"效果"，从而使学生丧失学习的信心，渐渐走向失败。若此，"有效"何以见得？

追问之三：有效教学的价值

教学是内蕴价值的活动，有效教学的根本追求应当是价值追求，搁置价值，抛弃价值，这是教学的致命错误。应当勇敢承认，当下的有效教学对价值的认识和追求存在不少问题。在分析这些问题之前，重要的是要认识价值。南京师范大学教授鲁洁对价值有一个最简洁、浅显而又深刻的定义："价值即理想中的事实。""正是价值由现实趋向理想的向度，在人们的观念世界耸立起一个与完满和终极的整体相关联的价值观，它既引领人们前进又赋予其生活的意义。"③ 而现实中，常常把价值归结为利益，又进而把利益作为思想的坐标，那就只能产生功利的并且是近视的价值观。所以，我以为，价值一定附着在事实之中，又一定超越事实，追求理想和意义，抛弃理想只看重事实，只看重利益，势必造成价值的缺失。从这一认识出发，可以发现当下的有效教学在价值追求上存在以下三个方面的问题。

其一，以"有效"代替价值。有效的是有价值的。但是，"有效"只是一种价值形态，而非价值形态的全部。而且，有的教学看起来是低效甚至是无效的，却是有价值的。比如，教师"节外生枝"的一段教学过程，和教学几乎没有关系，但恰恰是教师开的这段"无轨电车"影响了学生一生的发展。因此，如果有效教学过于拘泥于教学的有效与无效，往往丢弃了最重要的价值。

其二，以"有用"代替"有效"，又以"有效"代替价值。"有用"的也可能是有价值的，但这只是"可能"。值得注意的是，在一些教师心目中，特别是在一些教育主管部门看来，"有用"成了会做题目、会应试、会得分的代名词。这样的"有用"，对考试是有用的，也可能是有效的，但绝不是我们所追求的价值，比如，会思考、会想象、会提问、会创造，看起来对考试是"无用"的，却是最具价值的。把价值窄化到"有用"实在是危险的做法，而这种做法在教学中却严重地存在。

其三，重视工具理性，而忽略价值理性。工具理性关注和追求的是效率和结果，这当然很重要，但问题是，教学的完整过程应当是工具理性与价值理性的统一，要把结果和过程、效率与动机等统一起来。一些地区和学校过分重视工具理性，无形中破坏了教学过程，伤害了教学的理性，带来的是浮躁、功利，乃至"工具化""技术化"，因而也就违背了有效教学原本的意义和价值。

以上三个方面的追问，意在厘清有效教学的宗旨、内涵以及基本价值取向。这些问题不解决，或者解决得不好，有效教学就不能健康地发展，也就达不到有效教学的目的。因此，追问是为了更好地坚守，从当前的情况看，有效教学还没有触及课堂教学的根本性变革，或者说，有效教学还不是课堂教学的根本性变革，满足于有效教学是不够的，也是不行的。有效教学必须走向教学的根本性变革。

二、教学的根本性变革——以学生的学习为核心

教学的根本性变革来自对教学本质和核心的认识与把握。我坚定地认为，直抵教学的本质与核心，并且紧紧围绕核心而发展的教学，才会促使教学发生根本性变革；游离在核心之外的教学，必然会背离教学的本质，即使下更大更多的功夫，也是隔靴搔痒，不能从根本上解决问题。陶行知早就尖锐地指出了这一问题。1917年，陶行知从美国学成回国后，考察了许多学校，对当时学校教育的状况极为不满，因为"先生只管教，学生只管受教"。"论起名字来，居然是学校，讲起实在来，却又像是'教校'。这都是因为重教太过。"在他看来，"教的法子必须要根据学的法子……先生的责任不在教，而在教学，教学生学"[④]。将近100年了，在我们手上，陶行知的准确判断

至今都还没有付诸实践，学校变成"教校"、教师"重教太过"的现状并未得到彻底改变，当下的有效教学也没有关涉更没有解决这一本质性问题。因此，完全可以这么判断：当下的课堂教学尚未发生根本性变革。

联合国教科文组织曾委托专家对 21 世纪的国际教育进行大范围的调研，最后在提交的报告《学会生存——教育世界的今天与明天》中明确指出："教育的目的在于使人成为他自己，'变成他自己'。""学习过程现在正趋于代替教学过程。""现代教学，同传统的观念与实践相反，应该使它本身适应于学习者，而学习者不应该屈从于预先规定的教学规则。""应该使学习者成为教育活动的中心。"联合国教科文组织对教育改革发展趋势的判断是正确的，可以说是对世界教学改革经验的概括和提炼，同时揭示了教学改革的核心问题及其走向。发布这份报告至今已有 30 多年了，可是，我们做得如何？有效教学有没有努力体现这些精神和要求？似乎应该打上一个问号。

哲学家也早就关注教学的本质和核心问题。德国哲学家海德格尔曾经论述过"做一名教师仍然是很高尚的事"。他以一个正在学造柜子的家具学徒为例，认为学徒做好家具，不只是去获得使用工具的技巧，也不仅是积累有关他要打造的东西通常款式方面的知识。"如果他真要做一个名副其实的细木工，他必须使自己适应木头。"而一个木工学徒学习时，能否适应木头，"显然取决于能够指导他如此这般的某个教师的在场"。紧接着，海德格尔这么说："教比学难得多。为什么教难于学？这并不是因为做教师必须腹笥宏富，常备不懈。教难于学，乃因教所要求的是：让学。实际上，称职的教师要求学生去学的东西首先是学本身，而非旁的什么东西……他得学会让他们学。"⑤"让学"，"让学生学"！看来，教会学生自己学习，首先要大胆地让学生学，不让学生自己学，学生就没有可能学会学。当然，海德格尔的"让学"还有另一层深意："如果教者与学者之间的关系是本真的，那么就永远不会有万事通式的权威或代理人式的权威的一席之地了。"他的意思又进了一层："让学"的前提是教师不要把自己当作权威。此外，"让学"亦指教师可让自己更多更好地学。这些正是教师的高尚之处，而高尚是由高度所致。

以上从不同方面对教学的核心作了分析。确实，学生学会学习是教学的核心，学生主动学习、创造性地学习、享受学习，应当是教学的最高境界和永远的追求，也是教学的本质回归。这样的教学改革才是根本性变革。显然，当下的有效教学并未在这一本质问题上有所突破，因而，从有效教学走向教学的根本性变革是必然的，抑或说，真正的有效教学应当是让学生学会学习的教学，真正的效果和效益是学生逐步掌握了学习方法，增强了学习能力。

在这一前提下，还有不少问题需要讨论，除我曾经论述过的师生关系改变和教学结构改革外，还有以下三个问题必须引起重视。第一，以学生学习为核心，要建构起不同的策略。我认为，少教多学、先学后教等是理念、要求，也可以形成教学模式，但更应该视它们为教学策略，其核心是以学定教。作为策略，可以视情况调整，比如有时候也可以多教，也可以先教，一切应从实际出发，不必过于拘泥。第二，以学生学习为核心，在不同的年段应有不同的要求和做法。《学会生存——教育世界的今天与明天》说得非常明确："随着他的成熟程度允许他有越来越大的自由……这应成为一条原则。"确实，小学与中学，小学低年级与中高年级，以学生学习为核心，学生的"自由"应该有所不同，小学，尤其小学低年级应更多地依靠教师，但以学习为核心不应该改变。第三，以学生学习为核心，任何时候都不能轻慢，更不能放松教师积极的主导作用，这同样是一条重要原则。相反，学生学会学习，是对教师教育使命的新认识，是对教师教育智慧的新挑战，教师的"主导"方式、时间发生变化了，但"主导"作用绝不能削弱。换句话说，优秀教师应当是以自己的教学智慧帮助学生学会学习。教师主导的最根本成效是学生逐步学会了学习。与此同时，教师还应努力追求和形成自己的教学风格。

三、培养学生的创新精神和实践能力——教学根本性变革的主要方向和重点

教学改革应在这方面大有作为

培养学生的创新精神和实践能力，大家不会有反对意见，至少不会公开反对，但是实践中却往往淡忘了，严格地说，这一要求至今都未得到真正落实。究其原因，是对创新精神和实践能力缺乏深刻的认同，并未从思想

深处建立起这一重要的目标意识，因而实践中一旦与培养创新精神、实践能力相摩擦、相冲突的时候，就会迷糊，就会动摇，就会向着另一面倾斜和偏移。当然，其中也有一些具体的方法和技艺问题，包括一些关系还没有搞清楚。因此，深入领会培养创新精神和实践能力的意义与价值仍然是个重要的任务。

从民族的伟大复兴看，创新是灵魂，教学改革必须让这一灵魂真正存活在课堂教学中。有人曾经把以色列与我们国家作了比照：论土地面积，北京与以色列差不多；论人口，上海为以色列的 3 倍；论环境，我们国家 60 年处于和平环境；论历史，我们有的大学比以色列的大学建校时间还要早，但以色列成为了农业强国、高科技强国。已故的以色列总统拉宾自豪地说，因为我们有一流的大学，一流的教育，培养一流的人才。温家宝说：教育要让人有自己独特的灵魂、独立的思考、自由的表达。没有任何理由怀疑，创新是一个国家发展永不衰竭的动力。对于历史、时代之问，教育应该作出积极的应答，教育亦应该向自己提问：今天的教育该怎么改？今天的教学改革方向、重点究竟在哪里？在问与答中，教育创新的责任感、使命感定会进一步增强。

从儿童（学生）的伟大之处看，教育的使命在于保护并开发他们的无限可能性。儿童有自己的伟大之处，那就是他们的可能性。可能性就是创造的潜能，可能性就是正在发展中的创造性。我们还应这么认识，儿童就是可能性。美国华裔女童邹奇奇，13 岁，在向业界领袖、教育界权威发表演讲时说："首先我要问大家一个问题：上一回别人说你幼稚是什么时候？像我这样的小孩，可能常常会被人说成是幼稚……'幼稚'这个词所对应的特点常常可以从大人身上看到，由此我们在批评不负责任和非理性的相关行为时，应停止使用这个带有年龄歧视的词。"演讲 20 分钟不到，台下大人们掌声爆棚。"幼稚"里往往隐藏着好奇、问题、想象、创造，往往透露着可能性的信息。消除年龄歧视，首先是承认他们的"幼稚"，看到"幼稚"背后或深处的东西；其次是保护他们的"幼稚"，保护"幼稚"实质是保护他们的创造性；再次是开发他们的"幼稚"，使可能性逐渐转化为现实性。可是，当下的课堂中那种"年龄歧视"仍然顽固地存在着。

从当今的课堂教学看，包括有效教学，仍是以知识传授为主，智慧被挤压了；仍然以分数为主，能力，尤其是创造力被驱赶了；仍然以规范为主，好奇心、想象力，那些看起来"不规范"的表现被斥为"违反纪律"；仍然以消极的接受性学习、机械重复的训练为主，探究、体验、合作等学习方式在被重视后又被边缘化了……不得不让我们再一次审视课堂教学，不得不把培养创新精神和实践能力再次严肃而郑重地提到重要的议事日程上来。

《国家中长期教育改革和发展规划纲要（2010—2020年）》已再一次重申，素质教育是战略主题，同时明确指出：创新人才培养模式，要育英才，鼓励拔尖人才成长。教学改革应当在这方面有所作为并且应当大有作为。

重在鼓励学生有自己精彩的观念

创新精神表现的形式是多种多样的，那么其核心是什么？美国学者、哈佛大学著名的教学论专家达克沃斯，把她的导师皮亚杰的理论创造性地转化为教学价值论。她的教学价值论是，"课堂教学必须建基于每一个学生的独特性之上，而学生的独特性集中体现在每一个人的观念的独特性中，教学的目的（或价值）就是帮助学生在原有观念的基础上，产生新的、更精彩的观念"。她还认为，"每一个人的观念是其智力的核心"[6]。达克沃斯的这一观念本身就是相当独特的、精彩的，对我们最大的启发是，培养学生的创新精神，重点是培养学生的创造性思维能力和创造性人格，而二者不妨又聚焦或集中体现在精彩观念的诞生上。独特的精彩的观念，是创新的绿芽，也是创新的前奏，甚或是创新的前提，它凝聚着一个人创新的心智，意味着新的创意、奇妙愿景的开始和实现。因此，教学中培养学生的创新精神，并不是虚空、玄妙的，可以很实在很具体，比如保护、引导学生的一个奇怪的念头、一次异常的想象、一种不合常理的解决问题的方法……都可以促使学生新观念的诞生。在创新精神的引领下，学生们会行动起来，探索起来，尝试起来，这样的实践过程，将会培养学生充满思维含量的实践能力。

关键是营造"半肯"的教学文化

达克沃斯在论述精彩观念诞生时还说，对教师的要求是，"提供诞生精彩观念的机会，包括两个方面。首先，愿意接受儿童的观念，其次，提供向儿童暗示着精彩观念的情景"。这些机会的提供和保证，可以促使学生大胆地想、大胆地说、大胆地探索。这正是我们国家课程改革所倡导和建构的课程文化。其实，在我国优秀的文化传统中就孕育着这种文化，比如"半肯"。所谓"半肯"，是指对教师所讲授的内容、观点、方法、评价，不是全部认可，更不是照单全收，而应持质疑的态度，善于思考，善于追问，善于发表不同的意见。对教师是如此，对教科书、对既成的理论、对学术权威都应在尊重、吸纳的前提下，怀着"半肯"的理念和品质，在追问中，在怀疑中，在批判中，追寻新的观念，产生独特的见解。"半肯"所营造的文化，是一种对话的文化、探究的文化、创造的文化。这一文化的营造将把教学改革向核心部位推进，把教学根本性变革的方向和重点真正落实到教学全过程中。

参考文献

① 崔允漷．有效教学：理念与策略（上）［J］．人民教育，2001（6）．

② ［美］戴尔·H·申克．韦小满学习理论：教育的视角［M］．韦小满，译．南京：江苏教育出版社，2003：75．

③ 张曙光．"价值"五题［N］．光明日报，2010–06–22．

④ 方严．陶行知教育论文选辑［M］．北京：生活·读书·新知三联书店，1947：10．

⑤ ［德］海德格尔．人，诗意地安居［M］．邸元宝，译．桂林：广西师范大学出版社，2002：20．

⑥ ［美］爱莉诺·达克沃斯．精彩观念的诞生——达克沃斯教学论文集［M］．张华等，译．北京：高等教育出版社，2005．

教学的再定义及其变革走向

一、教学需要再定义

概念是恒定不变的吗？我没有深入考察与研究，不敢妄下结论。不过，我始终认为，一方面，随着实践的广泛展开，研究的不断深入，概念的内涵是会不断完善和丰富的。因此，我们需要对概念不断地去思考和理解，加以阐释，有时还需要反思、调整。另一方面，随着时代的发展、技术的革新、理论的丰富、视野的扩展，新概念会不断诞生。从某种角度说，新概念是对原有概念的深化与发展。基于以上两方面的认识，我以为概念是需要重新定义的。其中当然包括教育——"重新定义教育"。

重新定义或者说再定义，其内涵很丰富，至少包括以下几层意思：（1）意味着重新理解，给予新的解释、说明，寻找新的高度。这是对概念界定的完善与发展。新的阐释可以让我们打开一扇新的门窗，看到一种新的风景。（2）意味着对原有概念的调整，以使我们回到概念的内核中去。这是一个去除杂芜，把握本质与重点的过程，可以使我们的认识更加深刻。（3）意味着颠覆。原有的概念已经停滞、落伍，既不适应时代的发展，也不适应学术的新发展。不管是哪层意义上的再定义，都体现着反思的精神，反思是再定义的前提和条件，也是再定义的手段和过程，再定义需要反思，反思带来的是再定义。

教学是一个重要的概念，一直被视为学校的生命。新一轮课改以来，我们逐步树立起课程意识，仍始终把教学改革置于非常突出的位置，这就是所谓的"课改"必须"改课"。在改革中，一个重要的问题摆在我们面前：究竟怎么理解教学？什么才是真正的教学？怎样的课堂是理想的课堂？问题可以归结到一点：教学需要再定义吗？回答是肯定的。因为课程改革正在进入"深水区"，教学本身也正在发生变化，还由于工具、技术都发生了并将进一步发生变化，更为重要的是学生发生了变化。这些变化促使我们重新审视教学，作出新的解释来。教学的再定义是必然的。

二、经典的教学定义及其缺陷

教学有着不少经典定义，但也给我们的再定义留下了空间。

首先，从课程与教学的关系上理解教学，给教学下定义。美国学者塞勒等人用三个隐喻来说明课程与教学的关系。隐喻一：课程是一幢建筑的图纸，教学则是具体的施工。隐喻二：课程是一场球赛的方案，教学则是球赛的过程。隐喻三：课程是一个乐谱，教学则是作品的演奏。这三个隐喻揭示了教学的一些基本规定性：（1）教学是有计划、有预设的；（2）教学是一个过程，而且有预期的成果；（3）教学的过程具有不确定性，是个性化的过程，尤其是球赛和演奏作品。这些具体规定性，至今都还是有意义的。隐喻往往蕴含着深刻的哲理，但也有缺陷。比如，把教学比作建筑图纸的施工，过于强调了实际施工与图纸间的吻合程度，势必让教学有可能成为一个刻板的过程，也有可能让教师成为工匠。

其次，从汉语语义的角度给教学下定义。古代"学"与"教"都有不同的写法，但进一步分析"教"字的结构，几乎每一种写法的"教"字里，都是首先包含了一个写法和意义最简单的"学"字——爻，然后再添加上一些新的笔画部首。根据汉字的造字特点，这种新的添加就表示了这个字又增加了一些新的含义。于是，汉语中"教学"这一概念的几种定义并存："教学即学习"，"教学即教师的教与学生的学"，"教学即教师把知识、技能传授给学生的过程"等。不过，我以为多种定义的并存，并没有确定其中哪一个更为准确，因而，往往造成人们认识上和实践中的迷糊、摇摆不定。

再次，英语中的"教学"也有自己的定义。美国教育学家史密斯把英语国家对教学的含义的讨论归为五类：（1）描述性定义，即传统意义上的教学；（2）成功式定义，即将教学作为成功；（3）意向式定义，即将教学作为意向活动；（4）规范式定义，即将教学作为规范性行为；（5）科学式定义，即将源于日常的语言转化为更为严谨的科学化表达。以上这些表达或定义，都从不同角度揭示了教学的基本性质和特点。不过我以为，假若将这些定义整合起来，似乎更完整更清晰些：教学应当是科学的过程、规范性行为，具有道德意义，应当有意向有期待，即引导学生学习，并让学生获得成功。事实是，不同的教学论流派，都有自己的理论视角和独特之处，似乎还不可能进行统整。所谓再定义，在很大程度上是再一次梳理和整合，如此，我们更应该给教学再定义。

教育学和教学论上也有关于教学的定义："教学是教师引导学生按照明确的目的、循序渐进地以掌握教材为主的一种教学活动"[①]；"教学是教师引起，维持或促进学生学习的所有行为"[②]。无论把教学规定为活动，还是阐述为行为，都具有合理性。显然，前一种定义，把教学囿于教材的掌握上是狭隘的、落后的，而后一种把教学的目的和重点都聚焦到学生的学习上，这无疑是一个重大的进步。但是，这样的定义无形中把教师的教局限在"引起、维持和促进"上，并没有抵及教学的创造性；同时我总以为，概念的定义不必过于"规范"，有时过于追求"规范"，就有可能刻板，缺失活力。我们面对的课题是，如何让教学的定义在坚守其本质的基础上，更具时代特点，更具生命活力，更具整体感，因而更能启发教师、激励教师，让教师更有想象与创造的空间。我们需要对教学再定义。

三、教学的再定义

（1）赞科夫：只有当教学走在发展前面的时候，这才是好的教学。

赞科夫原是一位心理学家，从上世纪 50 年代初期起，开始研究教育学问题，就教学与发展的相互关系问题进行了近 30 年的教育实验，形成了独树一帜的教学论思想。早在 1962 年他就曾经说："大家知道，在教学中很早以前就提出了这样一个课题：教学不仅应当为掌握知识和技巧服务，并且应当促进学生的发展。"他的这一论点源于维果茨基。维果茨基指出关于教学与发展的关系有三种观点：把教学与发展看作两个互不依赖的过程；把教学与发展混为一谈，把两种过程等同起来；教学不仅可以跟在发展后面走，不仅可以和发展齐步前进，而且可以走在发展的前面，带动发展前进，并在它里面引起新的构成物。赞科夫总结说："只有当教学走在发展前面的时候，这才是好的教学。""教育不仅应当以儿童发展的昨天，而且应当以儿童发展的明天作为方向。"③赞科夫对维果茨基理论的发展在于解决了一个难题：在什么样的教学论体系下才能在学生的发展上达到理想的效果？为此，他提出了高难度、高速度等教学原则。赞科夫的这一再定义有更高的立意和指向，至于高难度、高速度等教学原则虽不能一概予以否定，但至少存在一个重要的问题：如何对儿童有一个准确的把握，如何从儿童的实际出发，即"高"与"难"应是儿童的，而不是成人强加的。

（2）佐藤学：教学是反思性实践。

佐藤学对教学的再定义是："教学是反思性实践。"佐藤学认为，这一再定义，首先针对那些把教学当作"技术性实践"的。他的这一再定义的最显著的特点是：①把教学置于课程的整体性框架中来认识和理解。他对课程、学科、学习以至学校等一系列概念都进行了再定义。课程——"学习经验之履历"；学科——"学习的文化领域"；学习——"意义与关系之重建的实践"；学校——"学习共同体"。这一系列概念都有三个关键词：学习、实践和反思。不言而喻，佐藤学认为教学是关于学生学习的一种实践活动。教学是基于学生学习的，是为了学生学习的，是学习的实践，离开学生的学习实践，教学就缺乏了应有的意义和价值。②教学对教师而言也是一种实践。他说："教师也是在课堂中展开意义与关系的重建的，是同教育内容对话、同儿童多样的认识对话、同自身的对话而展开教学的。"因而，"有必要探讨在这个活动过程中以省察与反思为核心的反思型实践"。进而，他又说："探讨这个概念得以引进教育研究的方法。"反思什么？研究什么？什么样的研究方法是有效的？当然是指导学生学习的反思和研究。显然，佐藤学的这一再定义更强调教师在不断反思中改进教学活动。这种侧重于教师、侧重教师反思的再定义，对教师是一个新的挑战。

（3）达克沃斯：教学即儿童研究。

爱莉诺·达克沃斯是美国当代知名学者、教育学家，是皮亚杰在美国最主要的学生之一，但她的理论不是皮亚杰理论的简单应用，而是一种皮亚杰解释学。达克沃斯的最大贡献在于把皮亚杰的理论创造性地转化为一种教学价值论和教学方法论。她对教学的再定义是：教学即儿童研究。她认为"课堂教学必须基于每一个学生的独特性之上，而学生的独特性集中体现在每一个人的观念的独特性中，教学的目的（或价值）就是帮助学生在原有观念的基础上产生新的、更精彩的观念"，而精彩观念的诞生"很大程度上依赖于拥有精彩观念的机会"。[④] 达克沃斯的这一再定义，至少有三层含义：①教学即儿童研究，应把教学与儿童研究联系起来，儿童研究不仅是教学的基础和前提，教学本身也是一种儿童研究，教学过程就是儿童研究过程。②教学即儿童研究这一活动的目的是让儿童诞生精彩观念，精彩观念是智力的核心，意味着教学是为了培养和发展学生的创新精神。③教学是一种机会，教学给学生什么机会，学生就可能有什么样的精彩观念，有什么样的创新。应当说，这是最"伟大"的发展。

（4）现代哲学：对话不仅要成为一种教学艺术，而且要成为一种教学精神或教学原则。

对话教育是个古老的话题，无论是东方的孔子，还是西方的苏格拉底，都是倡导对话教学的。尽管那个时期的教育家个人有民主的作风及与学生对话的情怀，但这种对话仍只能是一种教学艺术，与现代的对话教学有很大差异。现代哲学把对话视为存在本身，人在对话中存在，意义在对话中生成，"对话本身不只是一种手段也是一种目的，对话不仅要成为一种教学艺术，而且要成为一种教学精神或教学原则"[⑤]。实践中，对话有两种形式，呈现两个方向：第一种是作为形式的对话，第二种是作为精神原则的对话。当下，我们更要强调作为精神原则的对话教学，而且把精神原则的对话渗透在形式对话教学之中。那么，对话的精神原则是什么呢？在巴西教育家保罗·弗莱雷看来，对话的深刻含义是，对话教学首先要解放学生，把学生从被压迫中解放出来；学生解放带来的必然是民主、尊重、分享、开放、创造。这既是精神原则，又是教学的目的。

四、再定义导引下的教学变革走向

讨论教学的再定义，是为了推动教学改革。教学的再定义是在教学变革的实践中最终完成的。无论是过去还是现在，教学的再定义总是牵引着、导引着教学变革的走向。

其一，教学的核心是学生学会学习，与此同时必须坚定地维护并进一步建构完整的教学概念，以高水平的教促进学生高质量的学。

虽还未在所有地区和学校"全覆盖"，但以学生的学习为核心的理念已被大家认可、接受，还出现了不少好的典型。尽管这些典型和一些实验研究还不完善，但毋庸置疑，方向是正确的，目标是明确的，效果是显著的。教学这一核心的确定和实践，应和并实践着联合国教科文组织在《学会生存——教育世界的今天和明天》中的重要判断："我们应使学习者成为教育活动的中心"，"如果任何改革不能引起学习者积极地亲自参加活动，那么，这种教育充其量只能取得微小的成功"，因此，"学习过程现在正趋于代替教学过程"。我们应当坚信不疑、坚定不移地推进以学生学会学习为核心的改革：只能向前，不能后退；只能完善，不能颠覆。现在的课堂教学离这一核心还很远，后退是没有出路的。

但是，在坚定前行的时候，我们还应以理性的目光去审视。审视、反思的结果是：当下的改革是有偏颇的，是不完整的。主要的偏颇是"教"没位置了，没话语权了。似乎只要学生的学，而不要教师的教了。分析原因，主要是对三个基本观点的误解。一是海德格尔提出的"让学"。"让学"，让出时空，让出教师的话语权。这没错。不过，让是相对以往教师的"霸权"而言的，让是对教师绝对控制的消解，让有让的理念、目的、原则和艺术，而绝不是彻底地不教。教师不能没有话语权，问题是用话语权干什么。二是叶圣陶提出的"教是为了不教"。"教是为了不教"，不是不教，而是为了让学生更好地学，达到教的目的。不教的前提还在于怎么教、教是为了什么，此时的教是更"高级"的教。三是联合国教科文组织提出的"学习过程现在正趋于代替教学过程"。其主要意蕴是教学过程的本质是学生学习过程，教师的教是为了实现学习过程，学习过程中并非没有教，而且教师也以学的形式来教。

所以，教学是一个完整的概念，教学是教与学的统一，教师教学生学，没有教就没有学：只有学，没有教，不是真正的教学。没有高水平的教，就没有高质量的学。赞科夫说得好：让教学走在发展的前头，引领学生发展，引领学生创造。我以为，教师的教一定要"高于"学生的学，教师教的"高"，不是知识，不是技能，而是理念、文化、智慧，而且在适当的时候是以智慧的方式，引领和提升学生。教师正是在教学中才会形成教学的最高境界——追求并形成教学风格，以高水平的教引导学生高质量的学。

其二，教学在坚持教与学的统一中，不仅促进学生的学，而且要促进学生创造性地学，享受学习，培养学生的创新精神。

当下课堂教学中的价值取向是不高的，总是在自觉与不自觉中以知识为主，仍以统一的标准答案为重，学生的个性化学习，自主、合作、探究学习仍处在边缘地带，如何把教学的价值立意定位在培养学生的创新精神上仍是一个十分突出的问题。

改革从哪里突破？达克沃斯说得好：精彩观念是智力的核心，精彩观念是独特性、创新性的关键与起点。假若我们把教学改革的价值重点置于精彩观念的诞生上，课堂将会发生根本变化。这将是教师今后要加大力气，真真切切地去探索和实现的。广大教师已经在实践着对话教学，在对话教学中，解放学生，让学生自尊、自信，让学生有"自我""自主""创造"的概念，敢于和历史对话、和权威对话、和教材对话、和教师对话，培植起对话精神。对话精神是一种平等精神、游戏精神，是一种探索和发现，对话教学引导着学生个性化学习、创造性学习。这是其一。培养学生创新精神，还应着力研究和解决一个重要问题：把知识转化为智慧。教学要让知识"活"在探究中，"活"在体验中，"活"在研究问题、解决问题中……这种"活"的知识是一种智慧，智慧教学引导着学生，培植并发展自己的创新精神。这是其二。以上这一切要给学生以机会，表达的机会、探究的机会、创造的机会等。从这一意义上说，教学就是一种机会。这是其三。教学改革的这一定向不论遇到什么阻碍都得坚持。

其三，教学是反思性实践，教师是反思型实践家，教学过程是研究过程，尤其是儿童研究过程，教师的"第一专业"应当是儿童研究。

教师不是思想家，但应该是思想者；教师不应是一般的实践者，而应当是反思型实践家。反思、研究，才有可能让教师有自己的见解，形成自己的教学主张，怀揣着个性化的教育思想去自觉实践，从实践者走向实践家。

反思和研究，让教师超越了经验。经验是可贵的，但经验不反思、不研究、不改造、不与时俱进也是可怕的。反思和研究，让教师超越了知识，知识可能是一种力量，但也很容易造成师生对知识的盲目崇拜，唯有反思和研究后的智慧才使人自由；反思和研究，让教师超越了技术，理念的转变重于技术的转变，技术的改进要以理念为先导，渗透并体现理念。总之，反思和研究应当成为教师的品质、方向和习惯。

反思和研究的总课题是儿童怎么学习的，怎么发展的，什么样的教学才能促进学生发展，教学怎样改革才能走在发展前头。儿童，永远是教学改革研究的主语。儿童学习和发展，永远是教学改革确定的主题。教学本身就应成为儿童研究的载体和方式，成为儿童研究的过程。开发儿童的可能性，永远是教学改革的主线。教师既要有自己的学科专业，又应有超越学科的专业——"第一专业"。"第一专业"具有在先性、前提性、统领性和牵引性，这"第一专业"就是儿童研究。教师在"第一专业"发展中，逐步成为儿童研究者，成为儿童研究专家，以至成为儿童教育家，这既是教学改革的走向，又是教师专业发展的伟大目标。

参考文献

① 南京师大教育系.教育学［M］.北京：人民教育出版社，1984：372.

② 崔允漷.有效教学［M］.上海：华东师范大学出版社，2009：20.

③ 杜殿坤.原苏联教学论流派研究［M］.西安：陕西人民教育出版社，1993：153.

④［美］爱莉诺·达克沃斯.精彩观念的诞生——达克沃斯教学论文集［M］.张华等，译.北京：高等教育出版社，2005：译者前言3-4.

⑤ 王向华.对话教育论纲［M］.北京：教育科学出版社，2009：150.

课堂教学改革的坚守、突破与超越

一、关于课程与教学的隐喻：课堂教学改革的价值追向

基础教育课程改革已经走过了十个年头。十年来，我们与课程建设共成长，与课程改革共进步，对课程、对课程改革的认识越来越深刻。其中，有一个重要的认识上的收获就是：课改必须"改课"。这一命题的重要意义是，课程改革的理念、目标、要求，最终要通过课堂教学改革去落实和体现。反之，没有课堂教学的真正改革，就有可能影响课程改革的进程，甚至可能导致课程改革的失败。所以，课改必须"改课"绝不是戏说。

课改必须"改课"，有其理论和实践的根据。从理论上说，主要是要廓清课程与教学的关系。对此，施良方先生在他的《课程理论》中，引用美国学者塞勒等人提出的三个隐喻来帮助我们认识和思考：课程是一幢建筑的设计图纸，教学则是具体的施工；课程是一场球赛的方案，这是赛前由教练员和球员一起制定的，教学则是球赛进行的过程；课程可以被认为是一个乐谱，教学则是作品的演奏。这三个隐喻涉及课程与教学的关系。隐喻一，揭示的是课程（设计图纸）与教学（实际施工）间的吻合程度；隐喻二，揭示的是尽管球员要贯彻事先制定好的打球方案或意图，但达到这个意图的具体细节则要由球员来处理；隐喻三，揭示的是人们喜欢指挥家和乐队，主要不

是他们演奏的乐曲，而是他们对乐谱的理解和演奏的技巧。不仅如此，三个隐喻还触及何为教学的问题。隐喻一隐含着"教学是门科学"，隐喻二和三隐含着"教学是种艺术"。对课程与教学的关系，施良方先生总结说："课程实施是指把课程计划付诸实践的过程，它是达到预期的课程目标的基本途径。"最终的结论是，"课程实施是整个课程编制过程中的一个实质性的阶段"。[①] 他这儿所说的课程实施主要指的是教学。如果也运用隐喻的话，我把课堂、课堂教学比作课程的凹地和高地。所谓凹地，是说所有课程（国家的、地方的、学校的，理想的、实际的）都在教学中汇聚，在课堂中，在课堂教学中会发生真正的课程；所谓高地，是说所有课程在课堂教学中不是简单的组合，而是整合，是具有创造性的再开发，形成课程建设的高地，也成为培养创造性人才的高地。

从实践层面看，课改以来，有一流行的话语：创造性实施国家课程。这一提法，既是一种理念，又是一种要求，而且还是一种方式。它从不同角度解说了课程改革与教学改革的关系：对于既定的国家课程、地方课程，包括课程标准和教科书，教学是极富创造性的活动和过程；换一个角度说，教学以其创造性的方式落实并体现了课程的理念、目标和要求。这是教师们对课改实践的总结和提炼，回答了教学之于课程的重要性，蕴含着课改必须"改课"的深意。

的确，课改十年来，教师们创造并总结了鲜活的实践经验，以积极的课堂教学改革坚守了课改的方向和理念，推动着课程改革。在实践层面，我们也形成了自己的隐喻。隐喻之一：课堂教学改革把学生带到高速公路的入口处。这一隐喻至少有三层含义：一是课堂教学是师生共同创造的地方，教学是师生共同的学习之旅，学习方式是行走方式、生活方式，是师生一起向高速公路前行的过程。二是课堂教学就是要让学生在高速公路上前行，走得又好又快，而且可以让学生在不同的出口下去，以满足学生的不同需要。三是要走上高速公路首先要找到高速公路的入口处，这是一个寻找和发现的过程，也是抵达和再出发的过程，教学改革就是要引领学生不断探索和创造。显然，这一基于实践经验提炼出的隐喻，把课程与教学的关系，把教学之于课改的重要性，生动地呈现出来。隐喻之二：课堂是教师专业发展的没有天花板的舞台。把课堂比作舞台，显然有把教学当作表演之意。不可回避地，教学的确是一种社会性表演，是一种艺术。值得关注的是，这一舞台没有天花板，意指有巨大的发展、创造的空间。课堂是学生人生之旅出发的地方，同样是教师成长的地方，是教师创造的地方。只有教师发展了，才可能有符合课改理念与要求的教学改革。一大批名师以及新生一代优秀教师正以自己的成长，回应着课改和"改课"的召唤。

讨论到这儿，通过六个隐喻，我们欣喜地发现教师进步了，我们正在坚信一个理念：课改必须"改课"。长期以来，包括课改之前，我们也都有这样的体会，课堂教学是重点也是难点，是必须攻克的碉堡，必须打的一场硬仗。不过，新一轮课改让我们把课堂教学改革置于课改背景之下，是基于课改理念、课程框架和新的知识观的课堂教学改革，着眼点、着力点都发生了根本变化。要说课改十年来，要坚守什么，首先要坚守的就是课改必须"改课"。

二、转变教与学的方式：课堂教学改革的坚守

课改要求课堂教学要进行全方位的改革，其中一个重要的方面就是教学方式和学习方式的改变：改变说教式、灌输式的教学方式，倡导学生自主、合作、探究的学习方式。教学方式与学习方式的改变，在课改中有着重要的地位。十年来，课堂教学的诸多变化中，我以为最为重要也最为显著的变化是教学方式和学习方式的变化；要说坚守，需要坚守的很多，不过，我以为重要的坚守就是坚守教学方式、学习方式的转变。

这是为什么呢？其实，教学方式、学习方式的转变，其深刻的意义和价值决不在方式本身，而在方式转变的背后或深处，是其背后或深处的意义和价值支撑着方式的转变，引领着教学改革，影响着课程改革。所以，对方式转变的坚守，说到底是课改理念、精神和要求的坚守。

首先，学习方式转变的坚守意味着课堂教学中以人为本理念的坚守。以人为本，是科学发展观的前提，也是课堂教学改革的根本理念。在课堂教学中如何体现以人为本？那就是让学生真正成为学习的主体。主体是人，但人不一定是主体，只有当人成为活动的发出者、参与者、创造者的时候，人才会真正成为主体。作为活动的发出者、参与者、创造者的学生，其重要的标

志就在于他的学习是以什么样的方式展开的。当学生以自主的、合作的、探究的学习方式进行学习的时候，我们完全可以相信这样的学生会确立起自己的自尊和自信，逐步学会学习，最终会站到课堂中的主体地位去。所以，在学习方式的背后和深处，是学生主体意识的唤醒、主体精神的增强。有人曾经把"以人为本"改为"育人为本"，初看起来，二者没有根本的区别，细想起来，二者是完全不同的。"育人"有不同的方式，灌输、说教、大量的简单的重复的训练，让学生死记硬背，为分数而学习，也是一种"育人"的方式，但是，这样的"育人"方式是与素质教育方向、与以人为本的理念背道而驰的。坚持以人为本，必须警惕打着"育人"的旗号，让学生回到传统的、落后的学习方式上去。从根本上说，坚守课改倡导的学习方式，包括具有积极意义的接受性学习，就是坚守以人为本、以学生发展为本的理念。

其次，学习方式转变的坚守意味着正确知识观的坚守。众所周知，知识是课程的内核，课程改革从本质上说就是知识观的转向。因此，"每一次课程改革都是在特定的知识观推动下展开的，课程变革的历史无不折射出知识观本身的发展历程"[2]。我国新一轮课程改革当然也不例外。19世纪中叶，英国的斯宾塞明确提出了"什么知识最有价值"这一经典的课程问题，他认为"能为人们完满生活作准备的知识最有价值"。杜威认为，"最有价值的知识莫过于与儿童生活经验相联系的经验"。英国的赫斯特则"特别注重知识与心智的和谐性，重视有助于发展心智的最基本方面的知识"。[3]如果作些归纳的话，我认为关于知识观的问题，主要关涉到三个重要问题：什么知识最有价值？谁的知识最有价值？以什么方式获得的知识最有价值？这三个问题又可以归结到个体知识上去。正是个体知识的引入，使新课程改革在课程观、教材观、教学观、学习观、评价观等方面发生了根本的转向。所谓个体知识，是指私人知识，是一种私人财富，是相对于公共知识而言的。"公共知识不过是按照某一规则约定俗成的结果，它是公共建构的结果。而个体知识则是自我建构而成的，……知识建构不是简单的移植，不是简单的'授—受'，而必须是学生主体建构的过程。"[4]显然，知识的建构，尤其是学生个体知识的建构与他的学习方式紧密联系在一起，即有不同的学习方式，就会建构不同知识。毋庸置疑，提倡自主、合作、探究的学习方式，正是为了让学生把知识内化为自己的知识，使自己的知识成为最有价值的知识，使学生成为拥有最有价值知识的人。可见，学习方式的转变多么有价值，其意义多么深远。

再次，学习方式转变的坚守意味着创新精神、实践能力培养的坚守。创新精神是民族进步的灵魂，学习能力，尤其是实践能力、创新能力的培养是素质教育的核心。无论是对"钱学森之问"的应答，还是对乔布斯苹果改变世界的回应，都满含着教育改革的使命与责任。素质教育的核心当然也是课程改革的核心，教育改革的使命与责任，当然也是课程改革的使命与责任。这些都不应该是问题，现在的问题是，怎样才能担当起如此伟大的使命和重大的责任，怎样才能实现素质教育的核心。对此，我们可以有宏大叙事，也可以在微观上深入，而我坚定地认为，学习方式的转变正处在宏大叙事与微观深入的交接处，它把宏大的改革聚焦在方式上，又把微观改革的方法提升到方式上。正因为如此，学习方式的转变，可以在培养学生的创新精神和实践能力上发挥重要的作用。

往具体处说，自主、合作、探究等学习方式，让知识"活"在合作中，"活"在实践中，"活"在探究中，"活"在体验中，"活"在发现问题、解决问题之中。"活"的知识实质上是能力，是智慧，能力与智慧学生可以带得走，可以让学生继续去发现和创造。创新精神培养的着力点在哪里？我们的回答是，转变学习方式是重要举措之一。

三、以学生学会学习为核心：课堂教学改革的突破

课堂教学必须有根本性变革，根本性变革的标志应当是以学生学会学习为核心。之所以把这作为教学改革的突破来讨论，是因为学生学会学习是教学的本质，而当下的教学改革，从总体上来看，还未触及这一本质问题，或者说，还未有根本性变化。传统教学的习惯势力特别顽固，总是以各种方式阻遏教学改革，而传统教学的习惯势力大多体现在教师身上，难怪西方有学者认为，"课程实施的最大障碍就是教师的惰性"。当然，这未必公平，因为应试教育体制才是最大的障碍。但是，在课堂里教师的惰性不改变，传统教学的习惯势力不后退，以学生学会学习为核心这一根本性变革就难以实现，

这样，就很难说教学改革有了突破。

以学生学会学习为核心这一命题已被许多论述证明。哲学家海德格尔曾经论述过"教比学难"。他说，其原因是教师要"让学"。他还说，木匠做木匠活，打出款式新颖的柜子，关键不在木匠的知识和技能，而在于木匠透过木头看到了木头内部有活跃着的生命。他把这叫作"适应木头"。⑤教育家论述过这一命题。陶行知认为"先生的责任不在教，而在教学，教学生学"。与此一致的是叶圣陶，他的著名论断就是，"教是为了不教"。联合国教科文组织的官员和专家也论述过这一命题。在著名的《学会生存——教育世界的今天和明天》中有这样的判断：教学的中心是学生，"学习过程现在正趋于代替教学过程"。因为教育就是使别人的教育变成他自己的教育，"我们应使学习者成为教育活动的中心"，"现代教学，同传统教学的观念与实践相反，应该使它本身适应于学习者，而学习者不应屈从于预先规定的教学规则"。从字源学上看，甲骨文中既有"学"字也有"教"字，且有不同的写法，有一个现象值得研究，即"学"字比"教"字出现得早，说明人类从一开始有的是学习行为，而非教的行为。因此，所谓教学，是在学的规定性中后来增加了教的规定性。

除了论述，还有实验的证明。实验的名字叫"墙上的洞"：在印度新德里穷人街的墙上，实验者开了一个洞，正好能嵌进电脑，电脑的位置和孩子的身高差不多高，他们只要伸手就可以打开电脑上网。穷人的孩子不会上网的技术，也不会英语。但是，三个星期以后，奇迹发生了，穷人街上几乎所有的孩子，你帮我，我帮你，基本上学会了用英文上网。同样的实验做了五年，在印度的南部、北部，在城市、农村，结论是一致的，那就是：孩子有学习的天性，学习是在一定条件下的自我建构，所谓教学应当是提供条件和服务，帮助孩子学会学习。

我们必须坚信，教学的核心是教学生学会学习、努力学习、创造性学习、享受学习。从教学的本质出发，才能使教学成为真正意义上的教学，成为良好的教学。要有这样的突破，关键有二。一是师生关系的改善。教师要尊重、信任学生，要"让学"，让出话语权，让出探究权，让出合作权。学生对教师也要尊重、信任，但教师要鼓励学生持"半肯"的态度，学会质疑，学会批评，学会创造。这是实现教学改革突破的前提。二是教学结构的改革。以学生学会学习为核心一定要落实在教学结构中，要有教学结构作保障。而教学结构的改革，必须从以学生学会学习为核心出发，即以学为逻辑主线重新结构。其中，"先学后教""多学少教"等等，我以为都是一种策略，而不应视作固定不变的模式。因此，需要教师从实际出发，从自己的教学追求出发，大胆创造。相信坚持不懈的努力探索，教学改革一定会有突破，一定会有根本性变革。

四、教出个性，追求风格：课堂教学改革的超越

教学始终是教与学的统一。以学为核心，并不否定教，相反，是对教更严峻的挑战。"让学"之"让"是为了让"学"进，让"教"退。但此"退"绝不是退出历史舞台，"教是为了不教"的"教"是最伟大的"教"，是最伟大的"进"。当下一些教学改革，只关注学生的学，而忽略了教师的教，把学与教割裂开来、对立起来；同时，让教的过程成为机械化的行进过程，淡化了情感，淡化了教的魅力；而且，教往往不能引领学生、丰富学生、提升学生，因此，教往往处在学生的水平，显得平庸，缺乏深度。以学生的学为核心，这是需要坚持的；教与学的统一，也是需要坚持的；发挥教的引领作用，发挥教师的教学个性，同样需要坚持，更需要鼓励。这样的坚持和鼓励，我认为就是超越。

教学改革的确要鼓励教师追求自己的教学个性和风格。教学固然应当有共同的规定性，所有教师都应当遵守，但教学更具个性化、情境化、创造性的特点。夸美纽斯在《大教学论》开篇就指出，教学是把一切知识教给一切人的艺术。教学永远是科学与艺术的结合与统一，只讲科学不讲艺术，教学就会堕入科学主义、工具主义、技术主义的泥淖。鼓励教师发挥自己的教学个性，形成教学特色，让课堂教学呈现丰富多彩、生动活泼的局面，才是教学本有的状态，才是教育的境界。否则，如果把以学生学会学习为核心当作借口，使得课堂教学千篇一律，千课一面，这哪里还是教学呢？就风格而言，歌德说，风格是艺术家所追求的最高境界；雨果说，风格是打开未来之门的钥匙。教师追求教学风格，就是追求教学的境界，就是追求创新，就是走向未来，这当然要鼓励，要提倡。

其实，教师的个性是各异的，教学经验是不同的，面临的教学情境也是千变万化的。让教师把准课改的基本理念，把准教学的核心要素，把准教育科学的规律，同时让教师大胆去探索和创造，教学改革才会多姿多彩。这，才是一种超越，我们应当追求。

参考文献

①③ 施良方.课程理论——课程的基础、原理与问题［M］.北京：教育科学出版社，1996：128，76.

②④ 余文森.论个体知识的课程论意义［J］.教育研究，2008（12）.

⑤［德］海德格尔.人，诗意地安居［M］.郜元宝，译.桂林：广西师范大学出版社，2002：19–20.

"性相近，习相远"：教学改革基本问题与独特性的表达

一、"性相近，习相远"：教学改革基本问题与独特性的文化表达

教学改革是课程改革的一个重点。这已形成了共识，而且大家都在积极探索课堂教学改革的方向、思路以及操作样式，不断地进行教学创新，寻求教学的特色，表现出改革的自主性和创造性，这是非常可贵的。但是，与此同时，学校和教师也表现出一些困惑、疑虑，有的教师甚至这么表达自己内心的纠结：这个口号，那个口号，这个模式，那个模式，这个理论，那个理论，一会儿翻转课堂，一会儿慕课……我们摸不着头脑，无所适从，连课都不会上了。事实正是如此，老师们开始对一些模式、口号感到厌烦了，甚至反感了，随之而来的是，随你们怎么改，我上我的课。这样的状况令人担忧。

现象和状况是客观存在的，责任当然不在教师，是我们对教学、对教学改革没有认真研究好，随意性还是比较强的。教学改革的"准星"究竟在哪里，课堂教学究竟怎么改，需要继续深入研究、悉心指导。一般来讲，研究与指导有两种思路和方法。一是针对具体问题进行，要"接地气"，要切实解决问题；二是稍稍离开一些具体问题，抑或说，既从具体问题出发，又超越具体问题，厘清、框定一些基本问题，同时厘清、框定教学个性，彰显差异性、独特性，形成特色，比如教学风格等问题。两种思路和方法都重要，

都需要。第二种思路和方法，不会很具体，也可能不"解渴"，显得"形而上"些。不过，当前的教学改革亟须这样的"形而上"。"形而上者谓之道"，道，思路也，规律也，无限的创造力也。不在寻道上下功夫，只在具体问题上，在技艺上下功夫，离开"道"去建构模式，恐怕不能从根本上解决问题。其实，所谓的各种口号、各种理念、各种模式，都有共同的"道"可寻，它们都从不同的角度和侧面探寻着并反映着规律，我们应当对此进行总结、概括和提炼。

用什么样的话语来概括、描述教学的基本问题和独特性问题呢？可以有很多表述，但我想到孔子，想到了中华优秀文化传统。中华优秀文化传统有着丰厚的教育资源，蕴藏着至今都是科学的先进的教育理论和经验，我们应当去发掘和利用，然后"照着讲"又"接着讲"（冯友兰语）。孔子说："性相近，习相远"。大家都明晓，这是对人本性和行为习惯特点的描述。性，人或生命先天具有的纯真本性；习，后天习染积久养成的习性；人先天具有的纯真本性，相互之间是接近的，而后天随着不同生存环境的变化，人所习得的天性，却是相互之间差异甚大。

我以为，用"性相近，习相远"来表达教学改革的基本问题和独特性问题是很合适的：性相近——教学的基本问题，指向教学的本质与核心，它们具有鲜明的共通性、共同性，各种教学模式、方法之间是很接近的；习相远——教学的独特性，指向教学的差异性，具有鲜明的个性、特点，各种教学模式、方法相互之间的差异又是明显的。教学改革正是要准确把握这些基本问题，又要准确地把握独特性问题、个性问题。正是因为独特性，促使教学改革在体现共性的同时彰显个性，呈现丰富多彩、生动活泼的局面。为此，教学改革实际上就是促使"性"与"习"两者相互联系、相互渗透、相互支撑、相辅相成，使改革向整体、深处发展，臻于理想境界。这是一种文化阐释和迁移。教学改革需要这样的文化表达和合理的迁移。

二、寻求"性相近"：有效解决教学改革的基本问题，体现教学的共同特性

何为教学？这关涉到教学的共同特性。对这一问题的回答是多样的。但

是不管哪种回答，都有一个共同的指向：教学必定指向学生的学。教学，即有教的学。（余文森语）教是为了学，帮助学生学会学习，是教学的核心。这是教学最基本的问题，是根本性问题，如果这一核心都不能把握准、解决好，还称得上是教学吗？但事实是，从总体上看，这一问题并没有真正解决好，课堂教学还没有发生根本变化，以教为主，学生被动地学的现象仍然普遍存在着，这样的局面没有从根本上打破，可以说，真正的学习还没有发生。即使是特级教师和其他一些名师，也只是在教学的局部和技艺上作了改进。这是十分遗憾的事，让大家十分揪心。

问题究竟出在哪里呢？我以为，在认识上这已经不是什么问题了，用大家惯常的话来说，就是我们不缺理念。我们真的不缺理念吗？这一问题，本文不想再去讨论。那么，问题的症结究竟在哪呢？是惯性使然，还是惰性使然？恐怕两者兼而有之，难怪有专家说，要让旧习惯、旧方式"断气"。"断气"，意味着决裂，而现在我们决裂的决心不大，"决裂点"也不是非常清楚的。作些分析的话，有以下几点。

在理念上，要真正确立起教师和学生都是学习者的概念，并转化成信念。提到学习者，总认为学习者是学生。没错，但教师也应当是学习者。面对着新课程，面对着新知识，面对着"互联网+"，面对着大数据，面对着正在变化、发展中的学生，教师怎能不是学习者呢？当教师以学习者身份出现的时候，他肯定不是自己去讲，自己去教，也肯定不是简单地传授，而是和学生一起学，互相讨论、探究、启发。所谓学习的共同体，恐怕要首先建构共通体，相互沟通，相互理解。而共通体应建立在学习者的基础上。

在结构上，要按照以学定教的理念重新设计、安排教学结构。结构往往决定着教学的进程，决定着学生学习的时空和状态。以教为核心的教学结构，肯定是以教为主线的，是控制型的，学生的学习是被动的；以学为核心则完全相反，学会自觉地走在教的前头，学也会坚定地贯穿教学的始终。这样的教学结构需要教学活动来支撑。以学为核心的教学活动，其实质是学习活动，真正的教学是由一个个学习活动串联在一起，编织了教学结构，展开了教学过程。因此，备课时、进行教学设计时，我们应当关注教学的结构，认真设计学习活动，促使课堂教学发生真正的变化。

在学习方式上，仍要坚持将接受学习与发现学习结合起来。各种学习方式都不是孤立的，相互之间也不是割裂的，因此，要综合运用多种学习方式。尤其是随着改革的深入，应用混合式学习方式已成为一种趋势。学习方式没有好坏之分，但一定有适合不适合之分，也一定有不同的功能定位，不同的学习方式在很大程度上反映了学生学习的意愿、学习状态和学习水平，反映了不同的价值追求。当前仍要进一步提倡自主、合作、探究的学习方式，变革学习方式应当是实现以学为核心的切入口和突破点。

在教学管理上，应当将研制学习制度、学习规则提到改革的日程上来。课程改革不是不要制度、不要规则，而是改掉旧制度、旧规则。纵观当下的教学改革，教学制度、教学规则的建设显得滞后和薄弱，制度、规则还不能支撑教学改革。与教学的核心是学生的学习一样，教学制度、教学规则的核心仍然是学生的学习制度和学习规则；而学习制度、学习规则的核心又是要有利于学生学会学习、创造性学习。制度、规则对教学改革的支撑，说到底是对学习的支撑，是对学生学会学习、创造性学习的支撑。值得关注的是，制度、规则不是教师制定后教给学生执行的，而应让学生参与制定，制度与规则应成为他们的庄重承诺和自觉行为。有了制度和规则的保障，教学以学生学习为核心，这一目的是能实现的。

三、寻求"习相远"：追求教学个性，在教学的独特性上有所突破

从教学的基本问题出发，我们还需要寻找教学的独特性，即教学的个性。假如只把握教学基本问题，只关注教学的共性，而忽略了教学的独特性，即忽略差异性、个性，那么教学很有可能会同质化起来，多姿多彩的教学很有可能回到以往千课一面的状态去，这既不是教学的原义，也不是改革的初衷，还很可能抹煞教师的创造性。所以，在坚持"性相近"的同时，还要追求"习相远"。其实，"习相远"是从"性相近"的根上"长"起来的，而"习相远"又丰富了"性相近"；"性相近，习相远"的结合，才能构建教学改革的良好生态。

"习相远"，"远"在何处？

"远"在教学特色和模式。模式是理论化的实践，也是实践化的理论。模式实际上是一种范式，库恩认为，"范式一改变，这世界本身也随之改变

了。科学家由一个新范式指引，去采用新工具，注意新领域。"因此，建构教学模式是相当重要的，又是非常艰难的。库恩又提出范式的不可通约性，所谓不可通约，他认为是"两个人以不同的方式感知同一情形，而又使用同样的词汇去讨论，他们必然以不同的方式使用这些词汇"。我理解，不可通约性即独特性、个性。拥有了不可通约性，才具有鲜明的独特性，教学模式才会有个性。建构教学模式，不应只在名称上下足功夫，相反，应当在模式的不可通约性上下更大的功夫。但是，如前所述，建构模式谈何容易，因此，不妨从教学的特色去实现"习相远"，比如，不同的教学内容，不同的教学结构安排，不同的活动设计，不同的评价策略，不同的资源开发方式，等等。同时，注意不要以一种模式"绑架"所有年级、所有学科、所有教师，一旦"模式化"了，教学个性就消失了，"习相远"就不可能了。

"远"在教学风格。有许多谚语描述风格，描述的重点往往是风格的独特性。老舍先生就用花来作比：风格是这朵花、那朵花，这朵花的色彩、香味与那朵花的色彩、香味是不同的。独特性应当是风格的本质特征。追求教学风格，实际上是追求教学的独特性。值得注意的是，独特性不只是教学的技艺和方法，其背后或深处是其思想性。教学风格的独特性实质是教学理念、教学见解的独特性，而教学理念、教学见解的独特性我称为教学主张。教学主张是教育思想、教学理念的个性化和具体化，不同的教学主张带来不同的教学风格，不同的教学风格诠释着、丰富着不同的教学主张。由此看来，所谓教学风格的独特性，所谓"习相远"，其实质是对教育、对学科教学有独特理解和个性化的阐释。教学风格还具有鲜明的实践性，它是在教学实践中磨炼出来的，无教学实践必定无教学风格可言。而教学实践，对教师而言，主要是课程不同的实施方式、不同的实施途径，有可能形成不同的教学风格。因此，实践的创造性可以促使教师逐步形成教学风格。课程改革时至今日，提倡教师的创造性时日已多，如果还不提倡教学风格，是不合时宜的，也是会阻碍教学改革深入的。让教学风格闪烁"习相远"的异样色彩吧，让"习相远"引领教师的教学个性吧。

"远"在教师的研究与创造。教学，是教师的主体行为，不同的教师定会有不同的教学模式。因此，讨论教学的基本问题与独特性，实质是讨论教师的创造性。教师的创造性从哪里来？从解放中来，从自由中来。真正信任教师，解放教师，让他们处在自由的状态，他们一定会创造出教学的精彩来，从而实现真正的"习相远"。遗憾的是，这一理念至今还没有牢牢地树立起来，教师本身也没有将这一理念转化为信念。其中的原因是复杂的。但是不管怎么复杂，激发教师的创造性任何时候都不应放弃。至今我都很赞赏窦桂梅老师"三个超越"的教学主张：学好教材，超越教材；立足课堂，超越课堂；尊重教师，超越教师。也十分赞赏南京市琅琊路小学周益民老师，在教好现定教科书的同时，自己开发教材，从民间文学寻找语文的源头，回到话语的家乡。他们都在创造，虽不能改变大环境，却在改变小环境，改变自己，因而他们呈现了自己的独特色彩。

黑洞与洞见

——教育基本问题的讨论

教育的黑洞也就是教育的基本问题。法国思想家埃德加·莫兰揭示了知识传授中的七个黑洞，开启了对教育基本问题的深入研究。我也对课程及其改革、教学及学生学习、儿童研究等基本问题进行了初步探讨。其旨归是努力建构"复杂思维范式"，逐步建立对教育问题的判断，让教育的黑洞敞亮起来，澄明起来。

一、教育黑洞与教育基本问题

似乎是种约定，随着《万物理论》在上海国际电影节上映，一篇论文《教育的七个黑洞》引起我们广泛而深切的关注。因为大家自然想起了霍金，想起他的《时间简史》和黑洞理论。

《时间简史》这本被称为"读不懂的畅销书"，我并没有看过（估计我更读不懂），不过，它却让我们获得了一个鲜亮的概念：黑洞。黑洞，尤其是《教育的七个黑洞》带给我们的不是阴森和黑暗，而是一束炽烈的光，让事物、让世界敞亮起来，澄明起来；带来的不是消极与悲观，而是一股正在增长着的正能量，让事物、让世界光明起来，积极起来。犹如宇宙，仿佛是一口幽深的矿井，可那些黑暗中却闪耀着宝石。而那宝石只留给最勇敢最执着的探矿者，亦即给黑洞的揭示者。

今天我们谈论的不是霍金，是法国当代著名思想家埃德加·莫兰。莫兰正是黑洞的揭示者。《教育的七个黑洞》并不长，却相当深刻和丰富。它告诉我们，黑洞理论同样适用于教育。黑洞理论的迁移是一种贡献。莫兰让我们明晓了，教育中原本就是有黑洞的，问题是我们对此视而不见，甚或熟视无睹，其实，是我们不愿意正视它，也没有强烈的自觉意识去发现它，没有足够的理论勇气和实践能力去研究它、解决它。"黑洞"概念的缺失，让所谓熟知的东西模糊起来、陌生起来，以至渐渐地盲目起来，于是，熟知渐渐成了无知。《教育的七个黑洞》引起我们真切的关注和深切的反思，让我们重新捡起这些问题，重新认识、重新发现，切切实实地研究，推动教育沿着健康轨道前行。所以，莫兰和霍金是一样伟大的。

如果作些概括的话，莫兰关于教育的黑洞给我们以下启示。

其一，黑洞揭示的是基本问题。莫兰在文章一开始就明确无误地指出："据我观察，在知识的传授中，有七个黑洞，也就是七个基本问题。"何为基本问题？基本问题何为？"只要是科学的东西，就得有一定的规定性。不要规定性，那就是只讲任意性；而只讲任意性，是反科学的"，而"这些基本规定性往往通过基本问题来呈现，然后从中抽象出来而形成"；"教学的基本问题不仅反映了教学的基本规定性，而且揭示了教学基本规律"；基本问题具有根基性、普遍性和发展性。显而易见，讨论教育黑洞问题，亦即讨论教育的基本问题，探讨的是教育的基本规定性，揭示的是教育的基本规律。意义何等重要。

其二，基本问题有可能变成黑洞。黑洞是基本问题，但基本问题并不一定是黑洞，两者之间是不能简单地画上等号的。那么，是什么原因让基本问题变成黑洞的呢？莫兰说，是当基本问题"或被肢解，或不为人知"的时候。被肢解，是指基本问题的整体性破坏了，成了碎片了，整体性不见了，而黑洞随之出现了。莫兰称这种情况是"错觉"。另一种情况是"不为人知"，莫兰称之为"谬误"。所以，莫兰说，"确切的知识并不是那些在形式或教学程序上极端复杂的知识，而是能够将信息和数据放到特殊背景中去的知识"，而且"只建立背景还不够，还必须了解古代历史"，同时，"背景本身也需要它自己的背景"。无论是被肢解，还是不为人知，是指基本问题被搁置了、被遮蔽了、被扭曲了，因而成为黑洞了。

其三，要分析原因，防止基本问题变成黑洞。黑洞可能带来光明，并不意味着黑洞越多越好，相反要防止基本问题变成黑洞，因此必须分析原因，规避基本问题的被肢解和不被人知。莫兰在讨论"认识"这个问题时，举了大脑的例子："人的大脑在一个保险箱，即颅骨当中，它从来不直接与外部世界接触，而是通过感官间接与外部世界联系，也就是说，所有基本的知识都同时是翻译和重建"，"然而所有翻译都有犯错误的危险"，因此，我们"应该重视错误的根源，无论是个人的，文化的，历史的，还是范例的"。个人的，主要指"自我批评式的反省"，"这就是研究自己精神复杂性的能力"；文化的，主要指文化的多样性，不要忘掉"我们现在处于多元文化时代"，防止"权力"的干扰；历史的，主要指要坚守历史的真实性，不要"将不利于的那部分消息掩藏起来"，以防止"歇斯底里的错误"；范例的，主要指不要将范例中"对现实的某种看法强加于人"，不要以为范例越多越好，如同"知识的领域在扩展的同时也增加了它与无知的领域的触点"，否则有可能"走向不可知的神秘境地"。以上所分析的原因，尽管是基于"教育无视知识"这个黑洞的讨论，但是具有普遍意义。

二、从知识传授黑洞到教育其他黑洞的敞亮、澄明

如前文所述，《教育的七个黑洞》的意义、价值在于：开启了对教育中黑洞的探寻，开启了对黑洞研究方法的探索，也开启了对教育未来发展的关注。我们应当从知识传授中的黑洞的发现和研究，走向教育中其他黑洞的发现和研究，其目的，还不只是在揭示黑洞的本身，而且是去开辟更美好的未来教育。

其实，莫兰是在启发我们，未来教育越来越复杂。内部的与外部的，本土的与外界的，民族的与世界的，越来越编织在一起。为此，我们应当确立教育改革与发展的大视野。未来教育也越来越具体，大而化之、笼而统之的思维方式、工作方式越来越不适应改革的需要。随着教育研究的越来越具体，未来教育也能越来越深入，深入到教育教学以及学校发展中的有关因素，尤其深入到课程、教学、学习，深入到人，深入到学生。但是，这一

切的一切，都不能忽略教育的基本问题（其实，严格说来，这些问题后来都是基本问题了），而且要警惕不让基本问题演变成黑洞，同时，让教育中已有的黑洞敞亮起来，澄明起来。唯此，未来教育才会越来越规范，越来越科学，越来越深刻，越来越符合教育规律。总之，未来教育需要我们越来越理性。

1. 警惕课程及其改革中的黑洞

基础教育课程改革已让我们站到了与世界课程改革平等对话的平台上，课程改革已牵动了基础教育的整体改革，让教师的专业发展进入到一个新境界，让学生逐步站到课程、教育的正中央来……这一切都是有目共睹的，值得肯定的。但这一切又决不意味着课程及其改革中的一些基本问题都已很明确无误了，事实上说黑洞是存在的。

黑洞之一：课程改革要远离"跑道"。我也没时间去查核这句话的出处，不过我想不管它是哪位大家说的，我是不认同的。无论是英语中的定义，还是作为隐喻的跑道，都没有过时，我们仍应坚守。因为跑道揭示了课程的基本规定性。跑道之"道"，规定了课程应当在"道"中行进，应当有目标、有计划、有内容、有方式、有规则，具有规范性；"跑"，则规定了课程是学生经历的过程，是接受、探究、体验、发展的过程，没有经历，称不上课程。课程即跑道的规定性至今都没有过时，远离跑道，势必丢弃课程的规定性，丢弃课程的意义。由此，带来的问题是显而易见的：兴趣小组变成了社团和校本课程，我不是反对将兴趣小组发展为社团，开发成校本课程，问题是它们具有了社团高度自治的本质规定性了吗？具有了校本课程的规范和意义了吗？很难说，这是个提升的过程，而非名称改变的过程。与此同时我想到，把学校里所有的活动都当作课程开发，既无必要又无可能。首先是没有必要。应当留下足够的时间与空间，让学生有自己的生活。学生恰恰是在自己支配的时空里发展的，假若课程填满学生所有的时间、空间，这并非好事。其次是没有可能。让所有的活动都开发成课程，让它们具有课程的规定性，无论是力量、能力、资源等，学校还不具备开发、提升的条件。课程改革应当返回到跑道上去，而不是远离，说"再见"。

黑洞之二：课程越综合越好。课程的综合顺应着知识发展的走向，综合也带来学科的交叉乃至边缘地带，有利于培养学生的跨界思维，有利于培养学生的创新精神，无疑综合是课程改革应坚持的理念和走向。对于"1+X课程""全课程"，以及其他各种形式的综合，应当持肯定和鼓励的态度，尤其是小学应以综合为主，初中实行综合与分科并行，即使高中以分科为主，也应追求学科的综合。但是，这并不意味着综合性越来越强越好，综合度的高低成了评价课程改革的唯一标准。这里隐藏着另外两个问题：学科有没有独立存在的价值？课程综合要不要建立在学科独立价值的基础上，以求深度的综合？答案是毋庸置疑的。有意思的现象是，2014年诺贝尔化学奖由物理学家获得，说明了一个物理学家的身份并不说明他的真正身份和研究领域，现代科学的前沿都是相互交叉的，简单的学科分类和标签会让人产生误解。同时又说明，无论是化学与物理学科原本的价值都不应忽视。普通人看来，此次诺贝尔化学奖的课题研究似乎与化学无关，可事实是，该项研究深深根植于对分子的光化学和光物理性质的物理化学和化学物理的研究之上。一般的问题是，人们对于学科前沿的认识常常标签化和表面化，难以看到学科在知识交叉、科学发明中应有的价值。科学发明是这样，中小学教育亦是如此。这就提醒我们，要理性地对待课程综合，不要简单地否定学科存在的价值。正确的态度和方式是让学科打开自己的边界，而打开边界，不是丢弃"本土"，基于学科的综合与综合视野下的学科教学改革应当是问题的两面。此外，清华附小提出的综合的三种形态倒是十分可取的：渗透式整合、融入式整合、消弭式整合。

黑洞之三：错把课程当作目的。课程是教育的载体，这已形成共识，但课程是目的还是工具呢，似乎很少涉及，更少研究，因而很容易造成目的与手段的混淆，常常错把手段当目的。苏霍姆林斯基在谈论教师的知识时，曾经引用列宁父亲的话作过这样的判断："至于教科书不过是应当随时准备弹离的跳板而已。"[①] 苏霍姆林斯基认为教科书是跳板，课程当然也应是跳板。跳板肯定不是目的，它只是工具，是手段。这一比喻并不否定课程的神圣和价值，只不过是给课程在目的与手段的坐标上以准确定位。课程的价值恰恰是为学生提供跳板，让学生跳得更高更远更好，这正是课程的神圣和高价值之处。课程只是手段，是载体，其隐含的问题是，课程的深处是学生，宗旨是学生的发展，不能以课程代替学生的发展，我们的任务是把这手段开发好，让它为学生发展这一目的服务。而这一切都应以学生发展的核心素养为根本依据。遗憾的是，这一基本关系即基本问题是不明晰的，常常是错乱的，表现最为普遍的是，在课程开发与实施中，往往只见课程、教材、资源，而学生不见了。人到哪儿去了？学生在哪儿？学生被课程遮蔽了，无意中学生缺场了。因为课程只是手段，因此课程改革应当让学生参与其中，学会掌握和使用这一手段，其间，让学生的综合素养得到发展。

2. 警惕教学及学生学习中的黑洞

教学中的基本关系是教师与学生，基本问题是教与学。长期以来，直至今天，这一基本关系和基本问题，尽管在认识上似乎知晓了，实践上仍是十分糊涂的，说明我们在认识上还没有真正明晰，处在若明若暗的认知状态中，于是，很容易造成教学中的黑洞。这些黑洞聚焦在学生的学习上，那就是学生究竟是怎么学习的。

黑洞之一：教学生学会学习就是教会学生如何跟着自己学。从表面上看，这一命题并没错，但稍加思考，它掩盖了一个实质性问题：真正学会学习，是在教的引领下，主动地学、创造性地学。这一错误命题，严重影响了教学，从总体上看，至今仍是学生跟着教师亦步亦趋，只不过偶尔在某个环节、某个细节，教师放手了，学生稍稍主动了，因此，教学应以学生学会学习为核心，这一目的并未真正实现。从道理上说，这一核心大家似乎都明白了，可以说已形成共识了，黑洞已敞亮了，可实际上它们仍然是个黑洞。究其原因，除了认识上仍有失偏颇外，重要的原因是，长期以来，教师以教为主已形成行为模式，行为模式一旦形成就很难改变。这一模式造成了教师的惯性和惰性。惯性，让教师习惯于教、依赖于教成了"自然"，不知道要改变；惰性，则让教师不愿意改变，不想改变。从这一角度去看，课堂教学改革的深意就在于重建教学行为模式。这是"翻转"的真正意思，是让教学回到本义上去，是教学原义的回归。可见，这一黑洞又具有特殊性：明知光亮在哪里，却不愿意奔向那明亮的地方。特殊性使黑洞更具掩盖性，也就更具有迷惑性。教学生主动学习的行为模式建构永远是个过程，问题是在这过程中，我们应当向前，而不是徘徊或停滞，徘徊与停滞实质上是倒退。

黑洞之二：以理论上学习方式的分类代替整体性学习。学习方式及其分类在理论上已比较明晰了，比如接受学习、发现学习是学生基本的学习方式。但是这一分类，是理论研究的需要，决不意味着学生在学习过程中就是分类进行学习的：现在我进行接受学习，过会儿我进行发现学习。事实是，一些教师，在教学设计中往往就是这么安排的：既安排接受学习的教学环节，又安排发现学习的教学环节。这是一种误解，也是一种肢解。学生的学习是一个整体推进的过程，在这过程中，各种学习方式是交互进行的，并不是也决不能人为地分成单纯的接受学习和发现学习，而是接受学习中渗透着发现学习，发现学习也并不排斥接受学习。正因为此，接受学习与发现学习的优点与缺陷才能互为转化，相辅相成，建构一个互动的完整的学习过程。于是，我们需要研究的是：如何在接受学习中让发现学习进入，让接受学习具有主动性，成为积极的接受学习；如何在发现学习中，让接受学习成为一种知识支撑，进程中有新的发现，有新知识的产生。也正因为此，才不会有错误性的评判：当下发现学习走过头了，接受学习被边缘化了；发现学习需要足够的条件，现在不具备，不应如此提倡和鼓励；发现学习是贵族化的学习方式，接受学习则是传统落后的学习方式。真的，如莫兰所说，有时候黑洞是认识上的误解、偏见造成的，其实，真正的黑洞在自己的心里。

黑洞之三：选择性学习与学段的适宜性的混乱。当下跑班教学成了一道风景。跑班，的确让学生的选择性课程、个性化学习、适宜性发展落到了实处，跑班带来了教学组织形式和机制的变革，选择性学习也的确亟须相适应的教学组织与之匹配，这是中国基础教育课程改革的重大发展。改革总是一个不断探索的过程，在探索中不断提升和修正认识。当下有个现象值得关注和研究：一些初中甚至小学也试验并实行跑班教学。这带来的思考是：跑班教学适合所有学段和年段吗？众所周知，撇开个性发展这一主旨暂且不论，高中的跑班学习是因教学模块及其选修程度所需带来的，这是必然的选择。而当前的初中，尤其小学还没有这样的课程规定，有必要吗？这还在其次，更重要的是这反映了改革中由于不深入研究、追逐新意所带来的盲目跟风，是浮躁、功利心态的体现，而且反映了对学段的特质、独特任务和特有的教育规律缺失准确的把握。所以掩藏在深处的问题是，在基础教育阶段，尤其是义务教育阶段如何对待共同标准以及扎实打好基础的问题。共同标准是基本要求，是核心素养的载体和体现，所有学生都必须学好，都应努力达成。

教学组织形式有个适宜性问题，教学组织的适宜性，反映课程内容要求的适宜性，课程内容的适宜性关涉的是课程的基础性。总之，有效推进学生的学习，必须深入研究、准确把握各学段的教育规律和年段的特点与要求。

黑洞之四：知识如何转化为智慧。怀特海明确指出："教育的全部目的——就是使人具有活跃的智慧。"知识不等同于智慧，而且"在某种意义上，随着智慧增长，知识将减少"。这就自然引申出一个问题：知识应该而且可以转化为智慧，但究竟是怎么转化的？这是一个黑洞。仔细研读怀特海的《教育的目的》，是可以有所发现的。怀特海将智力发展过程分为浪漫阶段、精确阶段和综合运用阶段。在浪漫阶段，"通往智慧的唯一途径是在知识面前享有绝对的自由"，所依赖的是自由与调节后的训练所形成的"教育节奏"；在精确阶段，"通过掌握精确的知识细节进而领悟原理"；在综合运用阶段，"抛弃细节而积极使用原理"，"这时知识的细节退却到下意识的习惯中去了"，"知识的增长逐渐变为无意识的了，而成为一种积极的思想探险中的一支小插曲"了。实践也告诉大家，"活的知识"可以转化为智慧，因此要让知识活起来，活在实践中，活在探究、体验中，活在研究问题、解决问题的过程中。自由、教育的节奏、领悟使用原理、积极的思想探险，等等，是"智慧"中的那个"日"——阳光，照亮了黑洞，于是，知识迎着阳光走向了智慧。

3. 警惕儿童研究中的黑洞

儿童是我们熟悉的陌生者。有教师这么描述：学生在门内，我们在门外；学生在花季里，我们在花季外；学生在故事中，我们在故事外。因此，我们对儿童认识的状态是：有时候熟悉，有时候陌生；对有的儿童熟悉，对有的儿童陌生；看起来熟悉，实际上陌生；严重的还在于用熟悉掩盖陌生，以陌生代替熟悉。儿童研究的任务与旨趣，是让陌生的熟悉起来，让熟悉的深刻起来，真正认识儿童、发现儿童，促进儿童健康、快乐地发展。否则，黑洞将使教育处在昏暗之中，茫然，盲目，以至丧失方向。

黑洞之一：非真实儿童。儿童的理论研究与实践相脱节，于是理论中的儿童往往是理想化的，而现实中的儿童常常"落差"很大，甚至形成反差。所以，我们要认识真正的儿童。这就要求我们把理论与实践结合起来，以现实为基础，以理论来引领，既反对理想化，又防止将儿童矮化，在理论与实践中找到那个结合点、平衡点、调节点。

黑洞之二：伪童趣。童趣天真无邪，虽稚嫩却透着深刻，虽"无知"却充满智慧。儿童的伟大之处在于真实，犹如《皇帝的新装》中的那个小孩，成人、教师都应向儿童学习。教育应当富有童趣童乐，但童趣童乐应发自内心，而不是一种"秀"。秀的结果造成了伪童趣，表现为"伪快乐""伪喜欢""伪游戏""伪表扬"……其造成的伤害是可想而知的。让这一黑洞敞亮起来唯一的办法是，如苏霍姆林斯基那样，把整个心灵献给儿童；如陶行知、陈鹤琴那样，重温自己的童年时代，重新做回儿童；如斯霞那样，怀揣"童心母爱"；如李吉林那样，成为"长大的儿童"。

黑洞之三：可能性的片面化。可能性是儿童最神圣之处。可能性虽是未来性，却是可以从现实起步的；可能性虽沉睡在内心深处，却是可以唤醒的。教育的智慧在于从儿童的现实性中帮助他们发现可能性，成为最好的自己。可能性有两种方向：正面的、积极的；负面的、消极的。这两种发展方向都有可能，可在儿童研究与教育实践中，往往有两种偏向，要么只关注正面、积极的方向，一时乐观、自信，一实践就丧失信心，乃至悲观起来；要么只关注负面的、消极的，拉大了与真实儿童的差距，抹煞了儿童向上、向善的一面，教育显得枯燥而急躁，儿童面前只有灰暗而无希望。认识的不完整带来教育的不完整，甚至教育的片面，造成了教育的黑洞。

三、真正敞亮澄明黑洞，是建构复杂思维范式

依我看，莫兰的目的并不是要——去揭开所有的教育黑洞，况且黑洞随着教育的进程会不断产生。我所揭示的教育黑洞也只不过是例举，是对当前几个基本问题的特别关注。从莫兰对揭示的七个黑洞所作的剖析中，不难看出他的知识视野和思维方式，比如讨论中涉及信息与知识，背景知识，部分知识与整体知识，人的同一性与多样性，世界的一体化与差异性，知识的确定性与个人、历史的不确定性，关于人的理解，关于个人伦理、社会伦理、全人类的伦理，等等，他由知识传授的讨论导引出许多与此相关联的、广阔

的、深层次的基本问题来。他既是在印证笛卡尔的判断"最有价值的知识是关于方法的知识",更是在阐释自己的理论——复杂思维范式,亦即复杂性思想。

有学者分析认为,莫兰的复杂思维范式,"不仅是一种特殊的系统论,不仅是一个跨学科的科学方法论,而且也是个具有更广泛意义的哲学论和方法论"。它有三个理论柱石:"建立在有序性和无序性相统一的基础上的关于能动主体的理论,关于整体与部分相互决定的多中心的或无中心的系统的理论,'把观察者整合到他的观察中'的自我批评的理性主义的认识理论"。[②]因此,在阅读黑洞文章时,总觉得莫兰在我们面前又打开了一扇窗户,看到了更广阔的世界,更遥远的未来;总觉得有一种哲理的光辉透射进来,从宇宙那口幽深的矿井里,触摸到闪耀的宝石。讨论教育的黑洞,不在于把所有的黑洞都揭开,其旨归在于建构一种关注和研究基本问题的思维范式。这种思维范式一旦建构起来,就会对未来复杂的教育的基本问题作好观察、把握、解决的准备,让教育的基本问题越来越明晰,让教育规律越来越鲜明。

对教师而言,不用把"复杂思维范式"说得过于复杂,只要把握其基本要义。一是建立系统的认识事物的思想和方法。教育不是孤立的,随着时代的进步,科技、经济的发展,教育与社会方方面面的联系更加紧密,也更加复杂,教育再也不能"独善其身"。我们应当建立大教育的概念,建构教育的大格局,把教育置于世界发展的坐标之中,找到自己的位置,并打开通向世界的边界,开发更广泛、更丰富的资源,承担起应负的责任。我们应当在大教育与世界教育大格局中,进行系统思维,逐步建构起复杂思维范式。二是学会跨界思维。学科的边界将会进一步打开,知识交融的程度亦将进一步增强,用多种学科的思维方式,在综合的视野下,教育的基本问题才会凸显,研究与解决的办法才会更多样,在优化中找出最佳方案,黑洞才会避免,也才会解决得更好。三是增强理性精神。莫兰特别提倡批判性思维,他期望能用有一种复杂的、动态的、开放的理性主义代替简单的、静止的、封闭的理性主义。这样的理性让我们走向对事物的澄明,生长起实践智慧。相信黑洞会在科学的理性主义支撑照耀下敞亮起来,澄明起来。这种理性精神也表现了批判的勇气。批判的勇气定会驱赶谬误和错觉,在保持警觉的状态下,眼前是一片教育灿烂的阳光。

参考文献

① 孙孔懿 . 教育像什么［M］. 南京：江苏教育出版社，2010：108.

② 陈一壮 . 论埃德加·莫兰复杂性思想的三个理论柱石［J］. 自然辩证法研究，2007（12）.

第一辑 课改，必须改课

第二辑
把学生带到高速公路的入口处

课程之旅实质是学生的学习之旅，犹如在高速公路上行走。良好的教学，首先鼓舞并引领学生找到高速公路的入口处，这是探索、寻找、发现的过程。这一源自哈佛大学课堂教学的隐喻同样适用于今天的课程改革。

把学生带到高速公路的入口处

一、课堂教学的隐喻：教学的核心即学生主动学习和学会学习

对于课堂教学，美国哈佛大学有一个绝妙的隐喻："到哈佛学习，就像是很快帮助我找到了高速公路的入口处。"（康宁《走进哈佛课堂》）与这一隐喻相呼应的，是哈佛大学名誉教授程介明先生讲的"墙上的洞"的故事。

故事发生在印度新德里的一条穷人街上。穷人街的孩子没有钱，不能进学校读书，整天在街上游逛。试验者为了探明穷人孩子是否有学习欲望和学习能力，便在墙上开了一个洞，洞的大小正好能嵌进一台电脑，电脑的位置和孩子的身高差不多。孩子只要触摸，就可以上网，但必须用英文。这一装置给孩子们带来极大的新奇感，大家围拢在一起议论起来，有的还动起了手。一个星期过去了，有少数几个人摸到了门道。两个星期过去了，不少孩子初步学会了用英文上网。三个星期过去了，穷人街上的孩子，你帮我，我帮你，几乎都会用英文上网了。

故事后面有三个问题：他们在学校吗？回答当然是否定的。他们在接受教育吗？回答是"不知道"。他们在学习吗？回答是"是的，他们在学习"。

故事简单，但含义深刻。它告诉我们：孩子有学习的天性，他们渴望学习，关键是激发和保持他们学习的欲望和热情；学习是自己的一种建构，建

构的基础是已有的经验，建构需要支持性的环境和条件，建构的特征是发生变化：有教师在旁边可能是一种学习，也可能不是一种学习，教师不在旁边，倒可能是一种学习。"墙上的洞"就是要帮助孩子找到高速公路的入口。

其实，这个故事也是一个隐喻。它和"高速公路的入口处"一起，揭示了教学的几个基本要义。第一，学生的学习就是在路上行走，但只有在高速公路上才会走得顺畅，也才会很快到达目的地；第二，要走上高速公路，必须先找到入口处，而找到入口处是学生在教师帮助下的结果；第三，寻找高速公路入口处是一个探究、发现、辨别方向和选择的过程，需要能力和合适的方式；第四，学习终究是学生自己的事，教师的任务在于帮学生找到入口处，即帮助学生打好基础，让学生有"带得走的东西"，如此等等。总之，概括起来，这一隐喻揭示了教学的核心问题，即学生主动学习和学会学习。

无论是理论还是实践，这一基本判断都是正确的。我们应该重温联合国教科文组织的报告及其建议。为了使联合国教科文组织及会员国制定教育政策时有科学的参考，联合国教科文组织专门成立了国际教育发展委员会，在一年内研究了70多篇有关世界教育形势和改革的论文，充分吸收了联合国教科文组织在25年的思考与活动过程中所积累的经验，于1972年提交了报告。报告中明确指出："教学过程的变化是：学习过程现在正趋于代替教学过程。"报告还专门设立了"学习者在学校生活中的地位"专题，指出："应该使学习者成为教育活动的中心。"对此还进一步阐述："现代教学，同传统的观念与实践相反，应该使它本身适应于学习者，而学习者不应屈从于预先规定的教学规则"，并把它作为一条重要原则："如果改革不能引起学习者积极地亲自参加活动，那么，这种教育充其量只能取得微小的成功。"报告郑重地宣告："教育的目的在于使人成为他自己，'变成他自己'。"报告如此不厌其烦、不厌其详地阐述，无非是强调一个重要的观点：教学的核心是学生主动学习、学会学习。这是教学改革的方向和原则，是教学改革的重点和难点，是衡量和评价当下及今后教学改革成功与否的重要标尺。

改革的方向、原则、重点如此明确，对教学深刻变革的呼唤如此强烈，但并没有引起我们普遍的重视，教学还没有根本性的实质性的变革。用"教学的核心是学生主动学习、学会学习"这根标尺去观测、衡量和判断，我们不难发现，当下的课堂教学距离这一要求还很远很远，"把学生带到高速公路的入口处"的意识还未真正确立起来。说得尖锐一点，有的课堂教学还不知道在什么地方盲目地转悠。因此，教学改革需要这样的隐喻，并亟须将此化为具体的行为。

其实，在中华民族文化中，早就对"教"与"学"的关系作了非常明确的规定。在商代，甲骨文中已出现了"教"字，也出现了"学"字。通过分析，可以推断"教"字是由"学"字发展而来的。《尚书·说命》里说"学学半"，认为"教"与"学"本是同一个字，"教"与"学"在本质上具有同一性。战国时期的《学记》里还提出了"教学相长"，宋人蔡沈注："学，教也……始之自学，学也；终之教人，亦学也。"意思很明确："教学相长"的实质是"教即学"。教即学，教为了学，教的核心是学生的学，这就是"教学"的本义和真义，是教学成功的真谛。遗憾的是，我们常常忘掉这些智慧的古训。我们如果还固守以教代替学生的学，那么可以说，今天的教学不是在进步，而是在倒退。

隐喻、故事、古训，似乎不约而同地印证这么一个深刻的道理：课堂教学要把学生带到高速公路的入口处。应该说，这是教学的本质，是教学改革的基本方向。

二、智慧：课堂教学给学生的"带得走"的东西

寻找高速公路的入口处，继而在高速公路上自信地快速行走，需要知识、能力、方法，还需要情感、态度、价值观的支撑与伴随，否则寻找与行走将是一句空话。但是，并非所有的知识、能力、方法、情感、态度、价值观都能够一直伴随学生，都能给学生以信心和力量，同时，不少知识、能力、方法等只留存在教师那里，甚至只留存在书本里和试卷上。如此，学生寻找高速公路的入口处，必然会显得"势单力薄"、力不从心，必然会茫然、困惑，只能迂回曲折，甚至永远寻找不到那个入口处。当下课堂教学的最大弊端正是如此：学生学的只是符号化的知识，而知识与能力分离；学生获得的只是分数，而分数与能力、与方法、与真正的情感"绝缘"，用最通俗的话来说：所学的东西都"还"给了老师。于是，给学生以"带得走"的东西成了课堂教学改革的重要命题。

显然，"带得走"也是一种隐喻，它提醒我们：课堂里学的东西，应该让学生带得走，应该陪伴学生行走，应该不断"发酵"给学生以刺激，提供能量，促进学生发展。可以说，"带得走"的东西是学生可以终身受益的。

从学理上分析，"带得走"的东西应具有以下基本特点：（1）基础性。基础是不可代替的，甚至是不可超越的，基础是稳定的，同时它具有再生性，再生出新的知识、新的能力等等，因而可以持续地影响人的发展。（2）内生性。所学的知识等有一个内化的过程，与原有的经验相契合，真正成为"自己的"东西，有的会融入自己的心灵，积淀为人格，表现为气质，外化为行为习惯。（3）转化性。知识迁移促使知识转化。知识可以转化为能力，使个体以个人的方式来理解、洞察、体会、感悟、认识自然界和人类社会的方方面面。（4）隐含性。所学的知识镶嵌在自己的经验背景中，隐含着一些思维模式和个人化的观察视角，一旦有了合适的条件，就会表现出来，显示出特殊的认知意义。（5）迟效性。"带得走"并不意味着立即生效，相反，往往在经历漫长的过程后才会显现，产生效果，而这种迟效往往可能真正有效，甚至长效。

"带得走"的东西内涵虽然相当丰富，但它凝聚在一个概念中，那就是"智慧"。智慧是一个综合体，是人的综合素质的集中体现，在内涵上，涵盖了知识、能力、道德、情感等等，它与"带得走"的东西相契合。其一，智慧与知识具有同一性，但超越知识，是各种知识综合运用的结果，"知识就是力量"，而"智慧使人自由"。其二，智慧以能力为载体，往往表现为应急情景下处置问题的能力。但无论是内涵还是外延，智慧都超越能力。其三，智慧与道德同行，道德支撑着智慧，用亚里士多德的话来说，智慧是对人类有利或有害的事采取行动的能力结构。缺失了道德，聪明只能是聪明，而绝不能称之为智慧。其四，智慧的核心是创造。总之，智慧是人生的一种高度。智慧是可以"带得走"的。在形成的机理上，它也与"带得走"的东西相一致。比如，智慧是知识的活化。知识只有在运用中，在解决问题的过程中才转化为智慧。因此，让知识"活"在探究中，"活"在体验中，"活"在实践中，是"转识成慧"的必要条件。再比如，智慧往往是对情景的认知、辨别与顿悟，智慧伴随着情景，因而是生成性的，是"带得走"的。

由以上的分析不难得出一个基本判断，即智慧是"带得走"的，"带得走"的东西总是呈现为智慧，以智慧来概括"带得走"的东西，是合适的、准确的。如果说"带得走"是一种形象化的说法，是一种隐喻，那么，智慧则是"带得走"的总代词和内核。

学生正是在智慧的伴随下，去寻找高速公路的入口处。其实，寻找高速公路的入口处的过程，也正是智慧生成、生长的过程。智慧与"带得走"的东西这种相互指代的关系及其基本特征和产生的机理，从另一个侧面启发着课堂教学改革的核心问题是学生主动学习、学会学习。首先，智慧是不可"告诉"和灌输的。从获取的方式看，知识是依靠外在的方式获取的，而智慧则是个体内心生成的。只有当学生心灵敞开的时候，思维处在积极状态的时候，即主动学习的时候，智慧才会活跃起来，才会冒出绿芽。显而易见，学生主动学习、学会学习，习得的不仅是知识，而且是学习的能力，更重要的是智慧。其次，智慧与知识等相比较具有超越的意义。它超越测验和考试，超越功利，超越工具理性。为测验而学，为考试而教，绝不会产生智慧，绝不会让学生"带得走"，即使"带得走"，也只是带走了死记硬背的痛苦和失败的记忆。它超越课堂，甚至超越时空，指向未来。在这一理念的引领下，课堂联结的是学生的未来乃至终生，联结的是学生的生活乃至整个世界，学生获得的是一种持续起作用的学力、再生力，因而是"带得走"的。正因为此，英国哲学家怀特海说，认知教育总得传授知识，但千万别忘记，有一样东西比知识模糊，但更伟大，在教学中更居主导地位，人们把它叫作智慧；也许你可以轻而易举获取知识，但未必能轻而易举获得智慧。为智慧的生长而教，应当居于课堂教学的主导地位，让学生在主动学习、学会学习中获取智慧，获取"带得走"的东西，通过高速公路的入口，走上高速公路，享受学习的幸福。

三、让"学"成为教学的核心：课堂教学必须有重大变革

"带得走"的东西与高速公路入口，为着学生的学自然地链接在一起。但是，"带得走"的东西不会自然产生，当下的课堂教学也产生不了。为此，课堂教学应当紧紧围绕教学的核心问题，即围绕学生主动学习、学会学习，进行一些重大的变革。

一是课堂教学中的师生关系要发生重大变革。

师生关系是教育大厦的基石，不仅是传统教育的，也应是现代教育的。不过，在传统教育中，"师生关系变成了一种统治者和被统治者的关系"，"树立了具有权威性的师生关系典型，而这种典型仍在全世界大多数学校里流行着"。这种师生关系的实质，就是教师变成了传教士，而"传教士曾被当作一切知识的托管人与保护人，教育几乎全在他们的控制之下"。联合国教科文组织的报告一针见血地指出，这种师生关系是一种"陈腐的人际关系"。而随之产生的纪律是"严格的、权威性的、学院式的"，这种纪律当然也是"陈腐的"。正是陈腐的权威性的纪律，决定着知识必须由教师传给学生，学生只能跟着教师亦步亦趋，教学过程只能是教的过程，学成了教的随从与附庸。我们应当勇敢地抵抗这种不民主关系，明确教师的身份和职责。因此，"把教师称为'师长'（不管我们给这个名词一个什么意义），这是越来越滥用的名词。教师的职责现在已越来越少地传递知识，而越来越多地激励思考……他将越来越成为一位顾问，一位交换意见的参与者，一位帮助发现矛盾论点而不是拿出现成真理的人"。⑥我想说的是，教师应当是帮助学生、和学生一起找到高速公路入口的人，是激励和鼓舞学生主动学习的人，是指导和帮助学生学会学习的人。

师生关系的民主、和谐、合作，不是虚无的，有时很具体，不过，我以为更为重要的是构建课堂教学文化，创造课堂中学生学习的环境和氛围。首先，每一个课堂都应是一个有着自己价值的团体。这个团体的纪律、规则不是教师规定的，而是在教师指导下，学生根据学习的需要自己制定的，纪律、规则不是规范学生，更不是束缚学生，而是为了学生主动地、积极地、创造性地学习。这就是共同的课堂教学价值。有这样的价值引领，学生可以质疑、可以批评，甚至可以随时打断教师的教授。其次，创造一个激发开放式思考与讨论的课堂氛围。只有当学生不得不自己分析问题时，才会真正进入创造性的状态。教师的任务在于"集中更多的时间和精力去从事那些有效果的和有创造性的活动：互相影响、讨论、激励、了解、鼓舞"。⑦在这样的氛围中，学生才可能主动积极地学习。再次，在研究基础上进行教学。建立在研究基础上的教学是最好的教学，这种研究，不仅教师课前要研究，更要求在课堂教学中引导学生研究。也许研究性学习目前还不是学生课堂中主要的学习方式，但完全应当是课堂教学的主导思想。

二是课堂教学结构应当发生重大变革。

课堂教学要有更深刻的变革，就当前而言，教学结构的变革比教学方法的变革更为重要，更为紧迫。教学结构变革，首先是教育理念的变革，它从根本上落实和体现课程改革新理念，并为目标的实现提供保障；教学结构的变革是全方位的变革，不仅涉及教学内容的布局，还涉及教学时间的分割，更重要的是教学重心和教学重点的设计与安排，而教学方法渗透其中；教学结构变革实质上是教学框架的重新设计，是教学模式形成的雏形。

显然，教学结构变革的指导思想和基本原则应当是凸显学生主动学习这一核心。观察江苏泰兴洋思中学、江苏溧水东庐中学、山东聊城杜郎口中学，无论是"先学后教"，还是以讲学稿为载体"教学合一"，抑或是"人人参与，个个展示，尝试成功，体验快乐，激活思维，释放潜能，自主学习，个性发展"，都在教学结构上作了大胆的变革，即以主动学习、学会学习为核心来设计，进行布局和安排，展开教学过程。

教学结构的变革是一项艰难而复杂的工作，必须依赖教师的"教育自觉"和驾驭课堂教学的能力。这一过程是漫长的，不妨从以上几所学校的改革中汲取一些做法。一是具有刚性的原则：不学不教，先学后教，以教导学，以学促教；二是在时间上作些硬性规定。如洋思中学规定，教师一般讲课都在 10 分钟左右，最少的甚至只有 4 ~ 5 分钟，学生自主学习的实践达到了 35 ~ 40 分钟之多。如杜郎口中学确立"10+35"的课堂教学模式，学生自主学习占 35 分钟。这样的硬性规定，似乎缺乏科学性，未免刻板、僵化，但仔细想想，是很有道理的，坚持下去，教学方法的改进、教学水平的提高，必定把教师推向引导者的地位，而把学生推向主动学习、自主学习的地位，渐渐形成习惯，最终将形成以学生学习为核心的教学模式。

当然，在师生关系、课堂教学结构进行重大变革的同时，教学方式也应发生变革，以着力指导学生自主学习。对此，已有很多论述，本文不再赘述。阐述到这儿，我们似乎得出一个基本结论：教学的核心是使学生主动学习、学会学习；学生的主动学习、学会学习正是那个高速公路的入口处。

为智慧的生长而教

一、课堂：从知识走向智慧

知识与智慧的关系极为密切。我国古代，只有"知识"的"知"字，而无"智慧"的"智"字，"知"与"智"为同一字，"知"与"智"是相通的。对"知"的解释是：一个人像飞矢一样去快速地获取知识。但后来的教育实践中，逐渐演变为以知识取代了智慧，智被界定为：智即知，智者即无所不知的人。

古代的这种知识观或智慧观深深地影响着我们的教育观、教学观。"应试教育"，课堂上注重的是知识，而不是智慧；最终获得的只是知识，而不是智慧。因而，今天的教育实质是知识教育，是"塑造知识人"的教育。（鲁洁《值得反思的教育信条：塑造知识人》）课程给的是知识，教师讲的是知识，作业练的是知识，考试考的是知识，评价学生的主要标准当然还是知识。智慧到哪里去了？不是智慧逃遁了，而是智慧被淹没在知识的大海里，智慧被知识挤压了、吞噬了、赶走了。学生为知识而奋斗、生存，而实质是为考试和分数奋斗、生存，分数攀升了，结果，知识堆砌，而智慧贫乏，教育成了考试的附庸，学生成了分数的奴仆。教师和学生如此的生存何其痛苦，又何其不合理！循着知识教育一直走下去，课堂教学改革有何出路？创新人才的培养又何以实现？

其实，智慧与知识有很大的差异性。其一，智慧需要知识，但是知识不等同于智慧。正像华裔数学家丘成桐所指出的那样，我们所追捧的奥赛，赛的是知识，是解题的技巧，而不是智慧，更不是发现和创新。其二，知识可以生成智慧，但是知识生成智慧要有条件。条件一，要看是什么知识。中国传统哲学认为，关于现象背后之根据的特殊知识可以产生智慧，产生大智慧，而关于物体、事件的一般性知识产生智慧则是很困难的。条件二，要看用什么样的方法。用机械训练、灌输的方法，知识产生不了智慧。其三，知识只是追求智慧过程中的产品。"我们可以通过知识而接近智慧，获得智慧。但是……知识只不过是追求智慧过程中的阶段性产品和部分产品，还不是智慧本身。"（胡军《生活的艺术》）其四，知识是认识"多"，而智慧则是认识"多"中的"一"。用古希腊哲学家赫拉克利特的话说，此"一"为认识那驾驭一切的东西，认识一切是"一"，此"一"指的是全、绝对、普遍、永恒。因此他的命题是："博学不能使人智慧。"（周国平《守望的距离》）其五，知识是可以转让的，而智慧是不能转让的。当下不少课堂教学，是在灌输知识，说到底，是在转让知识，而智慧因其不能转让，而被排挤和丢弃。总之，智慧需要知识，但不等同于知识，智慧比知识更重要；课堂教学改革就是要超越知识教育，从知识走向智慧，从培养"知识人"转为培养"智慧者"；用教育哲学指导和提升教育改革，就是要引领教师和学生爱智慧、追求智慧。因为哲学就是爱智慧。

课堂教学从知识走向智慧的意义还不仅仅在于此，更为重要和深远的意义在于，智慧教育关乎创新。知识教育，塑造"知识人"的教育，实行的必然是唯规范教育。不少人错误地认为，只有规范才能获得知识。其主要表现是：教育教学中只有规范要求和训练，而无创新的理念和要求；规范与创新的关系被理解和规定为线性的联系，即规范是创新的基础与前提，规范以后才能去创新，创新被压挤到最后，最终被规范压垮了；规范得过早、过多、过高、过急。我们选择智慧教育，不是反对规范，而是确立教育的基本理念和目的，即开启和丰富学生创造的心智，唤醒和开发学生创造的潜能。智慧与创造是一对孪生兄弟，智慧是创造的内在动因和条件，创造是有智慧的表现和结果。所以，从知识走向智慧的课堂教学，是对教师和学生规范性生存的一种超越，即从规范性存在走向创造性生存，用智慧和创造来充实、支撑、引领师生们的生存。

二、智慧：流变、灵动，可意会又可把握

孔子在论述关于完美生活的两个标准——"智"和"仁"时说；"知者乐水，仁者乐山。知者动，仁者静。知者乐，仁者寿。"他用极具韵律的文字，形象地告诉我们：智者喜水，是活泼的、快乐的；智慧像水一样，快乐地流动着。智慧这种流变、灵动的特性，再加上人们给它罩上的神秘外衣，往往使智慧变得虚无缥缈，只可意会而不可捉摸，因此，至今智慧都未有统一的定义。其实，智慧定义的这种未完成性和不确定性，正是智慧的魅力所在，也给我们研究智慧留下了空间。

1. 智慧与能力

亚里士多德在《尼各马可伦理学》中认为，智慧是"就那些对人类有益或有害的事情采取行动的真实的、伴随着理性的能力状态"。1912 年，美国一些研究者认为，智慧是一种能力，主要是：抽象思考能力，适应环境能力，适应生命新情境的能力，获得知识的能力，从已有的知识和经验中获取教训的能力。亚里士多德和美国研究者对"智慧"解释的核心都是"能力"。把智慧定义为能力，是提示我们智慧并不虚空，而是实实在在的，既可意会又可把握，可从培养能力开始。但是，两者的定义又有差异，亚里士多德更强调智慧是一种能力状态，即智慧这种能力更多的是整合的、综合的状态，是一种整体性的品质。此外，亚里士多德还强调智慧的方向感，即"对人类有益"，必须警惕"奸诈""狡猾"冒充智慧。智慧伴随着理性，有理性的支撑，是感性与理性的结合。

2. 智慧与感知、辨别和顿悟

以里弗为代表的研究者认为，智慧是对情境的感知、辨别与顿悟。"拥有实践智慧的人就必须具备实践感知"，"如果说感知仅仅是感知目前在场的，那辨别力则要求更加精致地抓住情境的特征"；实践智慧是一个"动态的、顿悟的、灵活的概念，可以称之为实践顿悟"。里弗等研究者强调，实

践智慧是一种感知力、辨别力，更是一种顿悟。所谓顿悟，是指在极短的时间，甚至在一刹那间，对某种事物有了更深刻、更准确、更清晰的领会、理解和把握。我们可以把顿悟解释为一种领会力、理解力，但顿悟更多的是突然间爆发出的一种灵性，它是对感知、辨别和一般领悟力的超越。从这一角度讲，智慧往往是闪现的。但是，"一刹那""突然间"的闪现离不开长期的积累，知识、经验及文化的积淀是顿悟的产床。里弗等研究者还特别指出了智慧与情境的关系：智慧在一定的情境中产生，因此，情境的创设对于智慧的生长尤为重要。

3. 智慧与机智

在我们的概念中，机智是智慧的代名词，但是，两者是有区别的。加拿大教育现象学家马克斯·范梅南为此做了研究，指出了机智与智慧的区别：机智是一种行动，是一种全身心投入的实践；智慧则是一种内部的状态。德国教育家赫尔巴特也持有同样的观点："机智是在作瞬间的判断和迅速的决定的过程中自然展现出来的一种行动方式"，"对情境的独特性非常敏感"，它"依赖感性和情感"。这些论述，对我们准确理解智慧很有帮助，我们不妨把机智的敏感、情感、情境等也看作是智慧的要义。特别是范梅南还区分了虚假的机智（带有虚伪和自私的影响）与真正的机智（不炫耀，非常细腻，很难为人察觉），对进一步理解智慧大有裨益。

4. 智慧与魄力、魅力

叶澜在论述智慧型教师特征时认为，智慧型教师"具有把握对象实际面临的情境及时作出决策和选择、调节教育行为的魄力，具有使学生积极投入学校生活、热爱学习和创造、愿与他人进行心灵对话的魅力"。的确，一个人作出决策时的魄力，不仅仅是勇气和胆量，而且是机敏和知识、能力整合所表现出的智慧。同样，魅力折射出人的学识、气质、风度，折射出智慧。其实，魄力、魅力是智慧的一种表现。

5. 智慧与大成智慧

钱学森说："人的智慧由两大部分组成：量智和性智，缺一不成智慧。

此为'大成智慧学'。"他认为，量智主要是科学技术，一般是从局部到整体，从研究量变到质变。性智更多的是人文科学，从整体感受入手去理解事物，从"质"入手去认识世界。钱学森的大成智慧，实质上强调的是科学技术与文学、艺术等各种文化实践活动的结合，两者应相通；逻辑思维与形象思维的结合，两者应相融；科学需要艺术，艺术也需要科学，两者应整合，建立新的人文主义和新的科学主义。这就是大成智慧，就是智慧。庄子所说的"大知闲闲"可能就是这种意思。我们需要具有大智慧的教师和学生。

6. 智慧与德行

苏格拉底说："一切别的事物都系于灵魂，而灵魂本身的东西，如果它们要成为美，就都系于智慧；所以推论下来，智慧就是使人有益的东西。而美德，我们说，也是有益的。这样，我们就得到了结论：美德是智慧。"苏格拉底还从另一个角度提出："智慧即德行。"他的门徒色诺芬有过这样的记载：智慧就是最大的善。

综上所述，我以为智慧的定义还应完善，现在就给智慧下一个统一的定义，既是不可能的，也是不智慧的。但我们可以这么初步概括出智慧的要点：智慧是一种整体品质，它在情境中诞生和表现，以美德和创造为方向，以能力为核心，以敏感和顿悟为特征，以机智为主要表现形式，科学素养与人文素养的结合赋予它底蕴和张力。这样，智慧有虚有实，虚中有实，实中有虚，演绎着人世间一切美妙无比的事物，创造着教育教学动人的诗篇。我们要让校园、让课堂、让教师和学生像沐浴阳光一样沐浴智慧。

三、智慧课堂：为智慧的生成而教

课程改革、教育改革正使课堂发生根本性的变革：从知识课堂走向智慧课堂，为学生智慧的生长而教。

1. 培育和调整智慧的表情

智慧有其鲜明的外部特征：愉快、欢悦、幸福，这是智慧的表情。这种表情实质是人的心态和情绪的反映；充满智慧的人总是愉快的，总是充溢着幸福感，智慧地生活着肯定是幸福的。要让学生智慧起来，首先就要让他们愉快起来、自由起来，只有愉快的心态和自由的氛围才可能有智慧火花的闪现。但是，追求智慧需要付出。付出刻苦，付出辛劳，付出思考的痛苦，付出超越的艰辛……恰恰是刻苦和辛劳孕育了智慧，痛苦和艰辛锻造了智慧。爱因斯坦说："我从来不把安逸和快乐看作是生活目的本身——这种伦理基础，我叫它猪栏的理想。"安逸会使智慧枯萎和衰败，智慧将在懒散、享受中逃逸和消逝，智慧只能与刻苦为友，与奋斗为伴，智慧的愉悦、幸福的表情总显现在刻苦努力后。所以，课堂上既要让学生愉快，又要让学生有刻苦的体验。这样，学生在刻骨铭心的体验中寻找到一份成功的欢悦，在潜心钻研的过程中去打开智慧之门，永远充满信心、充满喜悦、充满欢乐地去学习和创造。

2. 开启和丰富学生的心智

日常生活中，我们常常欣喜地发现某个孩子开智了。开智，指的是心智的觉醒、智慧的萌发。教师的使命，不仅在于让学生学到了多少知识、背诵了多少课文、解答了多少数学题，也不仅在于让学生懂得了多少规则，更重要的在于知识和规范行为背后的东西，那就是他的好奇心、想象力、理解力、创造力，是他的心智的觉醒、智慧的生长。试想，课堂上，在教师的指导下，学生的心智之门突然间开启了，智慧之芽萌发了，人类精神中高贵的禀赋也一起闪亮了，这是多么神圣的时刻啊！可惜，有多少次学生心智觉醒的时刻与我们擦肩而过，因而教学常常显得平庸、枯燥。

心智的觉醒比什么都重要、神圣。但是，学生心智的觉醒往往在一刹那间，常常是昙花一现，转瞬即逝。这时，需要教师的智慧。教师的教育智慧，就在于有意识地去开发它，敏锐地发现它，尽可能多地留住它，还要想各种办法去丰富它。心智的唤醒与开发，需要通过生动的情景和宽松的氛围，激发兴趣，激活学生思维，让学生敢想、敢问、敢争论。心智觉醒时刻的发现，在于教师高度的敏锐和机智，在不经意中多一个"心眼"。心智觉醒时刻的把握，在于教师对学生的肯定、鼓励、保护，还有点拨和指导。假如留住了心智觉醒的那一刻，那么它肯定还会在今后人生旅程中不断出现，而心智的不断觉醒，意味着智慧不断地开发和生长。爱护和保护，是心智觉醒的守护神。学生的心智难免稚嫩、柔弱，教师要让它在阅读中、在亲历亲为中、在与人对话中、在思考中，慢慢充实、丰满、成熟。只有心智的丰满才可能有学生智慧火花的迸发和燃烧。如果我们每一个教师心中总是点亮着那盏智慧之灯，拥有一双明亮智慧的眼睛，学生就会处于开智的兴奋状态，那么，课堂上那神圣崇高的时刻就会一直伴随着你。

3. 培养和打造学生的能力状态

智慧和能力联系在一起，有能力往往是有智慧的表现。因此，智慧的课堂教学应把培养学生的能力作为智慧生长的重要内容、途径和标志。

其一，教育的智慧不仅仅是具体能力的培养，重要的是培养和打造学生的能力状态。所谓能力状态，是指能力的整合，各种能力之间互相依存、互相渗透、互相影响和促进，形成一种合理和良好的能力结构。在这一能力结构中，思维能力是核心，思维伴随着能力的展开，能力形成的过程绝不是技术化的、程序化的过程。但事实上，我们常常让能力远离思维，能力实际上成了一种技能。培育和打造能力状态，要让能力"伴随着理性"，增强思维的挑战性和敏锐感，培养良好的思维品质。此外，这一能力状态必须以创新精神和能力为灵魂，着力培养发现问题、研究问题、解决问题的能力。实践中，要破除创新神秘化，有时创新很简单——只要稍微动一动，往左或往右走一走，关键是我们有没有创新的智慧。

其二，培养和打造能力状态，要落实在学习方式的变革上。我以为，学习方式也是整合和渗透的，不必刻意地去追求某一种学习方式，而是把握学习方式的内核——自主。自主的学习才是真正的学习，由自主展开的学习方式才是有效的。此外，学习方式不应是教学过程的一个环节，它应渗透和弥散在过程之中，因文而异，因人而异。说到底，学习方式是学习的实践智慧，指导学生有效学习的教学才是智慧的。

4. 开发和利用"细节资源"

课堂教学在总体设计后，其过程是由一个个细节链接而成的。同时，细节也应在总体设计之内。细节具体而生动地反映着教育理念，真实而形象地体现着教师的智慧，真切而艺术地推动着教学的进程。细节是一种资源，发现和开发、利用细节的过程是智慧生长的过程。细节诞生在教学的方方面面，常常在文本尊重与超越、预设与生成、对话与体验中产生，也在表扬与批评中闪现。英国著名解剖学家麦克劳德小时候老想看看狗的内脏是什么样的。在好奇心的驱使下，他误杀了校长的宠物，进行了解剖。校长给他的严厉惩罚是：命他画两幅画，一幅是人体骨骼图，另一幅是人体血液循环图。就是从校长的惩罚中，麦克劳德搞清了人体结构，还培养了善于认错的优良品质和对科学探究的强烈兴趣。校长的惩罚是智慧的。其实，种种细节都是可供体验和享受的。在教学过程的种种细节中，教师敏锐地发现、及时地开发、巧妙地利用，使之成为智慧教育的过程，学生和教师的智慧也会伴之生长。

为学生智慧的生长而教，有许许多多问题值得研究，要运用各种方法去探索，但是，它不仅仅是个技术问题，首先是个理念问题。技术、工具、手段、方法、途径固然少不了，但理念不解决，智慧就会被淹没在技术和工具之中。提升理念，理念转化为实践，在理念的指导下进行设计，才是课堂教学智慧的选择。

体验与学会体验

当下是一个注重体验的时代。比如经济，顾客愿为一些体验付费，那么体验可以看成某种经济上的给予，此为体验经济。比如旅游，从以观光为主转向以休闲为主，如今又转向以体验为主，此为体验旅游。教育亦然，体验成了课改的一个关键词，成了研究课堂教学的一个重要课题。加拿大学者马克斯·范梅南作了生活体验研究，朱小蔓教授提出了体验教育，不少学校和教师正在进行体验性学习的探索。教育中的体验，更为大家所关注，其中也生成了不少值得深入探讨的问题。教育现象学告诉我们，教育改革应通过探寻现象去探寻事物的规定性及本质。因此，我们有必要对体验及学会体验的规定性进行解读。

一、体验：学习的一种过程和方式

体验，我们非常熟悉，但又时感陌生，似乎只可意会，正如文化。德国现代哲学家伽达默尔说："也许我们知道文化和自己息息相关，然而倾自己所知也不见得足以讲出文化是什么。"伽达默尔实际上是在告诉我们：既然和自己息息相关，那么它（文化及体验）已经在我们的心里，在我们的教育生活中。

其实，我国古代早就有关于体验的解释。《淮南子·氾论训》中说："圣人以身体之。"《荀子·修身》中说:"笃志而体,君子也。"其中的"体"都是指实行和体验。《现代汉语规范词典》对体验的解释为:"①亲身经历;实地领会。②通过亲身实践所获得的经验。"体验是指一种亲历及亲历中的体会和获得的经验。显然,体验不仅以身体之,而且以心悟之。美国经济学家约瑟夫·派恩也给体验下过一个定义:"所谓体验就是指人们以一种从本质上说很个人化的方式来度过一段时间,并从中获得过程中呈现的一系列可记忆事件。"

结合长期以来我们自身的各种体验,可以给"体验"概括出一些要点抑或是特质:(1)体验是一种个人化的行为,有极强的主观性,具有鲜明的个性特点,不同的人对同一对象的体验是不同的。(2)体验是一种心理活动,主要是内部的独特感受,可谓"以心悟之"。这种体验往往产生内心反应,使对事物的认识发生变化。(3)体验必须是亲身的经历,强调的是在实地中的实行和实践,所谓"以身体之"。可以说没有亲身经历与实践,就无所谓体验。(4)体验必须"度过一段时间",这是一种过程。倘若匆匆而过,过程被减缩,就不会有真正的体验,甚或谈不上体验。(5)体验要获得一系列可记忆的事件,主要是经验、体会,还有情感上的变化。没有经验获得的过程不是真正意义上的体验,只是虚度时间。以上五个要点说明体验是有其规定性的,这种规定性就是体验的实质。因此,体验教育、体验性学习要在体验的规定性中展开,体现体验的特质。不可让体验和体验教育泛化,变成一只任意投放东西的筐。但是,这一规定性又留下了很大的空间,探究性与接触性学习,如果遵循以上的一些要点,都可以是一种体验性学习。事实上,有探究性体验,也有接受性体验。因此,体验是一种过程,一种方式,但它又是超越具体方式的;体验既是一种手段,但它本身又是一种目的。

体验从本质上说是很个人化的方式,强调体验的个别化与个性化,但不排斥共同体验。美国罗伊斯指出"体验世界"命题,认为人们可以通过一个对象而体验欢喜与憎恶,在这个对象消失之后,苦与乐的感觉成为一个价值而保留在体验中。他试图以此来证明一种共同体验。即使是个人也可以"借用"他人的经验。加拿大学者马克斯·范梅南认为:"现象学研究的意义就是'借用'他人的经验及其对经验的反思,在人类经验总的背景下,更好地理解人类经验某一方面的更深层意义或重要性。"

显而易见，体验，这种学生学习的过程和方式，有着重要的价值。讨论某一命题的价值可以找出与之相对应的一个概念。与体验相对应的是知性、理性。长期以来，我们对学生进行的是知识教育，强调知性，强调理性，走进了科学主义、工具主义，丢弃了学习的主体，远离了生活与实践，冷漠了情感，闭锁了心智。久而久之，学生学习方式单一，途径狭窄，甚至不会学习，不会主动获取知识了。新课程改革倡导体验，把体验作为一种学习的过程和方式，通过体验来经历学习过程和知识形成的过程，丰富学习方式和途径，丰富自己的情感，丰富自己的经验，学会主动学习，其价值不可低估。

二、让学生学会体验

我们生活在体验中，生活中处处有体验，但不是有生活就有体验，有经历就有体验。教育的使命之一就是让学生学会体验，学会有深度地体验。

1.让学生多一些体验的机会

学会体验首先要有体验的机会，体验的机会越多，体验的水平会越高，对"体验"的体验就会越深刻。体验的机会来自以下几个方面：其一，让学生接近现象。马克斯·范梅南用现象学的观点说："当一个人定位于一种现象时，便意味着他正满怀兴趣地接近这一体验。"接近现象，就是让学生留心观察生活，观察生活中的各种现象和问题，当然也包括留心学习生活中遇到的现象和问题。捕捉现象和问题，进而满怀兴趣地进入观察现象和研究问题的情境当中，开始体验的过程。接近的现象、接触的问题越多，体验的机会便越多。其二，让学生寻找对象。让学生接近现象还是被动的，让学生寻找对象则是主动的。体验必须有对象。对象可能是知识上的一个问题，可能是一次活动，可能是一次经历，也可能是与一个人的交往。这些对象具有具体的可感受性，而可感受性是一种中介，是一种存在。寻找对象同样需要学生的观察和对事物的敏感性。可见，体验的意义不是单一的，它也影响着学生多方面的发展。其三，教育要敞开可能性。所谓可能性，就是让学生的体验有较为充足的时间和较大的空间。敞开可能性，意味着为学生提供和保证体验的机会与条件。敞开体验的可能性，关键是教师观念的转变。伽达默尔说："问题的实质是敞开可能性并保持这种可能性的敞开。"只有我们能够以一定的方式保持自身的开放，才可能做到这一点。体验命题的提出必先促使教师开放意识和民主意识的增强。

2. 让学生多一些主动体验

尽管体验是主动性的，但主体的意愿与态度不同，就会有不同性质和不同水平的体验。因此，体验有主动体验和被动体验之分。我们提倡学生主动体验。主动体验表现在：（1）有较强的问题意识。问题是体验的动因，也是体验的发端。主动体验的问题不是来自教师的提问，而是来自内在的需求。（2）有探求的欲望。主动体验说得通俗点，就是很想做一做、试一试，很想亲历一番，体会一下。（3）有实践的习惯。陶行知说得好：中国教育的一个普遍的误解，"便是一提到教育就联想到笔杆和书本，以为教学是读书、写字，除了读书、写字之外便不是教育"，"书是一种工具"。实践的过程实际上是体验的过程。（4）体验过程中有积极的状态。体验中专注，沉浸其中，不飘浮，不游离，不分心，在情境中认知、辨别、感悟，在过程中选择、体会、思考，有时物我两忘。其实，主动体验才是真正意义上的体验，才可能达到体验的目的。主动体验往往有一定的深度。

3. 让学生在体验中触动自己的心灵

有一首小诗说得好："让他做事，让他在做事中明白责任；让他受苦，让他在受苦中懂得珍惜；让他失败，让他在失败中获得对失败的免疫；让他流泪，让他在流泪中体会泪水铸造的坚强；甚至可以让他受伤，让他学会体悟舔舐着伤口匍匐前行的伟大与悲壮……"现在不少学生不容易被感动，也不会感激，这是因为他们缺乏这方面的体验，或者说体验并没有触动他们的心灵。触动心灵的体验才会有意义。一要让学生有刻苦的体验。素质教育、课程改革反对的是痛苦，但需要刻苦。如果只会追求轻松与享受，这个民族是没有希望的。二要让学生有责任感的体验。权利总是与义务相伴随，自由总是与纪律相伴随，对家庭、对集体、对国家、对人类，包括对自己应有一份责任，有责任感才会有使命感。三要让学生有追求崇高的体验。当下的浮躁及某些时尚，实际上是一种肤浅和低俗，甚至是粗俗、恶俗。民族的未来要建立在对崇高理想的追求之中，学生对高尚的追求才可能使中华民族再次自立于世界先进民族之林。触动心灵的体验是有深度的。

4. 让学生在体验中学会选择正确的价值观

体验是个人化、个性化的，在体验中每个人会有不同的感受和认识；多元文化也使今日的儿童比昔日儿童面临着更多的选择。应该承认，个人对价值的认同以及体验中多元价值的呈现是有价值的；多元价值又会引发学生的思考与辨别，这更是有价值的。但是，也不容置疑，学生因知识、经验、年龄的影响，很容易受错误价值观的诱导，因而使选择这一行为显得更加棘手。体验应有方向感，学会体验，很重要的是要学会辨别和选择正确的价值观。一要指导学生学会审思，筛选体验中所形成的想法，区别哪些是对的哪些是错的，哪些是好的哪些是不好的。避免因心血来潮而轻率作出不正确的选择。二要指导学生在具体的情境中，依据文本或语境所规定的主旨进行理解，作出选择。三要指导学生把体验中形成的观点与教育和社会所倡导的共同价值观进行比较，用共同价值来对自己的选择作适当的修正。体验一旦和价值观的选择联系起来就会往深度里走。

5. 让学生多一些探究性体验

研究性学习为的是改变长期以来所形成的只会消极接受的惰性，培养学生发现问题、研究问题、解决问题的意识和能力，培育学生的创新精神。研究性学习往往伴随着与之相适应的体验过程——探究性体验。探究性体验通常呈现以下一些特点：伴随着问题，从问题出发，在问题的研究中展开；伴随着尝试，用多种方法试着解决；伴随着思考，随着思考体验逐步加深；是一个较长的过程，"度过一段时间"，在过程中生成新的想法和新的问题。显然，探究性体验有深度，而深度体验有利于研究品质的形成。

三、体验要寻找自己的合作伙伴

教育中注重学生的体验，既是对现有的学习方式的变革和完善、丰富，又是对体验价值的认定。指导学生进行体验，我们还做得很不够，尤其是学生体验的机会还不多，体验的水平还不高，体验的品质还有待研究和培养，所以对于体验教育我们必须坚持探索。

必须注意的是，体验不是教育和学习的唯一途径、唯一方式、唯一过程，它只是一种途径、一种方式、一种过程；体验不是万能的，况且不是一切知识和学习内容都可让学生去体验；体验也不是孤立存在的。因此，不能让学生的体验代替一切学习，它不可能解决一切问题。指导学生学会体验、推进体验教育与体验性学习的深入，有一项工作十分重要，那就是要寻找体验的合作伙伴，即体验总是与其他的方式相伴而行，合作生效的。

1. 体验要与接受性的认知学习相伴

体验与接受性认知不是对立的，而是相对应的。体验重在实践、亲历、经验的获得与积累，重在感性；而接受性认知重在知识接受、知识建构、信息加工，重在理性。人的学习既需要实践，也需要接受；既需要实践的经验，也需要间接的知识；既需要感性的丰富，也需要理性的概括和提升。因此，体验与接受性认知学习的合作，才是完整意义上的学习。事实上，体验的过程中离不开知识的支持、想象的参与、思维的伴随。体验与接受性认知学习相伴，可以为学习者新的知识以及新的发现提供稳定的、可利用的停泊点。

2. 体验要与思维相伴

马克斯·范梅南说：生活体验，"它只存在思想中才变得客观具体"，"生活体验的最基本形式包括我们生活中直接的、先于反思的意识"。生活体验离不开思维，离不开思想，学习生活的体验更离不开思维和思想。思维是体验的核心与灵魂，离了思维，体验只是一具空壳而已。其实，触及心灵的体验，体验中价值观的澄清与选择，都是思维的过程，都闪烁着思想的火花。当下的问题是，不少设计和组织的体验活动，过分注重程序，注重工具，注重技术。这种程序化、技术化的体验远离了学生的思维，排挤了思想，因而显得苍白无力。体验中的思维，主要聚焦在对体验中问题意义的追寻和对主题的理解上。

3. 体验要与对话相伴

体验绝不是个人闭锁的行为，而是一个开放的系统。个人的体验需要浸润其中，需要沉思，但是也需要交往，需要与伙伴讨论、交流。因此，对话和体验是一对伙伴。讨论、交流即对话的加入，使体验过程更为丰富，体验更为深入。

4. 体验中要注意有关资料的收集、整理，注意对自己感受的梳理和概括

其实，我们常提倡的学生日记，就是体验的感受和思想的整理。因此，体验日记是学生体验中的一项好的练习。在此基础上，体验后要注意对体验过程和所得的表达。体验既是手段又是目的，但是在这后面有比这更高的目的，那就是体验后的表现与创造。如果把体验上升到学生表现和创造的层面，体验本身便得到了升华。

寻找体验的合作伙伴，无非是寻求教育的一种平衡。平衡是对事物本质的准确理解和把握，平衡后的教育举措才可能是平稳的、健康的和高水平的。讨论体验教育中的平衡可以廓清体验的边界，厘清与各种教育方式和途径的关系。改革中，我们常常顾此失彼，失去平衡，走过头。我们当然希望在讨论体验教育时同样有平衡合作思想的指导。

学习，我们特别的兴趣

　　关于"后课改时代"，提法可以斟酌，我们国家的基础教育课程改革是否进入了"后课改时代"，可能有较大的争议。但是，我以为这一话题的意义和价值不在概念本身，而在于这一话题引发我们的思考，即课程改革究竟怎么向未来发展，包括发展的方向、核心、重点、路径等。这些问题的讨论与明晰更为重要。

　　的确，课改要深入发展，今后要做的事情很多，因为改革越是深入，越是会触及课改的整体性问题，不从整体上研究、统筹，就不可能有真正的突破和进展。不过，课改的深化还有另一个方向，那就是课改所涉及的根本性问题。对根本性问题不认识、不理解，把握不正确、不深入，课改就不会有根本性的进展和突破，而必定在同一个平面上徘徊，难以有新的提升。因此，我以为思考课改的深入，应是整体性问题和根本性问题的结合，改革从两个方向同时展开。其实，从另一个角度看，根本性问题一定会涉及整体性问题。根本性问题很有可能就是整体性问题。我们甚至还可以这么去判断：根本性问题是整体性问题的核心，根本性问题的突破会带动整体性问题的突破。

　　那么，课改的根本性问题是什么呢？根本性问题当然很多，但是，如果设置很多根本性问题，就不可能准确把握真正的根本性问题。根本性问题的寻找与确定也有两个方向：一是把眼光投向理论，关注当前国际理论界在思考什么、研究什么，理论上的一些前沿性问题会引发我们的思考，引领改革深入，使我们的课改与国际上的改革潮流相契合，在融入中发展。二是把眼光投向实践，关注田野上的草根，在那儿，究竟有哪些新景象，发生了什么新问题，呈现了什么发展趋势。草根的力量无穷，面向实践，改革才会真正落地。以上两个视域的融合，不难发现：新世纪以来，发达国家和新兴国家正在不断加强对自身教育体系的反思和对世界教育的关注，把越来越多的注意力转向了基于学习的教育创新。对学习和学习者的聚焦和研究，已成为全球教育变革的强劲潮流。实践探索中所呈现的趋势与其是一致的，这是教育改革的重大转向，是教育改革的高度聚焦。对此，课程改革不能置之度外。基于学习的教育创新，应当是课改深入的核心主题，对学习和学习者的关注、研究，应当是课改的重要课题，是课改的根本性问题，这是毋庸置疑的。"后课改"应当举起一面大旗，旗帜上写下的是：以学习者为中心，以学习为核心。

这一根本问题或核心问题的确定，其理由是不难理解的。联合国教科文组织早在 1972 年就接到了国际教育发展委员会的报告《学会生存——教育世界的今天和明天》。后来，又接到委员会另一份报告《教育——财富蕴藏其中》。两份报告揭示了教育改革的一些关键性问题，提出了一些重要观点：学习，即学知、学做、学会共同生活、学会发展，强调"终身学习是打开 21 世纪光明之门的钥匙"，"我们应使学习者成为教育活动的中心"，"现代教学，同传统的观念与实践相反，应该使它本身适应于学习者，而学习者不应屈从于预先规定的教学规则"，"学习过程现在正趋于代替教学过程"，等等，观点极为鲜明。学习科学已发展了 30 多年，作为一个学科，学习科学越来越被大家重视。与此相应地，有人绘出了国际学习科学发展路线图，自 1986 年至 2014 年，共有 20 个标志性事件，其中包括"学习科学研究所"成立，"学习科学国际会议"召开，"国际学习科学协会"成立，《学习的本质：用研究激发实践》出版，以及一系列研究成果发表等。总之，学习、学习科学成为专家学者们的"特别兴趣"，当然也正在成为教师们的"特别兴趣"。有意思的是，美国教育研究协会（AERA）把"教育科学技术特别兴趣小组"更名为"学习科学特别兴趣小组"。可见，人类要发展，必须学习；人类是在学习中发展的；学习是人类发展的核心主题。

这一核心主题当然也一定要体现并落实在基础教育课改中。课改以来，我们也逐步把课改的重点指向学生的学习，为学而教、以学定教、先学后教、多学少教等理念日益为广大教师所认同，而且付诸教学实践，课程改革、课堂教学发生了显著变化。但值得注意的是，重教不重学的现象仍然普遍存在着，从总体上看，学生的学习仍然是被严重忽略的，学习者是被边缘化的，教学的低效乃至无效仍然严重存在着。可以说，教师乃至整个教育系统在促进学生学习方面的低效已经成为全球性的学习危机。这些都说明，学习问题仍未得到真正的重视。教师乃至教育系统有效促进学生学习的自觉性远未真正建构起来。假若在促进学生有效学习这一核心问题上没有根本性变化，课改是难以深入的，课改真正的目标是不可能实现的。"后课改"之"后"，正在于课改的核心，在于学生的"学"，否则"后课改"就会异化为落后，就会后退。

这里有三个问题是需要进一步明晰的。一是关于学习的理解，尤其是对成功学习的理解。研究表明，成功的学习基于真正的人际互动，特别是对儿童而言，眼睛凝视、面部表情、同理心和同情心都塑造着"社会——情感"境脉。各种形式的合作学习仍然是成功学习的重要方式。对此，今后我们应当着力研究，使之有显著进展。二是关于学习者的理解。新兴的学习科学认为，学习者是一个含义深刻且广阔的概念。从广义上讲，知识经济时代，人人都应是学习者，教师也应是学习者，于是终身学习不仅应成为学生的，也应成为教师的自觉要求。有人将"学生"解读为：学生学习生活的知识，学习生存的技能，学习生命的意义。同理，所有的课堂、学校，应当成为真正的学习型组织。三是学习科学。学习科学是个新兴的、综合性的学科，它深入研究并力图解决的是，人的学习是从哪里开始的，人的学习是在哪里发生的。这就需要进行跨学科的合作，甚至需要全球共同努力。当前，在学习科学方面，我们还只是在觉醒，只是在进步，我们需要勤奋刻苦地学习，推动本土化的学习科学的丰富、完善、发展。

课程改革的深入，还有其他一些问题需要关注研究，比如立德树人问题，课改的统筹问题，教师的专业发展问题，现代技术的应用问题都很重要。不过，如果这些问题不触及学习这一核心问题，可能意义都不会很大。我们应记住：不在根本性问题、核心问题上着力，还有什么课改的深入呢，还谈什么"后课改"呢？

让学习看得见

　　美国哈佛大学商学院教授、社会心理学家对人的肢体语言进行研究，其中有一个结论：肢体语言可以塑造自己。

　　他们曾做过这样一个实验：让实验者保持两种姿势——有力或无力，时间为 2 分钟，然后进行 5 分钟的高压力面试。面试官在不知情的情况下，结果会倾向于姿势有力的人，而这与参与者表述的内容无关。由实验结论可以引申出来，在学校里，学生的参与度会影响成绩，甚至可占总成绩的一半。于是，他们想，如果让学生"假装"参与学习呢？这是一个挺有意思的实验，揭示了一个现象：无论是真实的，还是假装的，学生的参与状态会影响学生的学习。对此现象可以有多种角度的分析，其中一个重要的视角，就是要让学生的学习看得见。

　　是的，要让学生的学习看得见，我们要看得见学生的学习。看得见的学习，才是真实的学习，真实的学习才会诞生真正的、适合的、有效的教育，也才会促使学生学习成绩的渐渐提高。遗憾的是，我们的视野里，往往没有学生真实的学习状态，而只有学生作业的对与错、分数的多与少、成绩的好与坏。看得见学生的学习状态，才会寻找到和发现学生学习成绩好与坏的真正原因。所以，学习看得见，重要的是看见了什么。

　　学习状态是看得见的，学习方式也应当是看得见的，学习方式影响着学生今后的工作方式、行走方式和生活方式。比如，今天，他在课堂里学会了合作，那么今后的生活里他就会努力去合作，而学会合作就拥有了竞争力。问题在于，受应试教育的干扰，也受教育理念和传统习惯的影响，我们往往不去关注学生的学习方式，也不了解学生究竟是以什么方式来学习的，更不研究什么样的学习方式才适合不同的学生，因而教学的低效甚至无效必然存在。我们应该确立这样的理念：关注学习方式就是关注学生的学习，学习方式本身就是教学问题中的应有之义；学习方式不仅影响学习成绩，甚至可以认定，学习方式本身就是学习质量、学习水平。

其实，学生的学习方式是其内在思维和外在表现，从某种层面上说，让学习方式看得见，其本质就是让学生的思维看得见，让思维可视化。换个角度说，教师不仅要看得见学生的学习状态、学习方式，而且要看得见学生的思维方式、思维过程。这就需要教师不仅要"前眼观察"，而且要"后眼思考"。看得见，实质上是"想"得见，是思考得准确、深入。

学习状态、学习方式、思维方式和过程等，可以形成学生的学习风格。学习风格不是遗传的，也不是不可以改变的。让学习看得见，应当把目光投向学生学习风格的培养上去，这样，教学改革就臻于一个较高的境界。

重要的是学习方法和能力

——《中国汉字听写大会》的一点启示

连云港市教育局的领导给我发来短信，请我关注第二届《中国汉字听写大会》的总决赛，因为连云港新海实验中学将代表江苏参加最后的角逐。我肯定会看，因为我更关注对这一文化事件的深层思考。

比赛最终落下帷幕，新海实验中学的陈柯羽一路过关斩将，写对了6个几乎都是陌生的词，夺得了大赛的总冠军。我给局长发去祝贺短信。局长的回复中有这么一句："因为江苏的教育积淀深厚。"这固然是领导的谦虚，不过我却很认同。的确，优秀学生总是在丰厚的土壤里成长起来的。除此以外，就个体来看，究竟是什么原因，让陈柯羽成功呢？从中，我们又可以对教育、对学生的发展领悟到一些什么呢？

在队友眼中，陈柯羽是实力超群的"头号种子"。他的实力不只是惊人的记忆力，更重要的是他的学习方法。第五轮，陈柯羽拿到"穷鞫"（qióng jū）一词，没听过这个词的他皱起了眉头。主考官向他解释词意是"彻查或探究"，听后他先写出了"穷"字，经过一番思索后写出了"鞫"字。他对"穷鞫"其实很陌生，但听到了这个词的解释后，联想到之前在阅读过程中遇到的"鞫问"一词，"鞫"的意思是"审讯"。通过推理，他正确地写出了"穷鞫"。同样，他拿到"影戤"（yǐng gài）一词，意思是以假乱真，从中谋利，虽对"影戤"陌生，但他知道"戤牌图利"，于是他首先写出了难的"戤"字，经过思索后，又正确地写出了"影"。他说："我想到影子是在暗处的意思，以假乱真必然不是光明正大的。"无怪乎他说自创了一套学习方法——用生僻字造句造成语的方式帮助记忆，通过联想、推理的方式来听写。

可见，陈柯羽取胜的关键原因，不是他的记忆力，而是他的方法，这种方法已经转化为他的能力。准确地说，是他用一定的方法，把记忆和创造联系起来。知识是无限的，没有必要也没有可能记住所有的汉字、所有的知识。在无限的知识面前，记忆是无能的，但方法和能力却是大有可为的。教育，不是不要培养学生的记忆力，问题是如何真正对待记忆的功能、作用，如何培养他的学习方法、学习能力，包括联想的能力、推理的能力、整合的能力等。有了科学的方法、较强的能力，就能去创造，就能破解难题，而且会发现新知识，不断地从已知走向未知。这是教育的真义，是教育的真谛，也是教育成功的密码。

曾有不少人批评《中国汉字听写大会》，说它把人们的注意力、兴奋点转移到死记硬背上，钻进生僻冷字中去了。听写过程中，小选手们的表现，却为我们开启了另一扇窗户，看来，任何有不足、有质疑的事情，只要让人成为主体，鼓励他们去思考、去创造，就会生发出更多的意义和价值。如果教育从一开始就在变革学习方式，从培养学生学习方法、能力上着眼和着力，是不是可以让学生学得更好呢？

陈柯羽说自己语文 150 分的卷子通常能考 130 分，作文也扣分较多。对此，我沉思了好长时间……

"以学为核心"与"不教之教"

美国课程论专家威廉·派纳（William Pirlar）一直努力推进课程的"概念重建"，他发出宣言，"开发"的时代终结了。日本教育学家佐藤学也提出"教育的实践借助话语得以结构化"，他把"课程研究"视为"作为话语实践之构成、反思、审议教育实践的探究"。无论是概念重建，还是作为话语的实践，都强调话语，包括概念、理念、主张等都是十分重要的。

课程改革越来越走向校本，越来越走向教师的实践，随之带来的是话语的丰富性与鲜活性，比如课堂教学，出现了以下概念："以学定教""先学后教""多学少教"等，这些概念正在化为教学改革的行动，使课堂教学发生了很大的变化。不过，这些概念还未触及教学的核心，教学应当"以学为核心"。所以，我们应该将"以学为核心"与"以学定教""先学后教""多学少教"作一比较，以明晰它们的关系，进一步把握教学的实质，进而把握教学改革的方向与重点，使课堂教学发生真正的变革。

联合国教科文组织早在上世纪 70 年代在国际教育发展报告，即《学会生存——教育世界的今天和明天》中指出，"应使学习者成为教育活动的中心"，"如果任何改革不能引起学习者积极地亲自参加活动，那么，这种教育充其量只能取得微小的成功"。报告的判断是："学习过程现在正趋于代替教学过程。"这种论述与判断，揭示了教学的本质与改革的走向：以学生学会学习为核心。显然，"以学为核心"是教学改革"上位"的概念，相对来说，其他概念是"下位"的。比如，"以学定教"更侧重教学的策略和方式，学生怎么学教师就怎么教，教的法子来自学的法子；"先学后教"更强调教学的程序，即学生学了以后再教，在学生学的基础上教，学生会的不教，不会的才教；"多学少教"更倡导教学时间的分配，学生多学，教师少教，以学生的学习为主。这些概念与"以学为核心"比较，还是"策略性""技术性"的。教学真正发生变革，首先应坚持以学生学会学习为核心。

但是，"以学为核心"必须有策略与技术的支撑。"以学定教"，从方法的角度支持"以学为核心"，找到了方法，"以学为核心"才有了过河的桥或船，否则，目标的实现是会落空的；"先学后教"，从教学的程序上支持"以学为核心"，程序变了，教学的结构变了，"核心"才会落实在教学结构中；"多学少教"，从教学的时间上支持"核心"，没有学生学习时间的保证，"核心"仍然很可能被边缘化。这样，形而上的"道"与形而下的"器""技"结合，"道"观照、引领"器""技"，"器""技"应当为"道"服务。

以上我们讨论的"以学为核心"只是教学中的一种关系，尽管这种关系是最主要的，但是学习与教学毕竟是"两个一向有着明显区别的概念"，"即使是在课堂教学之内的学生活动，也不等同于教学活动"。不能以学生的学完全替换整个教学，教学过程中不能只有"学"而无教师的"教"。这里涉及两个提法，一是联合国教科文组织的"学习过程现在正趋于代替教学过程"，我以为"代替"不是"替换"，不是教学的消亡，而只是"让学"，只是教学强势乃至教学权威的消缓，它强调的是教学要以学习为核心。二是叶圣陶的"教是为了不教"。教，不是目的，不教才是目的；不是不要教，而是教要为学生的学习服务，准确地说，我们需要坚守的是"不教之教"——不管如何，教应当永远存在，没有教，只有学，不是教学的完整概念；况且，没有真正的教，就不可能有真正的学，没有高水平的教，就不可能有高水平的学。正确处理好教与学的关系，建立完整的教学概念，充分发挥"不教之教"的作用，这是当前尤为重要和紧迫的问题。

至此，我们可以对有关概念作个简单的逻辑关系的梳理：教学——教与学；以学为核心——用以学定教、先学后教、多学少教来支撑；不教之教——把合理的教与以学为核心科学地统一起来。

教室里栽棵苹果树

　　我曾在苏州太仓的一所小学校园里看到一棵苹果树。树干粗壮，枝叶繁茂，红红的苹果挂满枝头。一年四季如此——假的，人工制造出来的。可孩子们是那么喜欢，坐在树下，讨论着什么；仰着头，似乎要摘下一只……

　　为什么要"栽种"一棵假的苹果树？校长说，三只苹果改变了世界，"苹果"成了创新的代名词。一定还会有第四只、第五只……但是，它们生长在中国的土地上吗？它们掌握在中国的学生手里吗？我们只不过想在校园里营造一种氛围，时时刻刻提醒教师，也提醒学生，我们向往、憧憬第四只苹果。虽说是假的，但在孩子们的心中，在教师的心中，它，却是真的，是有生命的，它会向我们发出特有的召唤……

　　我好不感动。

　　三只苹果改变世界，传说了好多年，已略显陈旧，新鲜感已逐渐失去。但它未过时，因为创新永远是民族进步的灵魂，是人类追求幸福的不竭源泉，今天，今后，它仍然在我们心里回响。我心中常有一种意象——在校园里，在教室里，应当长起一棵苹果树，它是虚拟的，是想象中的，是长在每一个人心里的。说不一定哪一天，成熟的苹果掉下来，砸醒了哪个学生，于是一个新的时代开启了……有没有这棵树大不相同。意象，其实是一种崇高的想象和追求，是一种永远的召唤和光照。我称之为教育的"再圣化"——课堂教学、教育的神圣。鼓励学生创新，培养学生的探究精神，好不神圣。

我们不能停留在诗意的表达，还应讨论一些实质性的问题。苹果树长在教室里，意味着学习方式的真正变革。毫无疑问，接受学习很重要，它与发现学习应相互支撑、相辅相成。但是，在强调接受学习十分重要，在坚持改革要回归的旗帜下，常常隐含着另一个意思：发现学习走过头了。这是一个滑稽可笑的判断，自主学习，我们实现了？合作学习，我们达成了？探究学习，我们提升了？答案当然是否定的。发现学习还只是刚刚抬起了脚，准备跨出去，有的还准备再跨一步的时候，却说，跨得太快了、太大了，应该收回来，应该止步。这一论调当然是不值得一驳的。那棵树长在教室里，常常望着我们，盼望我们把学习方式的变革真正坚持下去，否则，那棵苹果树就会萎缩，以至消逝。

说到学习方式变革，自然想到批判性思维。两千多年以前，苏格拉底就倡导在接触某种有价值的观念时要提出深刻的问题，而非直接接受。他的努力和推动形成了影响深远的"产婆术"。他的学生的学生亚里士多德公开说："吾爱吾师，吾更爱真理"，于是他接续着西方学术中求真、质疑的深远传统。杜威更是提出要以反省思维为教育的目的，认为"如果没有足以下判断的理由，就不轻易地接受任何信息或作出断然的结论"。可以说，苹果树上的苹果有个特殊的名字：批判性思维。

究竟什么叫批判性思维？ 20 世纪 90 年代，46 位北美地区的批判性思维专家，经过两年的研究后提出，批判性思维具有认知技能和精神气质两个维度，认知技能包括解释、分析、评估、推断、说明和自我管制，精神气质包括对于生命或人生的一般态度、对待特定议题或问题的态度等。这是对批判性思维的整体性架构。可见，批判性思维内在地包含着态度问题、勇气问题、信心问题、反思问题等等。可以认定，培养学生的批判性思维，也是一种情感、态度、价值观的培养，那棵苹果树上的苹果闪耀着精神、思想的金光。

后来我又去了太仓的那所小学，看到那棵苹果树还在，看到它仍然枝繁叶茂，那苹果仍然红彤彤的，看到孩子们仍然围着它。我心里很踏实。

苹果终有一天会砸在中国人的头上，砸醒中国人。我们乐观地期盼着。其实，那一天，是从"栽"下这棵苹果树开始的。

第三辑
课堂教学的新秩序

课堂教学需要规则。课程改革、教学改革不是否认规则，而是重新审视规则，建立与课改理念相对应的规则。新规则、新秩序的核心理念是解放学生，鼓励学生创造。

我们需要课堂观察

《教育研究与评论》开设"课堂观察"专版，是一件很有意义的事。我们应从课堂观察的价值、意义和方式的探讨，去开启"课堂观察"。

一、课堂，开满鲜花的窗台

对课堂，对教室，有不少比喻，分别从不同的视角解读着课堂、教室的深刻含义。

比如，课堂是课程的透镜。它折射出课程改革的理念和要求，彰显着课程改革的意义以及未来的走向。"课堂观察"要擦亮这一透镜。

比如，课堂是学习生活的基地。课堂里的学习方式，影响着未来的生活方式；课堂里的学习状态，影响着未来的生活状态。"课堂观察"要关注学生的生活。

比如，课堂是教师发展的没有天花板的舞台。教师在课堂里展现自己的才智和风采，实现自己的教育理想。它具有巨大的空间，教师可以去创造，在创造中走向专业发展的境界。"课堂观察"需要观察这一没有天花板的舞台的提升。

而我，更愿意将课堂比作一个窗台——开满鲜花的窗台。透过它，我们看到了教室里独特的风景，看到了窗外美妙的世界。

课堂需要观察。观察是一种客观的审视和发现，判断教学改革的现状和进展，发现经验，也会发现问题。观察是一种追问与反思，从现状的背后寻找原因，进而把握教学改革的趋势。

教师需要观察。观察是一种研究的方式，也是研究的能力。观察也应是教师专业发展的题中应有之义，通过课堂观察，生长专业智慧，提升专业品质；教师观察的，不只是课程的内容和实施，更要去观察儿童的学习，了解儿童，认识儿童，发现儿童。让观察儿童成为课堂教学的起点，最终去发展儿童。

专家需要观察。专家不仅要在书斋里研究，更应在实践中研究，课堂是最具活力、最具价值的研究田野。专家在教室里放上一张"书桌"，设置一个课题，通过观察去研究，观察就是研究。这样，一定会通过研究让课堂焕发生命的活力，也一定会让自己焕发生命的活力——课堂观察是"接地气"的。

透过开满鲜花的窗台，一个个新的希望就在我们眼前展现。

二、课堂观察，要坚定地把观察点伸向教学和教学改革的深处

课堂观察，一定离不开对课堂教学现象的观察，但是，对现象的观察还不是我们的目的，我们的目的是通过现象去发现现象背后的那些东西，这样的观察才是有深度的。"课堂观察"要引导大家把课堂教学现象的观察点伸向深处，进行深度的观察和研究。

我们要通过观察，研究教学的本质。1917年，陶行知从美国学成回国后，考察了许多学校，对当时学校教育的现状极为不满，因为他发现"先生只管教，学生只管受教"。于是，他说了这样的话："论起名字来，居然是学校，讲起实在来，却又像是'教校'。这都是因为重教太过。"在他看来，"教的法子必须要根据学的法子……先生的责任不在教，而在教学，教学生学"。因此，我们应坚定地认为，教学的本质是教学生学，教学要以学生学会学习为核心。无论是哲学家海德格尔提出的"让学"，还是联合国教科文组织早就提出的"我们应使学习者成为教育活动的中心"，"学习过程现在正趋于代替教学过程"，还是夸美纽斯在《大教学论》中开宗明义所指出的"寻求

并找出一种教学的方法，使教员因此可以少教，但是学生可以多学"，都是在揭示教学的本质以及教学改革的走向。以此来观察当下的课堂，我们要问的是：我们的课堂真正发生变化了吗？究竟在哪里发生变化了？是怎么变化的？还需要发生一些什么变化？如果还没有根本的变化，原因究竟是什么？

我们要通过观察，研究教学的完整过程。教学应是一个完整的概念，不只是学生的学，还有教师的教。前述的"学习过程现在正趋于代替教学过程"，倡导和凸显的是教学过程实质是学的过程，而并非以学生的学代替教师的教，也绝非对教师教的否定；相反，恰恰对教师的教提出了更大的挑战和更高的要求。可以十分肯定的是：学生的学需要教师的教，只有教师高水平的教，才会有学生高质量的学；教与学的统一，才是完整的教学。不过，问题还在于：我们究竟需要什么样的教？以学为核心，我们究竟该怎么教？叶圣陶早就指出，"教是为了不教"，我们不妨把这概括成"不教之教"。那么，"不教之教"的特征、形态、方式又究竟是什么呢？假若不搞清楚，那么，以学为核心就可能成为一句空话。对此，我们的确需要进一步的观察。

我们要通过观察，研究学生究竟是怎么学习的。实事求是地说，我们并不真正了解学生学的过程，甚至可以说，学生的学我们是"看不见"的。因此，观察、研究学生的学，必须让学生的学"看得见"，准确地说，我们应当"看得见"学生的学习。在"看得见"的学习中，才能真正发现学生的真实的学习；在真实的学习中，我们也才能以适合的教去促进学生个性化的学。这就自然地关涉到另一个问题：要关注、学习和研究学习理论。关于学习的探索有着久远的历史，而科学地研究人的学习主要是近30年的事情，整个20世纪可以视作学习心理学的世纪，学习心理学几乎成了学习理论的代名词。然而，学习不只是心理学的事情，它始终且首先是哲学和认识论问题。学习理论会给我们提供教学改革的重要的科学支撑。

我们要通过课堂观察，研究儿童。美国著名的教学论专家达克沃斯提出"教学即儿童研究"的重要观点。以往我们也研究儿童，那是通过学情来研究的，而且是为教学服务的，还不是目的，只是手段。"教学即儿童研究"则与学情研究有本质的区别：教学与研究融化为一体，教学的过程也是儿童研究的过程；儿童研究不只是手段、途径，其本身也是目的。课堂观察，我们不能只观察教师教的行为，而且要把重点转移到学生身上——观察教师的教如何促进学生的学，研究儿童的身心规律，研究儿童的学习方式，研究儿童的发展状态。因此，从这个视角看，儿童研究应当是教师的"第一专业"，真正优秀的课堂是儿童发展的课堂，是儿童研究的课堂。只有在课堂里，才会诞生真正的"儿童学"。

《大教学论》对教学的定义是："把一切事物教给一切人们的全部艺术"。课堂也需要观察、研究教师的教学艺术。在我看来，教学艺术的本质是唤醒学生的心灵，用哲学家尼采的话来说，"艺术乃是对生命的一大刺激"，"它是使生存变成可能的伟大之物"。关于教学艺术的观察，说到底是对生命状态、生命创造的观察。艺术也关乎智慧。智慧与艺术都是从内心生长起来的，从教师的教学艺术，可以观察到教师的教育智慧。而观察教育智慧的重点在于教师是如何把知识转化为智慧的。问题还可以再深入，那就是智慧离不开道德，甚至可以认定，智慧内在地包含着道德。由此可见，对教学艺术的观察是一个综合性的观察，需要加以仔细分析。

当我们把课堂观察点伸向教学及其改革深处的时候，教学改革定会有更新的呈现。相信"课堂观察"会给我们带来许多启发。

三、"前眼观察，后眼思考"——课堂观察的要义

有一个关于观察的故事特别有意思。

一位年轻的音乐家，为了创作一部《森林交响乐》，来到原始森林体验生活。一天清晨，他突然听到一阵悠扬的歌声。他循声而去，发现原来是一位少女正对着溪水唱歌。音乐家深深地陶醉了，恳求少女再唱一遍，可少女说："我是个奴隶，魔王规定我 60 年只能唱一次歌。"音乐家再恳求，少女说："好吧，等会儿在你五步之远的地方会出现五朵一模一样的杜鹃花，其中一朵就是我，其余四朵是昨晚在那里过夜的魔鬼。如果你能采到我，那你的愿望就能实现。"说完，少女化作一缕轻烟，被风吹走了。音乐家一转身，果然看见了五朵杜鹃花。哪朵是少女呢？他仔细观察，脸上浮现出自信的微笑，采了其中的一朵。奇迹出现了，杜鹃花渐渐消失，美丽的少女出现了，美妙的歌声又响了起来……

音乐家为什么能采到少女那朵花？因为他看到了少女那朵花上的露水是

最清净、最闪亮的，是清晨才有的露水。这个故事说的是：观察需要思考，一边观察一边思考。观察应当是一种思考——这一特点，有人概括为"前眼观察，后眼思考"。教师的课堂观察更应如此，把教学观察的过程当作思考的过程，通过观察锤炼思考的能力和品质，进一步去发现、研究和解决问题。

课堂教学中的问题常常"潜伏"在教学行为和细节中，不易被发现，更不易对其加以深入分析。若长此以往，问题就会累积起来，成为一种司空见惯而不能解决的问题，甚至成为一种顽疾。显然，这样的问题不利于教学改革，不利于教学质量的提高。因此，通过仔细观察、深入思考，准确把握问题所在，是课堂观察中亟待重视的问题；"前眼观察，后眼思考"，应成为教师应有的专业能力。

当前，课堂教学迫切需要观察、思考和研究解决的问题是：如何把正确的教育理念转化为教学行为，真正有效地落实教学设计的意图。教育理念因其是理念，往往不易把握，只有在具体的教学实践中才能显现，进而才能落实。教育理念是如何转化为教学行为的，转化的时机、方法以及转化的过程，都必须"后眼思考"。这样的"后眼思考"，实际上是一种教育智慧、研究智慧。

依我看，课堂观察是一种方式，是一种能力，是一种智慧。观察成为改进、改革课堂的一个切入点和突破口，它所带动的环节很多，所推动的变化很大。我们对"课堂观察"寄予一种期待，这种期待完全可以实现。

新课堂，需要什么样的纪律

　　基础教育课程改革是一场全方位的深刻变革，影响、改变着课堂。如今的课堂已发生了喜人的变化：活了，生动了，丰富了，学生在愉快的状态中学习，闪烁着智慧的火花，焕发着生命的活力。新课程冲击着陈旧的理念，陈腐的秩序、纪律和制度，解放了学生，也解放了教师。这是根本性的变化，是个了不起的进步。

　　但是，如今的课堂依然存在一些问题，从课堂的纪律看，主要是：（1）多了热闹，少了必要的安静。有的课从头至尾都在热闹之中，学生难以安静地读书、思考、写作业。新课堂要不要安静？安静是不是传统的理念，是不是一种课堂的僵化？（2）多了个人的"自主"和意愿，少了必要的秩序。一些学生不能按要求去做，"各抒己见"，兴趣所至，率性而为。新课堂要不要秩序？什么是个性解放？（3）涣散的现象多了，少了可贵的专心。一些学生注意力难以集中，小动作很多，甚至心不在焉，似听非听，似学非学。新课堂要不要要求学生专心？专心会不会妨碍学生的创新思维？（4）一些学生游离于集体活动之外，做些与集体活动、与学习不相干的事，听不见他们的声音，看不见他们的身影。新课堂还要不要集体活动的规则？

　　必须指出的是，这些问题绝不是课程改革带来的，这是些老问题，具有"传统性"；这些问题的出现也绝不能否定课程改革所带来的进步，这只是一些学校和课堂存在的现象。那么，这些是不是新课程所提倡的？是不是新课堂所追求的？会不会影响新课程的实施和学生的有效学习？深入一步，问题可归结为：课程改革需要不需要纪律？需要什么样的纪律？这一问题极富针对性，很有现实意义；极富挑战性，很有科学研究的价值。我们应把构建新纪律作为课程改革的重要课题来研究。

一、新课堂需要不需要纪律？

纪律不是万能的，学习的有效与成功，学生的进步与发展，有诸多因素，纪律只是其中一个。但是，纪律是不可动摇的。尽管对纪律的认识在改变，内涵也在变化，但对纪律的追求永远不能放弃。

纪律，究竟是为了什么？

（1）纪律是为了培植和形成学生对规则的认同感。纪律与规则是孪生兄弟。活动必须有规则，学习活动诞生学习规则。有了规则，活动才会有序和有效。纪律就是对规则的认同和行为化。要求学生守纪，使学生逐步建立起规则的概念，培养规则意识，形成良好的行为规范。同时，逐步培育起诚信的品格，促进学生人格的完善。

（2）纪律是为了培植和形成学生对集体的归属感。纪律总是与集体联系在一起。几乎所有的学生都希望成为自己班级中重要的一员。如果教师和班级中的其他成员给予重视和尊重，并在活动中包容他们、平等地对待他们，那么他们就会找到这种归属感。而当学生无法在班级中获得这种归属感时，他们经常转向错误的目的。因此，要求和帮助学生守纪，是为了让学生获得并保持这种对集体的归属感，使自己的行为指向正确的目的——遵守集体的纪律，关心集体，维护集体，成为集体中的重要一员。

（3）纪律是为了使课堂变成安全、有序、引人入胜的场所。教学必须有令人舒畅的课堂环境，为了维护这样的环境，教师必须不断影响学生，引导他们对行为负责，这种影响被称为纪律。可见，纪律是课堂环境的支持性、保证性因素，使教学时间的利用更充分，教学更有效。心理学家弗雷法利克·琼斯研究认为，正常情况下，教师会因学生的违纪失去50%的课堂教学时间。纪律有利于造就良好的课堂，保证教学任务顺利完成，提高教学的效率和质量。

（4）纪律是为了给学生带来真正的快乐和自由。有研究认为，只有当人感到麻烦时，才会有问题存在，即发生违纪行为。反之，消除人的烦恼，解除人的麻烦，就会自觉地去守纪。纪律带给人的不应是束缚和制约，而应该是自由和快乐，进而让学生在良好的氛围和状态中去想象和创造。"纪律"不应和"抑制创新"画上等号，"规范"也不应视同于迫使学生"就范"。那种认为纪律只是为了控制和规范的看法，其实是对纪律缺乏深层次的理解。

规则、集体、效率、快乐、自由、创造，可以说是关于纪律功能和价值的几个关键词。由此看来，纪律是永恒的，无论是过去和现在，还是未来，都应有纪律存在，都要关注纪律，建立良好的纪律。新课程所追求的课堂教学同样如此。新课堂只讲学生的解放而不求对学生的规范，只讲自由、轻松，而不求严格遵纪，是对课程改革的误解。课堂应当在解放与规范、自由与严格中求得平衡，这种平衡在一定程度上体现在课堂新纪律、新秩序上。其实，建立新的课堂纪律，是课程改革的题中应有之义和重要目标。任何避讳课堂纪律甚至取消纪律的看法和做法都是浅薄、有害的。

二、新课堂需要什么样的纪律？

需要什么样的纪律，首先涉及什么是纪律的问题。究竟什么是纪律？遵守纪律意味着什么？

从一般意义上说，纪律是一种规则和规范。纪律依据规范所规定的标准与要求制定，遵守纪律，可以形成规范；纪律具体体现在规则之中，执行规则就是遵守纪律。强调纪律就是强调规则，形成规范。

往深处讲，纪律是学生对权利的追求和权利在课堂中的体现。"肯定型纪律"的倡导者坎特认为，学生有权要求教师帮助他们在平静、安全的环境中学习，有权要求在教师的教学过程中没有破坏行为。为此，需要一些限制手段，以支持他们正确的要求，而设置并加强这些限制正是教师的责任之一。由此看来，纪律并不都是外在的附加，而是学生内在的需求；重视纪律，实质上是尊重学生对权利的需求，也是尊重学生的权利。学生守纪意味着对自己权利的尊重。

权利总是与责任、义务相伴随的。在尊重学生的权利的同时，必然要求学生有与之相适应的责任和义务。遵守纪律不仅是学生的权利，也是学生的责任和义务。权利与责任、义务的相匹配，使纪律的内涵完整与丰富。这种对纪律的认识，意味着我们在纪律理论上的发展，而理论上的发展必然引导纪律实践的进步。

还可以在本质上讨论。我认为，纪律在本质上是师生关系在教学过程中的具体体现。民主、平等、合作的师生关系必然要求有相应的制度来保障，也必然具体化在制度、规则和秩序之中。不同的师生关系就会形成不同的纪律观和不同的纪律追求。以学生发展为本，并不排斥对学生在纪律方面的要求，也并不排斥教师对自身行为的规范。可以这么认为，纪律从一个重要的视角反映了教师与学生的关系，甚至可以说，纪律就是一种师生关系。

那么，我们究竟需要什么样的纪律？新课堂的新纪律、新秩序"新"在哪里？

上个世纪中叶之前，绝大多数国家和地区的教师都是使用单一的方法来维持纪律，从 50 年代开始，整个社会对教学和课堂纪律管理的观念发生了变化，对纪律的研究有了许多新的进展。这些研究对今天课程改革背景下的课堂纪律研究仍有重要的借鉴意义。新课堂的新纪律、新秩序既是对优秀传统的继承，又是新背景下对现代理念的吸纳。我认为，我们需要的纪律主要有以下几个方面：

（1）从形式与实践的关系看，我们需要"形""神"兼备，"形散"而"神不散"的纪律。这种纪律不追求形式的热闹或安静，而追求学生思维的活跃和自由。纪律要有利于学生的解放。嘴和手等人的肢体的解放固然重要，但思想的解放、思维的自由更重要。纪律应着力于思想的解放。这种纪律表现在热闹与安静的转换、自由与严格的和谐、"放"和"收"的辩证。

（2）从个体与群体关系看，我们需要个人与集体互动的纪律。纪律是面向所有学生的，它强调集体利益的概念，个人的利益既有助于集体利益的获得，又依赖于集体和集体利益，表现在：个体的言行不游离于集体活动之外，不偏离集体的要求，不影响集体的活动；集体不仅不抑制个体的有创见的活动，还要从个体的有创见的活动中获得启发。目前，有些课堂纪律对少数学生没有发生作用，应引起重视。

（3）从他律与自律关系看，我们需要学生内在的纪律，即自信性自律、自我控制的纪律。理论和实践告诉我们，真正有效的纪律是自我控制，它产生于学生的内心，建立在学生尊严和对学生尊重的基础上。为此，纪律不应该只是为了控制，教师也必须放弃对学生的控制权。这种纪律表现为学生在教师指导下制定班级规则、学习规则，并学会自我控制、自我评价、自我改进。

（4）从教师与学生的关系看，我们需要合作性纪律。教学过程是由教师与学生共同建构的，同样，伴随教学过程的纪律亦应是教师和学生共同合作形成的。这种合作性纪律，强调鼓励学生参与制度的设计、规则的制定、秩序的安排，以及执行的组织和检查等。合作性纪律最终表现为教师与学生的"双赢"，即纪律是共同承担的责任，其主语是"我们"——包括学生和教师。

（5）从纪律与集体发展的关系看，我们需要纪律的超越。曾当过老师的美国作家、学者阿尔菲·科恩认为，学生不能直接从老师那儿获得知识，而应该从经验中建构，当学生深入到重要的主题中去时，就不需要纪律来控制了。他还认为，在课堂上，建立集体感是培养学生纪律的最主要途径，因此，可以用集体感来代替纪律，这就是所谓"超越纪律"。对此，我们可以深入探讨，但这种理论开启了我们对纪律的新思维、新概念。在某种程度上，这是我国"无为而治"管理思想的体现。我们应为之而追求。

三、建立新纪律，我们需要什么样的新理念和新方法？

方法是可以不断生成的，而理念是永恒的存在。建立新课堂的纪律，重要的是在纪律理论的研究、理念的提升上，与此同时，要寻求新模式和新方法。

第一，实行人文管理，让学生有尊严地学习，增强内心对愉快、自由和幸福的追求。实行人文管理，实质是以学生发展为本。以学生发展为本，其要义是把学生真正当作人，关注并满足他们的需要，关注并保护他们的权利。而教师，则应从成人立场转向儿童立场，走进儿童的心灵世界。教育家纳尔逊等人认为，这样的课堂应该是：当失败时学生不会感到丢脸，而是学会将失败化为成功；学生学会如何与教师和同学相处，共同找出解决问题的方法。处在这样的环境里，他们享受学习的乐趣，而不是恐惧、沮丧和无力。人文化管理最有效的办法之一，是教师的"赋权"，并引导学生制订渗透人文关怀的合作性计划。

第二，培植学生的归属感、责任心和集体概念。一个对集体有归属感的人，会有责任感的滋生、集体概念的强化，会把个体的错误行为扼杀在发生之前。我们不是为纪律而纪律，超越纪律，其实是寻求纪律的替代物，实质是寻求学习的动机。而集体概念、学习动机，又必须摒弃以往的说教和枯燥的灌输，让学生在亲历的过程中体验、探究和形成认识。良好的纪律"活"在体验中，"活"在集体生活的愉快之中，"活"在责任心和荣誉感之中。

第三，要教会学生选择。美国精神病学者格拉瑟研究认为，学生是理性的，他们选择着自己的行为方式：好的选择就等于大家都可以接受的行为，而不好的选择就等于不能成为大家所接受的行为，违纪就是错误的选择。这种选择理论，启发我们要把学生当作纪律的主人，教师的任务就是帮助学生在每天的生活中不断地作出正确的选择。教师的帮助体现在：强调学生有选择的责任，指导学生选择的方法，强化正确的选择，改变错误的选择。

第四，改善课程，改善我们的教学。教学失去吸引力，学生就会随之失去学习的兴趣，而把行为转向错误的目的。所以，改善课堂纪律，必须改善我们的教学，增强教学的魅力。比如，营造生动的教学情境，逐步将课程引向深入，在各种活动之间有效地转换，不断地给学生以新的"刺激"，让学生的思维紧张地运转，在紧张中获得快乐。好的纪律来自好的教学，改进教学是改善纪律的关键。

关于教与学落差的三重思考

一、教与学的落差：普遍性、正常性及其积极意义

教与学之间的落差是一种现实存在。当一个现象或一个问题长期"潜伏"在我们的教学生活中而不知觉，更不自觉的时候，显然这是个问题。它会遮蔽事实的本相，又渐渐蒙蔽我们的视野，这很危险。把"教与学的落差"，挑明在大家面前，是种勇气，也需要深层次的讨论。

教与学的落差，可以有多种视角、多种范畴的理解。现在我们所讨论的主要是教师的教所规定的、所期待的，与学生的学所达成的、所获得的之间的差距，简言之，学生的学没有完全或部分没有达到教的目标与要求。这种落差，不逐步降低、缩小，定会影响教学质量的提高，影响学生素质的提升，而且，落差可能逐步加大，造成更大的问题。

落差是一个普遍存在的现象。说其普遍，一是从时间维度看，无论是过去还是现在，教与学的落差始终存在；二是从空间维度看，无论是东方还是西方，无论是教育欠发达地区还是教育发达地区，无论是城市还是农村，教与学的落差是一个不可避免的现象和问题；三是从年段的维度看，低、中、高年段都存在，而且年段越高，落差面会更大些；四是从学科维度看，几乎所有学科都有学达不到教所预设要求的现象和问题。落差的普遍性，道出了

一个共同的问题：教与学落差的存在并不奇怪，既然具有普遍性，那就一定有共同之处，就可能寻找到解决这一问题的带有规律性的办法，从学理上加以分析，在实践层面上采取针对性的措施，并从学科、学段层面予以剖析，这实在是一项系统工程，大有作为。

落差的存在也是一个正常现象。言其正常，从理论层面看，教总是一个明确的设定。这是一种预设，而预设总会有一定较高的追求；预设更多的是一种价值的确立，而价值总会有一种理想的引领，这一"理想中的事实"（鲁洁语），事实与理想之间必定存有差异或差距。再从实践层面看，学的达成总与教的预设不能完全一致和吻合，这种落差，或表现在大部分学生身上，或表现在少数学生身上，或有的方面落差大一点，有的方面落差小一点。正因为有落差，所以才会产生"目标教学""有效教学"等概念和行动，也才会有教学质量的监与测、督与导。监与测、督与导，要完全消弭落差几乎是不可能的，减缓、缩小落差倒是可以逐步实现的。落差的这一正常性特征，不是让我们熟视无睹，无动于衷，而是让我们以理性的态度，客观、冷静地对待它；也不是让我们丧失信心，处于无能为力的状态，而是积极、主动地对待，以创新的方式研究它、减缓它。

其实，教与学的落差不只是一种负面的存在，相反，它具有积极意义。承认并发现其积极意义，才能努力地去开发它、利用它，而开发、利用的过程正是降低或减缓落差的过程。粗粗地梳理，落差的积极意义在于：其一，落差让我们学会正视和反思。对待落差不能忽视、不能"斜视"，而应正视，正视才是一种积极的态度。在正视的基础上，进行反思，检讨其中的原因。探索和发现积极、有效的办法，正视、反思应当成为教师的品质和习惯。其二，落差，让我们寻找到教学真正的起点。起点正隐藏在落差之中，落差向教学的起点发出了信息，实质是它在邀请教学走到真正的起点上去。究其原因，是因为落差往往是学生的困惑之处、困难之处、需要帮助之处。其三，落差让我们把握教学的攻克点和新的生长点。正因为是困惑、困难之处，才需要研究它，攻克它，它让教学明确在哪里再次生长起来。总之，教与学的落差，具有一种张力，从这个角度说，落差是美的。正因为此，我们面前应竖起一块牌子：教学正在拐弯，请小心、谨慎，慢慢前行，拐过弯，就是一片新的希望。

二、降低、减缓教与学落差的对策：一种基于框架的思考

对策的寻找有两种方式：一是从几个环节去研究和解决，二是建构一个应对框架，从整体上去思考和逐步解决。前者不能说没有效果，但总有头痛医头的感觉，久而久之，对策可能碎片化，缺乏整体的力量。相反，建构一个框架，倒可以形成集合性力量，或许可以从整体上把握并逐步减缓、降低落差。

这一框架应当由四部分组成：课程系统、教材系统、教学系统和学习系统。需要强调的是，教与学的落差，主要是课程实施范畴的落差。但是任何落差的产生与解决都不是孤立的，它是整体中的部分，因此，它应当有个更大的框架。在这一框架中，课程系统处于上位，教材系统处于中位，而教学系统处于下位，学习系统则处于框架的核心地位。课程系统、教材系统成为讨论问题、解决问题的背景。从某一角度去看，如果说教与学的落差是流，那么，课程与教材是源，不从源头上寻找，只在流上下功夫，效果当然不会太好。

既然我们讨论的范畴已规定在教的目标与学的效果这一落差上，那么我们还是要集中在教学系统和学习系统的讨论上。无论是教学还是学习，仍然有个框架建构问题。

教学系统，重要的是两个方面：一是建立教与学完整的概念，既要从教的方面去考虑，还要从学的方面去考虑；二是把握住教学过程中的基本环节。从教学过程的基本环节看：（1）教学目标的切合性。所谓切合，一定要切合学生已有的知识、经验基础，又要有适当的"提高度"，让学生跳一跳摘到果子。问题恰恰出在以上两个侧面，不能准确了解学情，处在盲目状态，总是把要求拔高；为了体现提高度，又总是有意地把要求定得过高，对大部分学生来说，他们再跳，也摘不到果子。可见，对学生已有知识、经验基础的准确把握，对学生发展"可能度"的准确把握是多么重要。（2）教学的起点。起点与教学目标有关，但不完全是一回事，起点要依循目标来思考，从学生的基础出发，有准确的起点才能最终走向目标，才能最终走向成功。而且，教要永远教在起点上，因为随着教学进程和学生对未知的了解，起点在动态变化中，寻找到新的起点，教才会寻找到新的生长点，再一次逼

近教学目标。大概有个策略性的"老经验"值得我们重温：着眼点要高，起点要低，坡度要小，落点要准。"低""小""准"都是为了那个"高"。

学习系统对于减缓、降低落差至关重要。从学生发展的动力机制看，只重教的系统，而忽略学生学习系统，必然只从外部来推动，学生自身生长的力量无形中被压抑。从教学的本质看，教学应以学生学会学习为核心，"教是为了不教"。着力于学生学习动力的增强，着力于学生学习行为的改善，提高学习水平、提高教学质量是必然的、内在的诉求，减缓、降低落差也是不言而喻的。对此，我的主张是三点：一是鼓励、要求、指导学生真实地学习，只有真实地学习，才会暴露真实的问题，也才会有针对性地采取真实的措施，促使学生学习水平、质量真正的提高。二是鼓励、要求、指导学生个性化地学习。个性化学习，让学生找到适合自己的学习方式，从原有的基础出发，逐步地提升自己的学习水平，在纵向上改变自己，减缓、降低落差。学生们都能进行个性化学习，横向上的落差也会有效地得到逐步解决。三是让学生的学习看得见。看得见的学习，"暴露"在教师和同学的视野里，大家才会给予真正有效的指导和帮助。落差从隐性走向显性，从结果走向过程，才会让帮助、指导的措施看得见。

三、关注并鼓励另一种落差：学生的学超越教师的教

学落后于教的目标，这是大家公认的常见的落差。我想，有没有另一种落差呢？那就是学生的学可能超越了教师的教所设定的目标、要求、内容等等。这完全是有可能的。随着改革的深入，我们的理念以及学生的学习精神、品质和能力都在发生根本性的变化，其中最为重要的是，教学从关注现实性向关注、开发可能性转化。可能性是学生的最伟大之处，因而，基于学生可能性的教学，让一切都会成为可能，其中，包括超越教师所规定的、所预设的目标、要求、内容。当然，这也完全可以视为学生超越教师。事实正是如此。当我们真正将学生置于教学主体地位的时候，当我们虚心向学生学习的时候，俄罗斯诗人沃罗申所言的"儿童是未被承认的天才"一定会在课堂里得到承认。得到承认的天才很可能超越教师的教，超越教师本人。

这种落差是反向的，然而却是积极的。反向的落差不仅不应反对，而

且要大大地鼓励。因为当这种反向落差得以呈现乃至实现的时候，教学就会获得真正成功，就会走向神圣、精彩。唯此，教学才会进步，社会也才会进步。当然，这是一个相当长的过程，需要我们不懈地追求、刻苦地付出、创造性地探索。

学生的学超越教师的教，开始往往只是在极少数学生身上发生，让所有学生都达到这样的水平不现实。但是，应当珍视、保护少数学生身上发生的可能，进而发挥他们的影响作用，带领其他学生向着那个方向走去。亚里士多德怀着"吾爱吾师，吾更爱真理"的信念，超越了老师柏拉图；美国的教学论专家达克沃斯，成功地将老师皮亚杰的儿童发展心理学的成果转化为教学论，从某个角度说，她正在超越老师。既然如此，当下的学生为什么不能超越教师呢？

反向的落差，不仅是积极的，而且终有一天会成为正向的，这一落差终将成为教师成功的标志。因此，我们又将在面前竖起另一面旗帜，上面写的是：教学又一次在落差的拐弯处，我们迎上前去，与学生一同攀登教学改革的新高峰，在超越中，彰显无穷的魅力。

形散而神不散：课堂教学的新秩序

　　如今的课堂有了很大的变化，尤其是学生的学习状态和方式：主动，积极，轻松，自由。原有的课堂秩序正在被打破，这是一个了不起的进步，也是我们永远的追求。但是，你也会发现，有时候少数人的活跃代替了大多数人的活跃，一些学生游离于教学活动之外；"肢体"的活跃代替了思维的活跃，一些学生的活动偏离了教学的航道。随着课改的深入，一个重要的课题摆在我们面前：重建课堂教学的新秩序。

　　变与不变，是世界万事万物存在和发展的规律，课堂教学也是这样。变，是课堂教学的主旋律：变革内容呈现方式，变革教学方式，变革学习方式，变革师生互动方式，等等。唯有变，新课程的理念才能转化为教学行为，课堂教学才会真正焕发生命的活力。但是，课堂教学是变与不变的辩证统一。无论怎么改革，课堂教学的一些要求和规则不需要变，也不能变，尤其是学生刻苦的精神、认真的态度、良好的习惯。比如，专心听教师讲解，倾听别人发言，聚精会神参加讨论，按时完成任务，细心检查，该动就动、该静则静，等等。重建课堂教学新秩序，就是在规则的变与不变中寻求平衡和突破。

　　规范不是教育唯一的准则，更不是最高准则。但是，规范毕竟是教育的一条重要准则。重建课堂教学新秩序不是对规范的否定和抛却，而是解放学生思想指导下新规范的建立和强化，其内核可能就是形散而神不散。形者，形态、形式也；神者，精气、灵魂也。形散而神不散，其基本含义是：追求的是思维的活跃，而不是表面的热闹；追求的是多元解读、表达与基本价值判断、引导的结合，而不是"多元"掩盖下的价值的中立。形散而神不散，课堂才是活跃的，但又是深刻的，是自由的，也是严格的、规范的。

　　形散而神不散，对学生而言是一种学习品质和学习方法的培养，对教师而言则是对课堂教学本质和艺术的把握。课堂教学新秩序始终以学生为主体，其最高准则是培养学生的创新精神。如果教师的教和学生的学都能达到形散而神不散的境界，价值理性和工具理性和谐统一和兼顾，那么，课堂教学的效率和质量就会更高，课堂教学就一定会是一篇最具魅力的散文。

上课的仪式感

上课应当有仪式感，尤其是语文课。

首先想到陈寅恪。陈先生每次上课，都是先在黑板上写好要讲的重点，然后坐到椅子上，闭着眼睛等待上课。他也听学生朗读课文，哪怕读错了一个字，都必须停下来重读，再小的脱漏也逃不过他的耳朵，那些文章典籍就像长在他心里一样。1944 年 12 月 12 日清晨，成都雾浓阴冷，陈先生突然眼前漆黑，什么都看不见了。这时候，他想到的第一件事，就是叫女儿流求赶紧通知学生今天的课不能上了。失明之后，他仍坚持上课，不过，教室改在了家里的大阳台上。课前，陈先生坐在书桌前，安静地等待着。上课的时间到了，助手黄萱摇摇铃，陈先生立即起身，离开书桌，换好长衫，拄着拐杖走到阳台，摸索着坐到黑板前的藤椅上，开始上课。过去，讲到激动处，陈先生便会闭目良久。失明之后，他总是睁大眼睛，望着前方……

仪式感：庄重，肃默，认真，神圣。

是的，上课是一种仪式，它与节目的仪式、会议的仪式、大典的仪式一样，价值意义都是同等重要的。其实，上课本身就是一种仪式。上课，课堂，教学，课程，使命是传承人类的文化，发展人类的文化。文化，本身是神圣的，传承、发展文化更是神圣的。这种仪式感，首先是种责任感，认认真真地对待每一堂课，扎扎实实地教好每一堂课。这种责任里透射出的是使命感：在我的课堂里让学生透过知识，生长智慧，激发理想，滋养心灵，学会做人，挺起民族的脊梁，担起关心世界大事的责任。这样的使命感，必然又充溢着对文化的尊重，培育学生的文化自豪感、自信心和文化自觉。上课的仪式，实质是文化的仪式。

上课的仪式感，在当下尤为重要。波兹曼在他的《娱乐至死》里说，总有人想把看电视的方式用到课堂教学中来。波兹曼严肃地指出，这是娱乐化的方式。紧接着他又说，从来没有一个教育家、一种教育理论说，教学不要生动活泼、有趣的，但决没有一个教育家、一种教育理论说，教学要娱乐化的。最后他严正地指出，毁掉我们的，不是我们所憎恨的东西，恰恰是我们最喜欢的东西。显然，娱乐化缺乏神圣感，缺乏对文化的尊重和敬畏。这种追求娱乐化的教学现象多多少少是存在的，我们需要警惕。

除了要警惕娱乐化，还要警惕教学的随意化。随意备课，甚至不备课；随意上课，脚踩西瓜皮，滑到哪就讲到哪；随意布置作业，想布置什么就布置什么；还有随意调课，不准时到课，随意以训责学生来代替上课……这些现象，日常教学中也是多多少少存在的。这哪里还有什么仪式感呢？责任感、使命感、庄重感到哪里去了呢？课程改革、教学改革的深化，否定所谓的权威，让学生主动地生动地学，绝不是否定仪式感，更不是否定教学必要的礼仪、必要的规则、必要的秩序、必要的神圣感。

让仪式感回到课堂里来。仪式本身就是一种良好的教育。

课前的"开场白"

 有两个关于上课的"开场白"，常常留在我的脑海里。因为这样的"开场白"让我想到什么是教学过程，什么是教师的教育智慧。

 一个是李镇西老师的。一次，李老师在一个县上语文公开课，听课的教师实在太多，"教室"就放在人民大会场的舞台上。李老师走进"教室"，面对所有的学生这么说：同学们，今天我们的课放在舞台上，有一种表演的感觉。不过，我们的课绝不是一种表演。接着，他又说：公开课允不允许有的同学不举手发言？——我想是允许的。公开课允不允许老师讲错了话？——我想是允许的。公开课允不允许下课的铃声响了，可我们的思维火花迸发了，让我们继续往下上？——我想也是允许的。台下老师一片掌声、一片笑声。

 李老师是讲给学生听的吗？是的，他让学生放松心态，不必紧张，即使不发言也没关系。而他又是讲给台下的老师听的：请大家谅解，我可能会讲错话，也有可能会拖堂，有言在先，不必批评和责怪。其实，他还是在讲给自己听：充满信心，不管遇到什么情况，都要把课上好，而且一定会上得好。这是一种智慧。一些青年教师上公开课，总是这么对学生说：今天听课老师多，大家不要紧张。而事实是，越说别紧张，学生就越紧张。教学是师生间的对话，大家都是学习者，作为学习者的教师，说错话也很正常，因为这才是真实的教学。李镇西老师的"开场白"，镇定、从容、大气。

另一个"开场白"是钱梦龙老师的。"文革"后，他教初二的语文课。"文革"伤害了一代人，学生的语文基础实在太差了，学习很困难，自信心不足，甚至对学习感到畏惧。钱老师第一课的"开场白"是：同学们，我姓钱，是钱老师。我是很有名气的，不仅在上海，而且在全国。不过，我是个老留级生，因为上初中时我曾留过三次级。

同学们听了，心里暗暗一震：这么有名气的老师，竟然曾经是个留级生，而且是个老留级生。他们心里升腾起来的一定是这样的念头：成绩差、基础差并不可怕，只要努力，将来一定会有希望。什么是教育？教育不是把道理明明白白地告诉学生，而常常是在似乎"不经意"的聊天中。什么是教学？教学总是与教育联系在一起，恰如德国教育家赫尔巴特所说：没有无"教学"的教育，也不会有无"教育"的教学。教学总是充满着价值，如何开启教学的德育元素，增长教育价值，应当是教学的应有任务。钱老师非常巧妙、非常自然地把两者结合起来了。

李镇西、钱梦龙老师的课前"开场白"，都是聊天式的。聊天，才不会一本正经，而显得随意、轻松；聊天，才不会摆出一副教训的姿态，而是显得随和、亲切；聊天，才不会生硬地宣布上课开始，而是自然、真实地展开教学过程。教育、教学，一切都在不知不觉中开始，那才是艺术。而这，并不妨害教学的神圣感，相反，这才是最精彩、最神圣的教育。

那些课堂中司空见惯的应答

　　教学改革离不开研究，研究的主阵地就在课堂——最直接最丰富最生动的研究现场。在课堂上，有观察不完的现象、思考不尽的问题、研究不断的课题。而且那些问题常常重复出现，既发生在当下，也发生在过去；既发生在低年级，也发生在高年级；既发生在大陆，也发生在台湾……像是一部放映机，重复播放着相同的内容。大概是因为事情太小了，不值得关注，更不值得研究；也大概是因为重复得多了，见怪不怪了，这些不断出现的问题和现象就这样一次又一次从我们身边悄悄地溜走了。

　　面对这些司空见惯的问题和现象，我们思考过吗？——为什么会有这么高频次的重复？我们分析过吗？——表象的深处究竟隐藏着什么？我们研究过吗？——其中有什么教育规律可循？这需要有心人，而且需要有心人有良好的研究品质。这样的有心人有，比如来自台湾的李玉贵，一位小学语文老师，几十年的教学生涯让她养成了研究的好习惯和好品质。有时候，她研究的不是宏大叙事，而是发生在课堂里，那些从我们身边溜走的小问题和日常现象。

　　一次，她告诉我，小学课堂里老师提问，学生回答，老师总要应答，而应答常常是这么几句话：第一句，当学生回答支支吾吾时，老师的应答是："你想好了再说"。第二句，当学生回答重复了前面同学的内容时，老师的应答是："别人说过了"。第三句，当学生回答的声音很低时，尤其是公开课

第三辑　课堂教学的新秩序

上，老师的应答是："你再大声点"。第四句，当学生回答以后，老师的应答往往是重复学生回答的话。玉贵老师概括了这四句。我听了当时"噢"了一下：是的，我们常听过，怎没引起注意呢？接着玉贵老师一句一句作了剖析，我又"噢"了一声：你说得对，说得好。话不多，但玉贵老师如此真诚，如此平实，又如此深刻，可谓鞭辟入里啊！感动之余，我也在思考。这些问题如能被正确对待，并加以研究，课堂将会发生新的变化。现在让我们一起来讨论这四句，分享玉贵老师的研究心得。

（1）"你想好了再说"。学生回答问题支支吾吾，说明还没想好，还没组织好回答的语言，但没想好就不能说吗？我以为答案是否定的。学生站起来回答，虽然支支吾吾，但说明他也想说，也想表达，不管他说得怎么样，能参与就好。支支吾吾，还表明他在思考，处在从自己"脑仓库"里提取资料的状态，不管说得怎么样，能思考就好。支支吾吾，恰恰说明他是认真的、负责的，但他遇到了困难。此时，教师该怎么办呢？"想好了再说"的背后，是这样的信息：你坐下吧，听别人回答，你暂时还不行。这样的应答显然是不妥的。

（2）"别人说过了"。回答时在重复别人的观点或内容。这无可非议，学生的回答不要去重复别人的，应当与别人的不同。然而，对于小学生而言，"别人说过了"，重复就不行吗？这也是无可非议的。之所以重复，无非有以下情况：他认为同学的意见很重要，他赞同；还没想到新的答案，又想发言；因为年龄小，还不是十分清楚发言一定要说别人没说过的话。这些情况都是情有可原的。小学生常常从重复别人的意见开始，逐渐发展到超越别人，这是个过程。这个过程中，如果教师理解了、把握了，以呵护、宽容的心态去对待，对于学生的发展是相当重要的。

（3）"你再大声点"。回答问题声音应当响亮，这样有利于交流。这样的要求无疑是正确的。但是，如果我们转换一个角度想一想：回答问题到底是说给谁听的？只是说给老师、同学听吗？只是说给听课的老师听吗？说给自己听，行不行？我看没有什么不行的。如果再作些分析，声音不大，很可能他的性格内向，还可能他不自信。此时，这位同学需要的是鼓励，而不是简单的一句"再大声点"。同时，教师应当要求全班同学静心倾听，尊重他、鼓励他。这是一个很好的教育契机。

（4）重复学生的回答。可不可以？当然可以，那是教师认为这位学生回答的很重要，很精彩，重复是为了表示赞同、表示强调。但是，多次这样重复好不好？当然不好，因为教师的任务不仅要肯定，而且要引领，帮助学生打开思路，解决学生困惑的、暂时没表达清晰的或不深刻的问题。教师的补充，应让学生心里一动、眼前一亮，受到启发，得到提升。教师总得有点"高明"之处吧，高水平的教才会有高水平的学。

课堂中，师生的应答肯定不止这四句，还可以再观察、再关注、再研究。玉贵老师给我发来的信息里还有这样的话：教师的敏感性、教师文化。的确，师生的应答，折射出的是教师的敏锐，是教师的智慧。智慧往往表现为对事物的敏感，迅速作出判断，以小见大，抓住契机，及时进行教育。而司空见惯，见怪不怪，已足以说明反应的迟滞、意识的盲目，这样，智慧就会消退。教师的智慧是在一件件小事、一个个问题的处理中，日积月累，逐渐生长起来的。教师的专业不只是学科专业，还涉及心理学、社会学、哲学等诸多学科领域。话还得说回来，对学生必要的高要求、严要求还应坚持，不是一味地顺从学生，不过，心中还应当有个核心理念：以学生发展为本。这样，不管课堂里发生什么，总会让它生发出教育智慧的。一个好教师要锻造自己的人格，提升教育的智慧。而坚定的信念、综合的知识、跨界的思维，定会让教师的智慧在课堂里带着孩子去飞翔。而这一切，都关涉到教师文化。文化上的每一次进步，都让我们向自由境界迈进一步。

地域文化与新课堂建构

　　南京市小学正在研究"金陵新课堂"。主持人要我说说，何为金陵课堂，又新在何处。

　　苏州市正在研究"苏式课堂"。他们说：既然有"苏式月饼"，为什么不可以有"苏式课堂"？

　　江苏正在研究"苏派教育"，苏派教育下的课堂自然是"苏派课堂""苏派教学"。

　　对此，不少人提问：教育、教学有其基本规律与特点，干吗还要提"××课堂"呢？难道真有这么多的"××课堂""××教学"吗？这是其一。其二，提问的是：如今走向开放，走向融合，提"××课堂"有必要吗？为什么还要在共通的教学中划分诸多的边界，这种人为的分割究竟有什么好处？

　　问题提得好。我想不忙着针对问题作答，只是想谈及几种现象。一种现象是艺术上的流派。不谈海派、京派，就谈一个省的。江苏常熟市曾进行了虞山艺术流派的讨论。常熟是个县级市，虞山是常熟境内山的名字。就是这么一个县，竟然有自己的画派、书派、曲派。再说，常熟的经济十分发达，是相当开放的，研讨流派，促进流派繁荣，合适吗？他们认为不仅合适，而且完全有必要。另一个是，江苏有一个里下河地区作家群现象，出过著名作家汪曾祺，后来又出了茅盾文学奖获得者毕飞宇，等等。里下河地区，指的是高邮、兴化、姜堰一带，江南水乡，水网密布。小小的经济较为落后的里下河地区怎么会出这么多名家？再一个例子是南通。南通的教育在全国较有影响，南通师范学校、南通中学、南通师范学校第二附小，还有如东、海安、如皋、海门，等等，被全国同行瞩目，被誉为"通派教育"。通派教育究竟是怎么产生的？

我首先想到的是地域文化。黑格尔曾有一个重要判断：历史的演进有一个重要的基础，这个基础就是地理，民族精神的许多可能性从中滋生、蔓延出来。这儿的地理，在很大程度上是说地域文化。文化是种力量，以文化人是文化的第一要义。泰勒说得好："文化可以使一个人因为某些食物被打上不洁净的烙印而饿死，尽管该食物的营养对一个人是有效的。"他紧接着说："文化可以使一个人为了扫除污点而剖腹或者枪杀自己。"最后的结论是："文化的力量大于生死。"而文化的多样性，是文化的一个重要特征，只有保持文化的多样性，才可以使文化繁荣，进一步建构良好的文化生态。从这个角度说，尽管地域的边界正在发生变化，但决不会消逝，因而地域文化始终存在。正因为如此，地域文化定会影响地域人的精神品格，影响教育的风格，定会促进地域教育特色的锻造。这是不容置疑的。犹如在全球范围内，坚守中华民族文化，才会有中国特色、中国气派、中国风格，但它绝不是一座文化孤岛，仍然在全球的文化海洋之中。

地域文化对人的影响是综合的、全面的，其中又以气候的影响最为显著。法国哲人孟德斯鸠特别强调气候对民族性的影响，他说，"气候的王国才是一切王国的第一位"。有人对吴越文化还作了仔细的区分。可见，环境，尤其是气候一定会影响人，进而会影响教育的品格、风格。那么，处于金陵文化、民国文化中心的南京，处于苏南文化核心的苏州，还有里下河地区，形成全国的艺术、教育流派是必然的。说到这儿，我的观点是，支持"金陵课堂""苏式课堂""苏派教学"的研究与实践。

回到本源性问题上去

说了地域文化与"××课堂"建构的关系，还想讨论"××课堂"本身的一些问题。

"××课堂"是完全不同的课堂吗？当然不是。建构"××课堂"绝不是再造一个与其他课堂完全不同的课堂，而是要寻找、把握、突显这一课堂的特质，以体现地域文化影响下的教学个性，进而克服当下教学中的同质化现象。

之所以判定"××课堂"不是与当下课堂完全不同的课堂，是因为课堂教学有其共同的基本规定性。由此，我们需要关注和研究课堂教学的基本问题。我认为，教学的基本问题应当是教学的本源性问题，是原初性的，是"第一问题"。假若这些本源性的问题不搞清楚，教学改革就不会触及深处的问题，只能在外围打转。本源性问题的昏昏必然使外围的、非本质的问题也昏昏，不仅使改革不得要领，而且还会遮蔽本源性问题，使得教学改革方向模糊、重点偏移。

作一些梳理的话，本源性问题在于两个回归。一是回归教学的本质。教学的本质究竟是什么，有不同的说法。当下比较一致的认识是：学生会学习是教学的核心，是教学的本质。这不难理解，陶行知为什么早在1917年就指出，中国的学校，论起名字来叫"学校"，但讲起实在来，学校却成了"教校"，这都是因为学校太过注重教了；不难理解，哲学家海德格尔为什么要提出教比学难，难就难在"让学"；也不难理解，联合国教科文组织在《学会生存——教育世界的今天和明天》里为什么有这么一个重要判断：教学的根本任务和目的，就是要让学生学会学习，否则，就不是真正意义上的教学，更不是良好的教学。当下的课堂教学仍然是以教师讲授、灌输为主，学生被动地跟着教师亦步亦趋，在教师锁定的圈子里，不能独立思考，不能大胆提问，不能建构自己的学习。总之，这一现象还没有得到根本性改变。这一本源性问题不解决，不管什么名称、什么特色、什么流派的课堂都无从谈起，因此，我们必须坚决回归教学的本质。

二是回归教学改革的本土。上篇，我们从地域文化的角度作了初步讨论，这次我们可以从"地方性知识"的角度来作简单论述。地方性知识的寻求与后现代意识共生，即后工业社会带来统一的强势文化，毁灭着文明的多样性。矫枉现代化、全球化进程中的弊端，应以现代特征之一的"地方性"来求异，以防止人们打磨掉与自己不同的地方。可见，地方性知识与全球化之间引起的冲突，恰恰是我们解决全球化进程中文化单一问题的重要视角和方法。因此，"地方性知识"对人类知识提出了重新寻求和重新梳理的要求。地方性知识原本是人类学的概念，但它有着教育学、课程论、教学论的意义，即我们要从地方性知识出发，开发地方资源，建构地方课程，同时形成具有地方特色的课堂教学模式。回归本土，用本土的理念、资源和传统来优化课堂教学，不仅是完全应该的，而且是完全可能的。正因为此，提出"金陵新课堂""苏式课堂""苏派教学"，回应着时代文化要求，也顺应着世界教学改革的走势，这也应当是本源性问题，我们当支持、鼓励。

讨论教学"度"的多重意义

一、"度"的文化意义

"度"是一个极有意思和价值的话题，具有文化意义。这是因为：其一，语文的外延几乎与生活的外延相等，内涵相当丰富，触角可以伸向生活的方方面面。因此，语文在构筑自己学科边界的同时，需要确立教学"度"的标尺，否则，语文教学可能会不切实际，不仅不会促进儿童语文素养发展，反而会伤害儿童发展。其二，教师的教学需要较大的空间，有了空间才会有自由，才会有创造。反之，一个没有空间的教学，一定是无个性的、干瘪的、苍白的。但是教学空间的大小需要一个"度"，否则教师会无所适从。其三，"度"是中国传统文化中一个宝贵的概念。如古人告诫我们："极高明而道中庸""致广大而尽精微"。中庸是一种高明，故曰"中庸之道"；既广大又很精微，是一种智慧。其实，这就是"度"。教学中的"度"既指向现实，又指向未来。

二、"度"应当为教师的创造服务

特级教师孙双金对"度"作了分解：角度、宽度、细度、深度，等等。

当然还可以继续分解，如温度、密度，等等。这样的分解，让我们从多个方面、多个点去考察语文教学中的"度"，锻炼我们的整体思维与灵活思想。从这个角度看，"度"的讨论绝不是规范我们，更不是束缚我们的手脚，恰恰是寻找一个更合理、更科学的空间，以有利于我们的创造。如果"度"使我们变为一个谨小慎微的"君子"，那么，我们宁愿抛弃"度"。其实，"度"本身就是合理性和科学性的体现，是一种客观存在，只是人为因素的介入，有可能使之偏离合理和科学。因此，"度"的问题，说到底是"人"的问题——教师的准确认识与把握的问题，只有扎扎实实提高教师的专业水平，包括理性思考水平与能力，才会使"度"在把握之中。

三、"度"的出发点与归宿都应当是儿童

"度"是一种标尺，问题的关键是这根标尺到底为谁而竖，到底竖在哪里。这一问题的实质就在于教学的目的是什么，核心是什么。显然，离开教学的目的与核心，"度"的讨论肯定是无魂的、无意义的。毫无疑问，教学的目的是为了促进儿童的发展，教学的核心是学生的学习。因此，儿童的发展应当是"度"的标尺，是教学的出发点，也是教学的归宿。无论是角度，还是宽度，还是细度或深度，都应当是"儿童的"。比如，角度，解读文本的子目角度，最终要以"儿童角度"为主、为准；同样，应当建立"儿童宽度""儿童细度""儿童深度"等概念及其意识。离开儿童的发展，"度"是无意义的、无价值的，讨论就失缺了目的，就是空谈。从儿童出发，为了儿童发展，具体说：一是从儿童的经验出发，二是从儿童需要出发，三是从儿童的可能性（可能性就是儿童创造的潜能，就是一种未来的创造性）出发。凡是儿童能够接受的，凡是有利于儿童发展的，都应该充分考虑，加以满足。当然，这里有个前提，即我们对儿童了解的"度"——从什么角度去了解，了解有多宽、有多细、有多深，否则"儿童的度"只是一个不准确的虚拟的存在。

四、教师文本解读之"度"与教学之"度"是不同的

讨论"度"，还必须区分教师解读的"度"与教学的"度"。教师解读的

"度"，角度越多越好，越深越好，越细越好；教师解读的"度"有利于教学的深化和优化。但不能以解读的"度"代替教学的"度"，否则是以教师代替了学生，教学的本义与真义、教学的目的与核心就会偏离甚至丧失。

感谢策划人孙双金，选择了这个好题目，他引导我们以科学的态度对待教学，并把科学与艺术结合起来，这样，我们的语文教学就会"致广大而尽精微"，"极高明而道中庸"。

重新认识作业的性质与功能

作业，历来是教学的一个重要环节，是教学管理的一个有机组成部分。提高教学质量必须加强作业管理，优化作业环节。但是，一个不争的事实是，长期以来，学生的作业负担过重。可以说，课业负担过重，作业负担是其中一个不可忽略的原因。另一个不争的事实是，减轻作业负担，尤其是出台了诸多减轻作业负担的规定，收效甚微，用"不了了之"来描述和概括并不为过。减轻作业负担与提高教学质量，行政要求与现实状况，几乎成了一个不可解的难题，几乎成了一个悖论。

真的是难解吗？原因何在？原因是十分复杂的：作业及其改革是一个复杂的系统，涉及的方面、触及的深层因素过多。在这一体系中，我以为最为重要的是两个，一个是应试教育的问题未能从根本上得到解决，理念未能真正转变，其主要表现是不断地通过加大作业量来提高所谓的教学质量；另一个则是，对作业的性质与功能没有深入的理解和准确的把握，因而，作业改革只是在外围打转，在平面上徘徊。我把这种本源性的问题称为"第一问题"。"第一问题"不解决，作业改革只能在技术上翻来覆去，成为一个永远争论不完而又无效果可言的过程。改革应试教育体制是一个长期而艰巨的任务，我们暂且不去讨论。可以讨论，而且可以逐步解决的倒是作业的性质与功能问题，尽管这一问题也相当复杂。

有一个案例对我启发很大。20 多年前，一位朋友移民加拿大。他的小女儿进幼儿园，园长给她布置的第一道作业题是：从今天开始，每天收集一颗种子，一个月以后，将所收集的种子向小朋友展示，并作一个报告。一天、两天、三天、四天，都没有什么问题，但是越往后问题越多，难度越来越大：种子是什么啊？种子在哪里？种子怎么保存、收藏？怎么向小朋友汇报？如此等等，考验着小朋友，同样也锻炼了小朋友——不只是知识，也不只是能力，还有耐心、毅力和细心。这样的作业看起来很简单，其实内涵很丰富，完成的难度很大，这是一项具有挑战性的作业。

尽管这是幼儿园的作业，但对中小学启发很大。对这一案例解读的点很多，可以有一些不同的视角，比如作业的内容与类型，比如作业完成的方式与时间，比如对作业的检测与评价，但究其实质，是对作业性质和功能的定位：作业究竟是为了什么？完成作业究竟是一个什么样的过程？总之，可以归结到一个问题：什么是作业？为什么要做作业？我的回答是：作业是为学生提供一次自主学习、学会探究、深入体验的机会；或者说作业是一种学生学会学习的方式、过程，是学生学习自主探究的一个重要平台。

这一对作业性质、功能，包括对作业任务的定位，不否认也不排斥作业的另一任务与功能：复习、巩固知识。"学而时习之""温故而知新"这些古训在当今教育中仍然有效。复习、巩固，可以成为提高教学质量的理念、途径、方式，而且可以"知新"，可以去发现知识。问题在于，长期以来，我们只是把作业限定在复习、巩固知识上，没有对"学而时习之""温故而知新"完整而深切的理解与把握，于是，作业成了读、背、默、做习题，成了简单、机械、重复的知识背诵和技能操练。于是，不断地在"记忆性"上下功夫，求量的增加，最终导致作业成了应试的工具和符号，其后果是相当严重的。

作业任务与功能定位的另一个问题，是关于学习的成本。上海的 PISA（国际学生评估项目）学业质量监测，连续两届名列榜首，引起了世界各国的关注，英国还专门到上海来考察、学习。在考察以后，国外学者和同行的结论，在我看来无非是两条，一是中国教师的校本教研制度，二是校长领导教师、调动教师的积极性，形成了严谨、认真、负责的工作态度和品质。与此同时，他们又质疑了中国学生的学习时间，付出的学习代价，即中国学生的学习成本。他们的质疑是事实，学习成本的确是一个必须面对的问题。问题恰恰在于，我们让学生做作业的时间过多，付出的成本过高，而过高的学

教学律令

148

习成本绝不是教学质量高的题中应有之义。把作业定位于自主学习和探究，当然需要"成本"，但是这样的"成本"与单纯的知识复习、巩固所付出的成本的内涵、意义是完全不同的，价值取向也是完全不同的。

坚定地对作业的性质、功能及其任务作出这样的定位，既有现实依据，又有理论支撑。其一，关于对教学性质的规定。何为教学？教学的核心究竟是什么？陶行知早在1917年就揭露了一个问题：论起名字来都叫学校，但是讲起实在来，又都变成了"教校"，这都是因为太过注重教了。可见，教学的实质应当是以学生学会学习为核心。联合国教科文组织的那份著名报告《学会生存——教育世界的今天和明天》中也明确指出，学校要以学习者为中心，要把别人的教育变成他自己的教育，并且有这样的判断：教学过程正逐步地被学习过程替代。既然如此，作为教学组成部分和教学一种形态的作业，当然也应该以学生自主学习为核心，而自主学习所倡导加强的方式应当是探究式的、体验式的学习方式。今天，他在作业中学会了自主学习和自主探究，那么，明天，他就会在工作中自主探究和创造。其二，关于学习的理解。学习的内涵极为丰富且很宽泛，其形式、途径是多种多样的。学习是孩子的天性，作业应当呵护并发展孩子学习的天性，让他们在作业中感到快乐，发展兴趣，渴望学习；学习是在已有经验基础上，在一定情境下的自我建构，作业应当为学生的建构提供机会、创造条件，有利于学生在探究中建构，在建构中发展。作业改革，应当而且完全可以成为撬动学生自主建构的机制。其三，关于对儿童（学生）的认识。儿童是一种可能性，可能性是学生的最伟大之处。马克斯·范梅南说，面对儿童就是面对一种可能性。学生的学习一切都是有可能的，同样，学生的作业也应当充满伟大的可能。当今的作业，只是在进行知识的复习、巩固，只是在进行技能的操练，只是为满足应试而背诵，恰恰是扼杀了学生的可能性。反之，让作业成为自主学习、自主探究的又一机会，正是开发他们可能性的一个极好的方式。

作业啊！作业改革啊！循着作业的性质、功能、任务的准确定位去努力吧！马克思在《〈黑格尔法哲学批判〉导言》中，写下的最后一句话是："一切内在条件一旦成熟，德国的复活日就会由高卢雄鸡的高鸣来宣布。"让作业改革成为雄鸡的高鸣吧，去宣布教学深度改革的到来。也许，那正是中国学生的"复活日"。

寻找那种子

——关于作业革命的遐想

作业应当有场根本性的变革，不妨称之为"作业革命"——不必对"革命"反感或畏惧，有的旧传统、旧习惯非来一次革命不可，否则，不可能有真正的变化。

有位同事到了加拿大，送孩子去幼儿园。第一天，老师给孩子布置的任务是：寻找和储存种子。要求是每天一颗，一直要坚持一个月，一天不落。一个月后，把收集到的种子整理好，向全班小朋友作一介绍。一天，两天，三天，每天一颗，有花的种子，有水果的种子，有向日葵的种子。可是，四天，五天，六天……能坚持得住吗？在妈妈的督促下，他坚持下去了。可是，七天，八天，九天……新的种子在哪里呀？那要去问大人，要通过书上的图片去认，要去田野、去花园、去植物园寻找。终于坚持了一个月，找到了30颗种子。可是，种子放在哪里？会不会丢失？会不会发霉？会不会腐烂？又怎么整理？该怎么向小伙伴们介绍？……一个又一个问题，他都解决了，完成了老师布置的作业，得到了小伙伴的掌声，得到了老师的赞扬。这就是作业。我看，这项作业，完全可以给小学生、中学生做，也完全可以给大学生做，有兴趣的校长、老师也不妨让学生们试一试。

再说小学生的作业。南通师范学校第二附小有一年寒假布置了一项作业，题目叫"情境作业单"，主要是三项：用心温暖冬天——到孤儿院、敬老院去慰问；点燃冬锻之火——寒风里、冻地上锻炼身体；冬天里的童话——阅读一本童话书，想象编创一个童话故事。很诗意，很有意思，当然也很有意义。它似乎无关知识，但学生们学到了另一种知识；它似乎无关乎成绩，但学生们定会获得另一种分数。它关乎道德，关乎身体，关乎能力，关乎情操……这一过程本身就很精彩。

由此，作业革命必须进行，作业革命也可行。无论什么样的作业，都有一个本体性的问题，那就是：究竟什么是作业？作业究竟为了什么？在我的印象中，美国联盟教育部部长（姓什名谁已记不清了，也无暇去查证）曾这么说过：作业并不只是复习和巩固知识，更不是为了考试；作业是给学生提供又一次自主学习、自主探究的机会。这是作业的新定义，是新理念、新功能的再定位。显然，这新定义带来的新定位，是对传统作业的一次革命。

我是非常赞成这一新定义的。长期以来，我们牢记孔子"温故而知新"的信条，这没错，况且，对此我们领会还不深，做得还很不到位。任何新知识都是在已有知识的基础上发展起来的，任何时候，教育教学改革都不能丢弃这一古训。不过，作业不能固守这一信条，还必须深化、拓展。的确，作业是学生自主学习的机会，培养学生自主学习的习惯，提升学生自主学习的能力；在自主学习中，更为重要的是让学生自己去探究、体验，从中有所发现，有所创造，哪怕很稚嫩。从作业定义、功能上去认识，作业革命才会真正发生。

让我们永远去寻找种子——作业革命的本体意义。

第四辑
教学改革的典范

课程改革是一块丰厚的土壤，当教师提供了创造的多种可能性，教学改革实质上就是"创造可能性"。十多年来，涌现了这么多样式，有的可称之为典范，是对课改最好的回馈。

情境教育的原创性与李吉林求真品格

　　情境教育既是实践体系又是理论体系。它回答了什么是理论、理论是怎么诞生的问题，告诉我们中小学教师也可以创造理论。情境教育的核心概念是情境，而"为儿童研究儿童"则是根概念。这一根概念彰显了情境教育理论的深刻性、前瞻性和高格调。情境教育深植于中华优秀传统文化的土壤中，具有中国特色、中国风格和中国品格。情境教育的原创性与李吉林的求真品格相呼应。积极的人生态度、中华美学精神以及儿童情怀、乡土情怀铸造了她的求真品格。

一、情境教育研究所：一个诞生理论的地方

　　随着课程改革的不断深化，我们常常有一种对理论的追索，而且越来越急切。显然，这是一个了不起的进步：我们尊重理论，我们需要理论，我们要培植自己的理性精神。同时，我们还有另一个追问：理论究竟是在哪里产生的？是以什么方式产生的？其实，不难发现，这一问题的背后是另一个追问：我们中小学教师能不能创造理论？

　　这是一个被认为几乎"无解"的问题，甚至是个"禁区"。但是有人回答了，李吉林就是优秀的回答者之一。38年来，她就研究一个课题：情境教育。这是一种精神——人生为一大事来，坚守的精神，踏实的品质；这是一

种风格——刺猬型的研究风格、治学的风格，求深刻，在深刻中拓展；这是一种专业——情境教育探索儿童发展的特点和规律，揭开学习中的黑洞。不仅如此，这又是一种理论。

记得上个世纪90年代，李吉林情境教育的研究、实验引起了学界广泛的关注。北京师范大学的一批博士生来到南通，来到情境教育的发源地——南通师范学校第二附属小学，跟随李吉林访学，向李老师学习。在访学一段时间以后，讨论时一位博士生说：李老师，您这儿是诞生理论的地方。几十年过去了，回想起来，当年的博士生说了一句真话。当年的博士生今天已成了教授，成了博士生导师。这句真话道出了他的理论的敏锐性，而且这句真话在以后的实践中，被一次又一次证明。由此折射出一个真理：理论是在实践的土壤里"长"出来的，随着实践的发展而发展。

事实正是这样。李吉林38年深耕实践，潜心实验，深入思考，不断提炼，课程、课堂，所有的资源，所有的教学现场，成了教育的田野，成了实验室、研究所。李吉林的自身亲历，打破了理论的神秘感，宣告了一个神圣的结论：中小学是可以产生理论的，中小学的老师是可以创造理论的。显然，这样的理论之树不是灰色的，而是长青的，不是模仿来的，而是具有原创性的。

往深处走，还有一个问题需要讨论，那就是什么是理论。"理论是在反复的社会实践中形成，随实践的发展而发展的。科学的理论是事物的本质及其规律性的正确反映。它在社会实践的基础上产生，并经过社会实践的检验证明其是正确的理论。"① 这是词典上对理论的定义，具有经典性。不过，我们也需要对理论的另一种理解。新加坡的资政李光耀博士曾经这么谈论过理论："我们不是理论家，不会搞理论崇拜。我们面对的是实实在在的问题……我们可能读到过什么理论，也许半信半疑，我们要保持现实、务实的头脑，不要被理论束缚、限制住……我认为，一个理论不会因为听起来悦耳，或者看起来符合逻辑就一定具有现实可行性。一个理论最终还是要放到生活中检验，也就是要看现实生活中出现了什么，要看给一个社会中的人民带来什么。"② 这是用描述来对理论进行阐释，其阐释的要义是：在理论面前，保持现实、务实的头脑，理论最终要回到生活中去检验，要看给社会带来什么。这种描述和阐释与经典的定义是一致的，都强调理论源自实践，强调实践的检验，强调给我们带来什么，改变什么。我们需要描述、阐释的方法，需要这样的理论。

用这样的视角来审视情境教育，情境教育源自教学现场，来自实践中的研究，它改变着人们对教育的理解、对教学的理解：究竟什么是教育？学习究竟是在哪里发生的？研究的结果告诉大家，它解决了符号世界与生活世界脱节的问题，形成一个体系，给儿童世界带来了学习的高效，带来童年的快乐、幸福。情境教育理论具有鲜明的实践性，经受住了生活、实践的检验。这一实践性的特点带来了情境教育理论的原创性。

二、"为儿童研究儿童"是情境教育理论体系中的根概念，彰显了情境教育理论的深刻性、前瞻性和高格调

作为一种理论，它由一些概念组成而形成一个体系。在这一体系中应当有核心理念，但还应有根概念，唯此，这一理论才有可能成为一个学派。毋庸置疑，情境教育的核心概念是"情境"，即教育、教学的一切活动都是在情境中发生的，儿童也是在情境中学习、发展的，因为"情境"这一核心概念，所以才称之为情境教育。对于这一核心概念大家是理解的。问题是，情境教育有它的根概念吗？所谓根概念，应是所有概念产生之源，是理论研究之主旨，同时根概念也揭示了理论研究、实践展开的实质。

李吉林有一报告："为儿童研究儿童"。这是她38年来研究、实践的又一次概括和提炼，以最平实、最朴素的语言表达了极为深刻的内涵，这是她对38年来的研究、实践的"重撰"，是"重撰"中的又一次"深加工"。"为儿童研究儿童"充溢着深刻的理论内涵，让我们感受到其间极大的思想张力。我以为，"为儿童研究儿童"正是情境教育的根概念。尽管是在最近的报告中提出来的，其实早已孕伏在长期的研究、实践中，引领着研究、实践过程。随着深入，这一根概念日臻明朗起来。"为儿童研究儿童"扎根在李吉林的心灵深处，处处显现出思想的光彩与魅力，而今天的再提炼再阐发，让这一理论更具根性、更鲜明，也更具召唤力。

1. "为儿童研究儿童" 揭示了情境教育的实质是儿童研究，显现了情境教育理论的深刻性

情境教育要研究课程、教学、学习，也要研究资源、途径、方法等，但这一切研究究竟是以什么为核心展开的？情境教育的实质究竟该怎么定位？"为儿童研究儿童" 解答了这一问题。情境教育中，课程开发与实施的中心都是儿童，课程的深处是儿童，课程是儿童学习的课程，课程是为儿童成长铺设的幸福跑道。教学的核心也是儿童的学习，情境教育中，教师与学生既见教材更见儿童，既有教学更有儿童，教学育人成了教学的旨归。儿童学习，是儿童情境中的学习，只有当儿童学习是快乐的，儿童才会真正成为 "情感的王子"，"以情为纽带" 这一操作要义才是有生命的；只有当儿童的学习是高效的，儿童才会有获得感、成长感。快乐与高效成了情境教育的主题。

以上这一切，都在证明一个理论原点：情境教育的实质是儿童研究。情境只是手段而非目的，情境教育是个过程，在这过程中永远有活跃着的儿童，儿童学习、发展，最终成为活泼泼的儿童。儿童研究成了情境教育的底色，儿童发展是情境教育的实质，也是情境教育成功的根本原因。世界课程改革的潮流一次又一次发出研究儿童的呼唤，情境教育积极呼应着，并成功地探索着。这一理论是深刻的。

2. "为儿童研究儿童" 揭示了 "教学即儿童研究" 的规律，体现了情境教育理论的前瞻性

教学过程究竟是一个什么样的过程？教学过程与儿童研究究竟是什么关系？以往的理论不是非常清晰的，实践上也是比较模糊的，常常处在黑箱之中，形成黑洞。长期以来，教学就是教学，显得很 "纯粹"，其实让儿童研究从教学过程中剥离开来，于是教学与儿童研究成了两回事，变成两张 "皮"，所谓的 "纯粹" 实质是教学过程的单一，与儿童研究相分割乃至对立。这一现象不只在中国，国外也有同样的存在，呼唤让儿童研究回到教学过程中来，成为世界各国，尤其是各国理论界研究的重要课题。

美国哈佛大学教授、皮亚杰的学生爱莉诺·达克沃斯，潜心于教学研究

和儿童发展研究，她的"最大贡献在于把皮亚杰的理论创造性地转化为一种教学价值论和教学方法论……达克沃斯的教学价值论（或教学哲学观）可概括为：课堂教学必须建基于每一个学生的独特性之上"。她努力地"将'临床访谈'发展为一种使教学与研究一体化的教学方法论……她认为，教学是学生讲解、教师倾听的过程"③。达克沃斯的"教学与研究一体化的教学方法论"，隐含着一个重要的理念和方法：教学即儿童研究。

李吉林的情境教育理论也正是要破解教学与儿童研究的关系这一难题，那就是"为儿童研究儿童"，其深意就是，在教学中研究儿童，研究儿童是怎么学习的，教语文的过程就是研究儿童怎么学语文的过程，教数学的过程亦即研究儿童怎么学数学的过程，所有教学都是这样。从另一个角度看，教语文教数学，所有教学首先要研究儿童，而且在教学过程中研究儿童。情境教育的核心元素、四大特点以及操作要义，既是关于教学的，也是关于儿童研究的，既是教学过程，又是儿童研究过程，两者是自然地高度地融合在一起的，它们是一体化的。

3. "为儿童研究儿童"，规定了儿童研究的价值立意，彰显了情境教育理论的高格调

儿童是研究的对象和内容，儿童研究是方法、手段，对象、内容、方法、手段等，不能代替研究的价值方向和价值立意。我们必须看到，不是所有的研究儿童或曰儿童研究都是为儿童的。不"为儿童"的儿童研究必定是功利的、浮躁的，而且很有可能异化为"伪儿童研究"，若此，儿童研究只是作为一个借口，作为一种名义，以"儿童研究"为名义的儿童研究必须警惕和反对。

"为儿童研究儿童"规定了儿童研究的价值方向，即为了儿童的发展，不只是为未来，也为当下，这一价值方向充满着道德性和旨归性。正如李吉林所说，"让儿童快乐自由成长正是情境教育诗篇的神韵所在"，"情境教育就是一首给孩子带来快乐的、让他们幼小心灵向往的《云雀之歌》"。④因此，"为儿童研究儿童"亦是崇高的境界，它摒弃了教育的浮躁、浮华乃至浮夸，它消除了教育的功利主义。由此，还可以得出两个结论：第一，情境教育研究者是"长大的儿童"。当自己成为儿童时才能真正研究儿童，真正懂儿童，

真正为儿童。第二，儿童研究是真学问，真就真在来不得半点马虎和虚假；儿童研究是大学问，大就大在儿童可以定义未来，影响一个民族的振兴；儿童研究是深学问，深就深在它可以让教育的黑洞敞亮、澄明起来；儿童研究是难学问，因为真，因为大，因为深，它就必然难。"为儿童研究儿童"彰显了情境教育理论的深刻性以及深刻性的高格调。

三、情境教育植根于中华民族优秀文化传统土壤中，具有中国特色和中国品格，体现了理论自信和实践自信

　　情境教育受到国外母语教育思想和经验的启发，但它把根深深地扎在中华优秀文化传统的土壤中，从中汲取思想和理论的营养，又面对中国教育的现实，通过扎扎实实的研究，逐步地建构情境教育的理论体系与实践体系，而且理论体系与实践体系是融为一体的，不分离的，形成了理论化的实践，又形成了实践化的理论，因而彰显了中国的特色、风格和品格。

　　首先，情境教育创造性地开发中国文化传统中的"意境说"。一千多年前刘勰的《文心雕龙》以及近代学者王国维的《人间词话》，可谓"意境说"的代表杰作，是中华民族文化经典。李吉林将其精髓概括为"情景交融、境界为上"。她说："读着它，不得不为其深广而震撼。'意境说'虽然原本是文学创作的理论，或更确切地说是'诗论'，但在探索情境教育的过程中，却可'借古人之境界为我之境界'。正如王国维所言，'一切境界无不为诗人所设'，而我觉得一切境界无不为我、为儿童所设。"⑤一个"借"，一个"无不"，道出了李吉林在深谙"意境说"内涵、要义基础上的借鉴、迁移与创造的精神。她又说："我从'意境说'中概括出了'真、美、情、思'四大特点，并从中得到启迪，进而影响了我的儿童教育观及课程观。"⑥这样的概括是"中国化"的，显现了中华文化的美学色彩。从文学、美学理论到教育理论，这是一个转化过程，这样的转化实质是创新性发展。

　　其次，情境教育形成了自己的领域及其体系。从情境教学到情境教育，再到情境课程，再到儿童的情境学习，这不仅是研究、发展的脉络，而且是一种境脉，是教育教学领域的明晰与体系的建构，这一体系具有渐进性、进阶性、完整性，体现了研究的开创性与发展性。从课程结构看，情境教育

有自己独到的理解，进行新的建构。情境课程分为四大领域，核心领域——主要是学科情境课程，综合领域——主要是主题性大单元情境课程，衔接课程——主要是过渡性情境课程，源泉课程——主要是野外情境课程。这一划分不是以课程开发主体为维度，而是着眼于儿童的生活领域和发展阶段，将课程与儿童生活紧密联系在一起，情境课程带来儿童的在情境中的生活，情境课程就是儿童的生活。其中，"源泉课程"又突破了空间概念，引领儿童走进生活，寻找学习之源、发展之源。这是"中国式"的划分，具有鲜明的本土特色，散发着田野的味道，是开阔的，是审美的。

再次，情境教育用中国思维方式提炼、阐述中国儿童教育的思想和理论。基于中国优秀传统文化，立足中国的教育实践，面对着中国儿童，用自己的话语表述中国教育改革、研究的理论与思想，是情境教育具有中国风格、中国品格的重要体现。情境教育既注重情感又注重理性，追求两者的统一与相互支撑。但有人将二者对立起来，有的认为，情感的盲目性、变幻性，带来欺骗性；有的则认为，理性的永恒性、不变性，带来所谓的神圣性，二者是难以统一、结合的。而情境教育提出，"注重情、突出思"，"情切、意远、理富其中"，"以思为核心，以情为纽带"，臻于"以美为境界"。这是一种表达方式，深处是一种思维方式，是对"二元对立"思维方式的突破与超越，是"天人合一""和谐""中庸"思想在教育中的智慧运用。

与这样的思维方式、表达方式相联系的，是情境教育中艺术与科学的结合。教育是艺术呢，还是科学呢？艺术，追求、张扬个性，而科学，追求、注重规范性，两者似乎是矛盾、冲突的。而情境教育将二者统一起来，将规范性与个性结合起来，将理性与感性结合起来，将课堂教学当作一个"艺术品"。"艺术品"就不只是艺术了，其中有科学的内涵、科学的支撑。而这一"艺术品"具体演绎为李吉林的教学风格。李吉林的教学风格是在情境教育中形成的，其整体风貌是教育与教学、教学与研究、教师与儿童、课程与教学、教与学的统一结合，其独特性是情理交融，既活又实，以及鲜明的节律感与审美性。

由李吉林的教学风格自然论及她的表达方式，她用感性来表达理念和理性，这是"美"的方式，我称其为"李吉林方式"。李吉林教学风格、"李吉林方式"都是情境教育理论中中国特色、中国品格的具体体现，因而形成了中国气派。情境教育与世界教育的对话，是中国教育与世界教育的对话。我们应当有这样的自信和更深切的期盼。

四、李吉林求真品格生发出情境教育的原创性，情境教育的原创性又丰富了李吉林创造性品格

任何理论的诞生、教育模式的建构都不只是一个单纯的理论问题或是实践问题，更不只是方法、技术问题，它一定是自然地和人的心灵的解放、人生意义的理解、人生境界的追求相联系的，是形而下与形而上的结合。一如"文化的最后一级台阶"的论述："中华文化的终极成果，是中国人的集体人格。复兴中华文化，也就是寻找和优化中国人的集体人格。这也可以看作是文化的最后一级台阶。"⑦"最后一级台阶"还可以深入讨论和进一步斟酌，但给我们的启发是，在理论体系、实践体系的背后要看到人，看到建构者的人格，要从人格角度来认识理论与实践的建构。

情境教育的原创性与李吉林的人格紧密相联，并相呼应。李吉林的人格可以用"求真"来概括和描述。"求真"必然引导人去追求去创造去超越。"求真"的内涵十分丰富，我们可以从不同方面去认识李吉林的品格，去剖析情境教育理论的原创品格。

1. 李吉林求真品格表现为诗意生存方式、生活状态，以及折射出来的人生态度

用"诗意地栖居在大地上"来描述李吉林的生存方式和生活状态是很恰切的。记得海德格尔曾对"诗意地栖居"作过这样的阐发：人要抽离大地，透过艰辛，仰望神明，来到半空之中，再回到大地上去。海德格尔的解释告诉我们，诗意地栖居，要透过艰辛，即超越艰辛；要抽离大地，即有更高的向往；要仰望神明，即有崇高的理想追求；再回到大地上，脚踏实地学习、工作、生活。这是创造的过程和境界。李吉林也曾用两个比喻阐发这样的生存方式和生活状态："我是一个竞走运动员"——永不停步，永远向前，走得又好还又快，但脚永远不能离开大地；"我又是一个跳高运动员"——目标不断升高，人生的高度不断提升，只有不断超越自己，才会在新的人生坐标体

系中提升自己的位置。

诗意地栖居，是一种积极的生活态度。李吉林的生活态度是，热爱生活。她的生活多姿多彩，不囿于生活的框定，而是追求心灵的解放与自由。她多才多艺，喜欢朗诵、弹琴、跳舞；喜欢体育，尤其爱好排球，还曾约上女同事，雨天到荷花池游泳。她的生活态度表现为——改变自己。她内心是不安分的，不安于现状，总试图去改变，总尝试新的"活法"，哪怕有人质疑，她也会坚持，并在改变中创新。她的生活态度还表现为执着，但又洒脱。执着让她坚持不懈，刻苦钻研，在"深挖洞"中让自己深刻起来；洒脱让她多方面去涉及，打开眼界，自在地工作，自在地思想，在"广积粮"中拓展人生的宽度，丰盈自己的知识背景。李吉林的生活情境是开放的、丰富的、创造的，是有境界的。这样的生活方式、状态、态度与境界，会在她的情境教育研究中潜移默化。

2. 李吉林的求真品格表现为审美追求，折射出中华美学精神

李吉林有对美的追求，有着丰富的深度的审美体验。而这种审美体验与追求又是中华美学精神的生动体现。一是"虚静"。虚静这一中华美学精神不只是安静，更重要的是谦虚。李吉林很自信，不轻信，更不盲从，但她有着可贵的谦逊，善于倾听不同的意见，反照自己，吸取合理的成分，丰富自己已有的认知框架，甚至会改变已有的认知框架，建构新的框架。李吉林不喜欢正儿八经地开会，不喜欢程式化的谈话，喜欢的是"聊"，喜欢的是"七嘴八舌"。正是在这种自由的对谈中，让自己的心灵"虚空"起来，"虚静"起来，从中获得启发，有新的发现，有新的想象。二是"坐忘"。坐忘是中国文人、学者典型的美学精神。坐忘，是一种忘我的投入，耐得住寂寞，坐得住冷板凳。李吉林的坐忘聚焦在执着与坚韧上。比如备一堂语文课，可以反复阅读，反复思考，不断走访，不断修改教案，有时甚至推翻重来，不厌其烦，精益求精。比如，练习书法，专心致志，心无旁骛，揣摩，欣赏，修改，思忖，一个女人写出了男子汉的气势，透出了她心中的豪气。比如裁剪衣服，对照着书，比划着身材，想象着效果，一刀一剪，有时大刀阔斧，有时小心翼翼，精心制作。坐忘的精神既是做学问的精神，又是生活、工作的品格。教书、写作、开发课程，好比在裁剪，既是对作品材料的

裁剪，又是对自己思想的淬化和优选。

虚静和坐忘，闪耀着中华文化的光彩，映射着中华美学精神。这样的美学精神让她的工作、学习、生活能静又能动，既活泼又扎实，既能大又能小，既着眼宏观又能着力微观……这是一种古典风格，又闪烁着时代的色彩。不难理解，在中华美学精神指引下才会诞生具有中国品格的情境教育理论。

3. 李吉林的求真品格表现为爱的情怀，映射出"长大的儿童"可贵的童心

所谓真，是指正确的认识，显示出对事物特有的规定性的准确认识与把握，保持存在与认识的一致性。李吉林对儿童的独特性有深入的理解，并且保持着认识与实践的一致性。在此基础上，李吉林将自己称作"长大的儿童"。"长大的儿童"首先是儿童。孩子都是人之初，童心是人的纯真之心，是人的天然本性和真情实感；童心，创造之心，是人创造、创新的源泉。"长大的儿童"饱含着对儿童真心的爱，又饱含着对创造创新的执着向往和追求，儿童的情怀，亦是创造创新的情怀。这样的情怀，让李吉林永远处在儿童想象的状态，处在紧张的智力创造状态，对真的追求，又是对真的真正、切实的回归。"长大的儿童"毕竟是"长大的"。"长大"，意味着成熟，意味着引领、教导的使命与责任，既在儿童中，又在儿童"外"，所谓"外"，是种超然的状态。正是因为此，情境教育才会凝练出"为儿童研究儿童"的根概念，才会以儿童发展为核心和宗旨，把情境教育建构成儿童成长之乐园，儿童发展之大厦。

与儿童情怀相关联的是李吉林的乡土情怀。李吉林挚爱她的故乡南通，永远忘不掉那条古老的濠河，永远忘不掉那条叫作官地街的小巷子，永远忘不掉那座有院子的小宅，永远忘不掉珠婚园，永远忘不掉北濠河畔的田野，以及夜空的星星，田野上的蒲公英……浓浓的乡情让她有了家国情怀，家国情怀让她在语文教材的第一课写下："我们是中国人。我们爱自己的祖国。"

参考文献

① 赵德水. 马克思主义知识词典 [Z]. 南京：江苏教育出版社、河海大学出版社，1991：887.

② 李光耀 . 关于理论 ［N］. 报刊文摘，2015–07–01.

③ ［美］爱莉诺·达克沃斯 . 精彩观念的诞生——达克沃斯教学论文集 ［M］. 张华等，译 . 北京：高等教育出版社，2005：译者前言 3–4.

④ 李吉林 . 潺潺清泉——李吉林教育随笔 ［M］. 北京：教育科学出版社，2016：42，43.

⑤⑥ 李吉林 . 激情萌发智慧——李吉林情境教育论文选 ［M］. 北京：教育科学出版社，2016：353.

⑦ 余秋雨 . 君子之道 ［M］. 北京：北京联合出版公司，2014：4.

"自学·议论·引导"：教学改革的一个典范

教学改革是课程改革深化的一个重点，如何对待当前的课堂教学，是当前迫切要搞清楚的问题。总之，对课堂教学改革应保持高度的重视，并且要进行较有深度的研究。

其实，不少教师对教学改革早已提供了有质量的样本，以自己的实践探索解决了不少问题。比如，李庾南用实践和理论双向建构，坚持几十年"自学·议论·引导"试验，对当前教学改革中的问题作出了清晰的回答。我们不妨把"自学·议论·引导"当作一个成功的改革范例，观照当下的教学改革。同时，不妨把他的《践行最近发展区　抓住教学着力点》（以下简称《践行》）一文当作一个新视角，对教学改革提出新的要求。

首先，我深以为，"自学·议论·引导"教学关注并破解了教学的一些基本问题。教学改革应当回到教学的基本问题上去。"回到教学的基本问题上去，就是回到教学的基本关系上去，回到教学的基本规定性上去，也就是回到教学基本规律上去。"① 李庾南将教学的基本过程归结为"自学·议论·引导"，亦即教学过程无非就是学生的自学、同学间的议论、教师的引导。

自学，点击了教学的核心。教学的核心是学生学习，学生学会学习、个性化学习、创造性学习，这几乎已成共识。联合国教科文组织在《学会生存——教育世界的今天和明天》这份著名的报告里，早就明确指出"学习过程现在正趋于代替教学过程"。海德格尔论述过教师的教比学生的学难，难就难在"让学"②。"让学"已成了一个普遍的要求，几近成为教学的代名词。坚定地"让教于学"，无疑是十分正确的。但是，当下的课堂教学实行得怎样呢？不夸张地说，远远没有到位，而李庾南35年以前就这么践行了，我们深感佩服，同时不免深感落后。

议论，是学生间的一种讨论，是一种合作学习。心理学家早就指出，今天学会了合作，明天他就拥有了竞争力。托马斯·弗里德曼说：世界是平的，这一理念大家都认同，因他的理论是合作重于竞争。这一现实越来越被我们感受到了：世界是平的，课程世界也应是平的。学习科学理论告诉我们，诸多的学习方式中，合作学习是最为有效的，最适合学生的。可以说，合作学习的水平有多高，学习的水平就有多高，教学的质量就有多高。遗憾的是，当下的议论等合作学习举步维艰，有的实行了，但难以为继。从总的情况看，合作学习的状况很不理想。可李庾南早就这么去试验了，坚持了35年，实在是先进。

引导，指教师的点拨、补充、提升、发展。自学、议论，是教学过程中的两个重要因素，不能代替整个教学过程，教学不能舍弃教师的教，否则，是一个不完整的教学，不是真正的教学。

因此，"自学·议论·引导"构筑了真正的教学过程，而且三者形成了积极的互动：以自学为主题，以议论为重要方式，用教串起教学。显然，这是对教学的深刻把握。应该说，李庾南用"自学·议论·引导"解决了教学的一些基本问题，提炼了教学的基本规定性，当然也揭示了教学的基本规律。《践行》正是在这样的框架下展开的。

其次，"自学·议论·引导"旨在提高学生的学力，提高学生的数学素养。任何教学都不能否定知识，任何舍弃知识的行为都是十分愚蠢和可笑的。在"自学·议论·引导"教学中，知识是一个中介，重要的不是知识的获得和获得的多少，而是获取知识的方式，更为重要的是从知识走向能力，从能力走向学力，走向学生的数学素养。素养，超越了知识。在李庾南看来，学会自学、学会议论、学会在教师引导下调整、深化自己的学习，这本身就是素养。在《践行》一文中，李庾南谈道：初中学生在日常学习生活中，已经积累和储存了一定的知识和经验，教师要善于把他们的现实发展水平作为教学新知识的基础和生长点，引导他们利用知识的正向迁移和顺向迁移，以旧迎新，达到尽可能高的发展水平，而不要简单地采用教师从外部传递、灌输的办法。基础、生长点、迁移、引新等，既是在强调知识的作用，又是在强调知识如何走向学力，成为素养。与其说践行最近发展区，抓住教学着力点是一种教学策略和方法，不如说是在探寻学力形成与提升、素养提升与发展的关键。

再次，为了培养学力，提升核心素养，以最近发展区为教学着力点，这并不是一个新问题，而是一个没有真正解决好的问题。自学、议论、引导，这一教学范式，必须有一些教学策略和方法来支撑。在诸多教学策略和方法中，李庾南特别看重最近发展区。对最近发展区理论，我们并不陌生，但也未必对其非常了解。可贵的是，李庾南对其理解颇为深刻：其一，"最近发展区是青少年学力发展过程中的一个特定阶段和空间"。将最近发展区解释为空间，说明它是一块新天地，具有无限的可能性。教学如果能"占领"、充分开发和利用这一空间，将会有新的发现和发展。这一空间是客观存在的，但并不为大家所发现所利用，可李庾南对此有较强的敏感性。也正为因此，这块空间结出了新的果实。其二，"最近发展区是一个由低到高、动态发展的过程"。这是从时间维度上去认识。因为是一个过程，必然寻求其过程中的元素及其发展的有序性。的确，从发现最近发展区到进入再到抵达，有许多因素在其中互相作用，而起作用的正是自学、议论、引导。其三，"最近发展区是一个因人而异、因教育环境而异的变量"。其意思是，不同的人有不同的最近发展区，不同的教育环境也会产生不同的最近发展区。教育的智慧就在于去准确地分析与捕捉，采用不同的对策，以不同的方式让学生踏进自己的最近发展区，才会有适合自己的发展。这样的认识难能可贵，体现了李庾南的理论素养。

可以发现，李庾南力求将"自学·议论·引导"与最近发展区联结起来，用最近发展区理论来拓展和提升"自学·议论·引导"。又让自学、议论、引导行进在学生的最近发展区，用自学、议论、引导来"搅动"最近发展区，让各种教育因素活跃起来、互动起来，让最近发展区逐渐成为现实发展区。

"自学·议论·引导"与最近发展区的互联、互动不是自然生成的，需要采取各种策略和方法。李庾南将这些策略和方法归结为五点。这诸多的策略和方式中，李庾南作了一些区分：一是知识与技能，二是情感与心理，三是难度与梯度。这些策略与方法的恰当运用，让学生在最近发展区内，实现"飞跃"，获得最佳发展，体验到成功的喜悦。

在以上的分析中，还有两个问题是不能忽略的，那就是教学中的教育性和初中教育的特殊性。也许这两个问题与学生的学力无多大关系，但却实实在在地影响着学生的学习和发展。同时，正因为这两个问题，成为李庾南对课堂教学的超越，让她走向深处，课堂教学有了大格局，有了宏大背景的支撑。应当充分认识到，这两个问题应该成为"自学·议论·引导"的有机组成部分，使其结构更完善、更科学，因而使教学更有效。

教学与教育总是不可分的。赫尔巴特非常明确地指出，"我想不到任何'无教学的教育'，正如在相反方面，我不承认有任何'无教育的教学'"。事实证明，没有纯粹的教学，任何教学总是附着着价值，有价值的教学才使教育具有真正的价值。李庾南无论在自学还是议论部分，总是在积极引导学生。而且不只是引导学生学习的思路和技能，还激发学生学习的情感，调整学生学习的心理，引导他们正确对待学习中遇到的问题和困难，引导他们建立正确的学习态度，形成良好的学习习惯，增强学习的信心。值得关注的是，李庾南当了50多年的数学教师，同时当了50多年的班主任，在她身上，数学教师与班主任几乎融为一体，班主任工作中渗透着随机的数学教育。看起来她在上数学课，其实她又在艺术地进行思想品德教育；看起来她正帮助学生进行解题训练，其实她是在让学生从失败的体验中走出来，获得一次又一次成功的快乐。再往深处讨论，因为她坚持当班主任，和学生在一起，所以她真正了解学生，知道他们的所知所想、所感所悟、所长所短，还知道他们的家庭背景、人际交往、性格特点……这一切都沉淀在她的教学中，一旦需要，这些东西就会自己"跑"出来，告诉她该怎么处理。也正因此，学生也了解她、信任她，平日生活中建立起来的感情，把她与学生自然地联结在一起，形成了真正的学习共同体、发展共同体。

教学离不开学生，有学生的存在，有学生的参与，才会发生真正的学习和教学；离开了学生，不仅无优秀的教学可言，而且无教学质量提高可言。李庾南长期以来一直教初中，初中是整个基础教育中的一个特殊阶段，成为基础教育链条中的薄弱环节。应当承认，这一环节的薄弱状况未能得到根本性改变。从内涵切入，可能是治理初中的一个重要方向。李庾南所教的初中，数学成绩特别好，数学成绩也带动了其他学科教学质量的提高，为改造、优化、提升初中教育，提供了又一个范本。其根本原因是，她对初中教育状况十分了解，尤其是对初中学生的身心发展特点、学习基础、知识中的薄弱之处、学习方法的选择等，都十分清楚。她其实是将初中学生的研究与教学实践融为一体的，研究学生为她的数学教学改革提供了前提和保证，数学教学改革又准确地指向初中学生的学习，常常有效地"击中"初中学生的心理纠结[③]。

应当得出一个结论：一个优秀的教师，一个名师的成长是全方位因素促成的，真正的教学改革是在教师的全面成长中展开并取得成功的。李庾南是一个典范。

参考文献

① 成尚荣 . 回到教学的基本问题上去 ［J］. 课程·教材·教法，2015（1）.

② ［德］海德格尔 . 人，诗意地安居 ［M］. 郜元宝，译 . 桂林：广西师范大学出版社，2002.

③ ［德］赫尔巴特 . 西方资产阶级教育论著选 ［M］. 北京：人民教育出版社，1964.

主题教学：一种理论主张与实践模式

　　每次听窦桂梅老师的语文课，心就被感动一次，甚至是被震撼一次。当时我有一个想法，教学成果奖的评选，如果条件许可，到现场听一听课堂教学，在真实的情境里，亲身感受一次，那该多好啊！我深以为，真正的教学成果，是在教学现场中，最大的成功，应当是教学现场中学生的真实学习和真正发展。

　　不少老师听课以后都有这样的感慨：窦老师的语文课又有了重要的变化，而且越变越好。窦老师的课变化在哪里？是什么让她变了？自然想起了她的主题教学，是主题教学让她深刻变化，这种变化，说到底是主题教学本身的深化和发展。

　　主题教学是窦桂梅于2001年在反思实践、抽象经验的基础上提出来的。主题教学既是一种实践模式，又是一种理论主张，是实践与理论的双向建构。十多年来，主题教学不断研究不断深入，其价值意义日益彰显，其内涵、特征日益清晰，其操作实施也不断丰富，不仅引领着清华附小的语文教学和课程改革，也在全国产生越来越大的影响。我们应继续关注主题教学，并加以认真研究。

一、主题教学的核心主张是整合

在主题教学的语境下，主题是载体。这启发我们，语文教学要学会整体思维，建构并增强课程意识和创新能力。

课程改革以来，小学语文教学发生了可喜的变化，有了长足的进步，但仍然存在一些突出问题。窦桂梅将这些突出问题，用"工具性与人文性割裂""教学内容支离破碎""教学目标不清、教学方式僵化"来概括，结果是，语文教学"难以形成核心价值观""难以整体提升语文素养""儿童学习负担过重"。这些问题背后或深处的重要原因是，语文教学缺失课程意识，缺少整体设计，缺少综合统筹。显然，整合，应当是破这一难题的良方，从宏观上看，综合思维应当是语文教学的主导思维之一。

整合必须确立核心，围绕这一核心，加强统筹，削枝去叶，突出重点，并且加强联系，促进教学往核心处和深处走。而整合需要载体，所谓核心，在窦桂梅看来就是主题。换个角度讲，在整合视野里，主题既是载体又是教学的核心。以主题为载体，把有关内容围绕核心整合起来，形成清晰而又简约的结构，促使学生在完整的语文世界里获得整体性发展，这就是主题教学的要义。不难看出，整合不仅是手段，也不仅是思维方式，而且是一种调整和创造。系统理论告诉我们，知识课程的整合地带有利于激发学生的创新灵感。

主题教学以整合为语文教学的核心主张，其结果是什么呢？就教师而言，是课程意识的增强，从教学走向课程，在课程的框架里审视小学语文，同时，真正促使语文成为一门课程，而不只是一本语文教科书，不只是课堂里的一次教学活动。语文课程带来体系化的思考和建构。就学生而言，是整体性、系统性思维方式和品质培养，让他们学会在生活中找寻核心，搭建载体，学会创造，在完整的语文世界里，过有主题的有意义的完整的语文生活。

二、主题教学的核心目标是语文立人

在主题教学的语境下，主题是核心价值，是情感文明。这启发我们，语文教学要以语文素养培养，尤其是以核心价值观的培育为根本任务。

窦桂梅提出主题教学的核心目标是语文立人，鲜明而坚定。众所周知，教育的一切，一切的教育都是为了立人。可遗憾的是，在语文教学的实践中，常常以知识，以分数，以背诵，以简单反复的操练代替语文教育，遮蔽了语文教学中的人，代替了语文教学中人的发展。在教育本质的视野里，主题教学把最为根本、最为重要的主题定位于关于人的主题，是关于人发展的主题；语文教学固然要关心学生知识的获得，而且要基于知识，但一定要超越知识，通过语文教学来育人，最终让学生在语文学习中作为真正的人站立起来。

语文立人不是一句空话，它是通过语文的核心素养来达成的。"素养"这个概念早在 1883 年美国的《新英格兰教育杂志》中就使用了。日本教育学家佐藤学认为素养"探讨的是学校教育的公共性"，常常"是由非情境化的知识技能所构成的"，即"知识的情境依存性与认识的相对性，是被否定的"。所谓公共性，所谓摆脱情境依存性等，是强调素养或核心素养的共同性、共通性，是所有人必备的。窦桂梅较早地在主题教学中使用这一概念，说明她对理论和前沿性问题的敏感。语文的核心素养究竟有哪些，大家都在研究，而清华附小已在《小学语文质量目标手册》中对语文核心素养进行了初步的确定，所谓的"三个一"，即一手好汉字、一副好口才、一篇好文章，正是她和她的团队提炼出的语文核心素养的一部分。

值得注意的是，在语文立人这一核心目标的引领下，主题教学特别关注核心价值观的培育和践行。窦桂梅特别警惕德国哲学家施蒂纳所指出的"脑中之轮"，而明确提出，"如今的教学，我们不追求课堂的完美无缺，我们更愿意传递一种声音：透过语言文字，要让孩子保有天真和纯粹，保有批判和反思，只有思想力量，才能如阳光般照耀孩子的心灵！"在这样的语境下，主题指的是核心价值，而核心价值又以具体的语词来呈现。所以，她说："如果将这样的主题印在脑海中，这对儿童一生的发展将多么重要！"我们应抛弃"脑中之轮"，但孩子必须"脑中有弦""心中有魂"，必须在心灵中播下核心价值观的种子。完全可以说，主题教学探索了社会主义核心价值观教育融入语文教学的思路和方式，为我们提供了一种样式。

与此同时，主题又是核心价值观引领下的"意义群"，主题教学是引导学生去发现和创造语文文本的意义，用意义、用"意义群"滋养自己的心灵和思想。窦桂梅又特别关注情感文明的教育，通过主题教学培养儿童早期的情感认同、情感习惯、情感能力、情感反应模式等。在这样的语境下，主题又应当是"意义群"中的情感文明。

三、主题教学的核心立场是儿童立场

在主题教学的语境下，主题的主语是儿童，儿童即主题。这启发我们，语文教学要让儿童站在课堂的中央，让儿童自主学语文，去生成主题。

教学的核心是学生学会学习。主题教学依循教学的本质，始终引导儿童自主学习、学会学习、创造性学习、享受学习。因此，窦桂梅将教学的核心立场定位于儿童立场。她说："儿童站在课堂的中央，……尊重儿童的独特感受，张扬个性，激发创造力，提高参与意识，让儿童成为课堂的主人。"在这样的语境下，主题的主语是儿童，一切从儿童出发，一切以儿童为主体，让儿童展开语文学习。不仅如此，主题教学的主题就应是儿童，以儿童的学习和发展为主题，儿童学会学语文了，语文的主题就实现了，语文教学就成功了。站在儿童立场上的主题教学是真正的儿童自己的语文，是儿童自己的语文学习、语文生活。也许在这方面，大家觉得窦桂梅的变化特别大。

具体说，主题教学的情境脉络是：儿童发现价值、开发价值、生成价值、融入价值。所谓发现价值，是说文本中的价值不是教师告诉儿童的，而是自己在学习中思考、发现的；开发价值是在发现以后的深度认知，发掘价值的意义，让其呈现，让其走到课堂里来；生成价值则是对原有价值的超越，由此及彼，发现新的意义，创造新的价值；而这一切，都是儿童凭借主题融入价值的过程。《皇帝的新装》"共学"阶段，聚焦"新装"，学生质疑如此精彩，如此深刻，正是发现、开发、生成、融入价值的经典片段。由此看来，主题教学追求儿童的深度，追求儿童的哲理。这方面窦桂梅的课尤为突出、可贵。

基于儿童立场的主题教学，其实是鼓励学生敢于超越。对于窦桂梅在探索阶段提出的"三个超越"——"学好教材，超越教材""立足课堂，超越课堂""尊重教师，超越教师"，我向来持肯定、赞赏的态度。"三个超越"

是儿童立场的具体体现，是主题教学的境界。

四、主题教学的核心策略和主要手段是语言文字的运用

在主题教学的语境下，主题也可以是核心语词，准确地说是用核心语词来呈现主题。这启发我们，语文教学应围绕主题整体推进。

不同语境下的主题有不同的认定和内涵，可见主题是多元的、动态发展的，因而主题教学是丰富多彩的。但无论何种语境、何种内涵的主题，都离不开语言文字的运用，都要落实在语言文字的运用中，否则，就不是语文的主题教学。正因为此，大家听窦桂梅的课，总是叹服于她的生动与深刻，毫无说教的感觉。这样的主题，才是有根的、实的，活泼泼的语言文字里是一个个活泼泼生命的跃动和生长。

在语言文字的学习运用中，窦桂梅的主题教学呈现三种方式。其一，通过语言文字的朗读、感悟，引导学生探寻"主题潜伏"，进而让"主题呈现"，并引导学生将"主题深化"，同时进行"主题拓展"。《皇帝的新装》的教学中，聚焦大臣、聚焦百姓、聚焦皇帝、聚焦结尾以至聚焦现实，都是在语言文字的伴随下，主题予以凸现和深化的过程。其二，课堂教学中，采用"预学—共学—延学"的版块结构，让学生在语言文字中"摸爬滚打"，有几个来回，这正是在主题教学中的语言文字与儿童的相遇和游戏，于是有了语言文字与主题的狂欢。其三，制定《小学语文质量目标手册》《小学语文乐学手册》，并将两种手册转化为课堂教学的理念和方式，从而整体推进了主题教学的发展。

孙双金的语文世界

孙双金的语文教学，大气。

孙双金语文教学的大气，是种大智慧。

庄子给大智慧下了个定义："大知闲闲"。闲，空也；空，无限大也。他是说，大智者关注世界，关注人类，有大胸襟，有大视野。

孙双金正是循着"大知闲闲"去探索、研究，去追寻、生长大智慧的。于是，他走进了语文世界，而且，他正在努力建构一个属于自己的语文世界。我们不妨把他的语文教学叫作"孙双金的语文世界"。

语文课程、语文教学应当是一个世界。但在实践中，我们常常将语文狭窄化、封闭化，用印度著名哲学家克里希那穆提的话来说："我们在自己的四周筑起了一道墙，然后把自己封闭在一个秘密的世界里。"这种狭小的、秘密的世界，使学生的"语文呼吸"逼仄、急促，"语文边界"越来越收缩。而孙双金的语文世界，放开了边界，敞开了视界，他的语文课程、语文教学有了大格局、大手笔，让学生拥抱一个大世界。

语文课程、语文教学应当有属于自己的世界。但在实践中，我们常常生活在别人的世界里。这样，语文，总是别人的，而不是自己的；语文生活，总是为别人的，而不是为自己的。用凡·高对自己弟弟的话来说，不能总是在巴黎的大街上徘徊，而没有自己的麦田；用海明威的话来说，不能不找到属于自己的句子。而孙双金的语文世界，是他带领学生共同建构的，他和学生都有自己的麦田，都拥有属于自己的句子。

这是孙双金的大智慧，是他语文教学的一大突破。孙双金用自己的创造性劳动，启发我们，一个优秀的、有追求的语文教师应当去开辟一个语文大世界。当语文世界建构起来的时候，语文教学就会进入一个智慧的审美境界。

一、"13岁以前的语文"：重构小学语文教学体系，让学生拥有当下语文生活的幸福，而且拥有未来美好的人生

"13岁以前的语文"，是孙双金自己建构的概念。概念不只是一个符号、概念的变化或重建，而且意味着理念的变化和文化的重构。毋庸置疑，"13岁以前的语文"指的就是小学语文。初看，两者无甚大的区别，但仔细想，"13岁以前的语文"有着丰富的内涵、深刻的意蕴。13岁以前是人生开初的一段，但它已将这开初的一段融入了人生的长河，而人生的长河连绵不断，汩汩而流，流向人生的大海。显然，"13岁以前的语文"已链接了人的一生学习，纳入了终身学习的框架，融入了终身教育的理念，其眼光之长远，其视野之开阔，是显而易见的，已经超越了"小学语文"。这是其一。"13岁以前的语文"，更凸显了这一段语文学习的特殊性、紧迫性。因为13岁以前是人的语文学习的一个关键阶段，用孙双金的话来说，少年之记，如石上之刻，在童年时期播下什么种子太重要了，"种瓜得瓜，种豆得豆"啊！孙双金用"13岁以前的语文"来提醒我们，在大千世界里，悠悠万事，唯此为大，唯打好语文学习的基础为大。显然，"13岁以前的语文"更富使命感、责任感，也更富时代的色彩和要求。这是其二。小学，是学制系统的概念，而"13岁以前的语文"，则更多的是融合生理、心理元素的文化理念，它所指向的是儿童及其童年生活。这样，"13岁以前的语文"强化了童年语文学习的价值，彰显了语文教学的儿童立场和本质特征，将会一扫僵化的、成人化的语文教学所造成的童年阴霾，而充溢着童年语文生活的阳光。这样，儿童的未来会是幸福的，当下的语文学习也是快乐的。这是其三。由此，我们不难得出这样的认识："13岁以前的语文"提升了语文教学的理念，它将会革新当下的语文教学。

孙双金明确地说，"13岁以前的语文"应当"重构小学语文教学体系"。这一体系就是一个世界。孙双金用体系的建构，给孩子们一个童年的语文世界。这个语文世界给孩子们带来了什么幸福的礼物？孙双金说，一是国学经典，二是诗歌经典，三是儿童文学经典。他又把这三种经典称作三根支柱，是这三根支柱支撑了童年的语文世界，而且将会支撑孩子们未来的人生世界。经典，总是与时间的磨洗、积淀联系在一起，从某种意义上来说，经典是一个国家、一个民族乃至人类文化的优秀传统。因此，孙双金的这一命题自然涉及如何对待文化传统的问题。美国当代著名的社会学家爱德华·希尔斯对传统有一个精辟的阐释："传统是围绕人类的不同活动领域而形成的代代相传的行事方式，是一种对社会行为具有规范作用和道德感召力的文化力量，同时也是人类在历史长河中创造性想象的沉淀。"行事方式、文化力量、创造性想象的沉淀，传统这三个要义告诉我们，传统，尤其是经典，不仅属于过去，而且属于现在，也属于未来。孙双金把文化传统、文化经典送给孩子，就是把他们带进了文化历史的长河，孩子们领受幸福的礼物，在人类优秀的文化天空里翱翔，这，当然是幸福的，而且为孩子们一生的幸福奠定了基础。

当然我们也会提问，难道"13岁以前的语文"就是这些经典吗？现有的课程呢，教材呢？孙双金清楚地认识到这些问题，因而对现有的教材作了处理，把现有教材与所编制的教材融合在一起。这样，"13岁以前的语文"体系自然包括了语用文体的内容，语文的实用功能并未被边缘化，学生的语用能力并未被减弱，可见，体系是科学的、完善的。同时，新体系的建构促进了教学方法的变革，概括起来是：现有教材通读全文、理解关键内容、背诵精彩词语片段；国学、诗歌经典以诵读、背诵为主，辅以适当讲解，理解大意，"不求甚解"；儿童文学重在引导，以学生自主阅读为主；语文作业基本形式为写日记、写随笔、写读书笔记；等等。孙双金作了整体思考、系统设计、具体安排。确实，这是个体系，是一个变革后的语文世界，充满新意。

二、"情智语文"：重构语文课堂教学，在童年语文世界里，让儿童情智互动共生，拥有发展的本领和智慧

如果说"13岁以前的语文"是一个大世界，那么，可以说"情智语文"

更多地注重课堂教学，相对来说是个"小世界"；如果说"13岁以前的语文"主要是体系建构，是教学内容的调整、补充，是一种重构，那么"情智语文"则侧重于学生学习语文的情态、方式，指向学习的意义和价值。而这一切，都涉及孙双金语文教学的核心理念，由此，进一步丰富了孙双金的语文教学风格。可以这么说，正是语文"大""小"世界的建构与融合，孙双金语文教学，显得更为大气，更为从容，更为优雅。孙双金又用他的发展与深入研究告诉我们，教学风格形成和丰富的背景应当是一个开阔的、开放的语文世界。于是，一个优秀的语文教师或曰语文名师都应当向自己追问：你建构了一个语文世界了吗？

问题还在于，这是一个什么样的"世界"？孙双金寻找并把握了语文世界的两个主要元素，那就是情与智。是情与智在语文世界里的相遇、碰撞、互动和共生，才使语文世界洒满阳光，充溢幸福，成为一个灿烂无比的世界，也才成为一个实实在在的世界。

首先，情智语文所构造的世界是一个"人"的世界，是关乎人的生命的世界。孙双金常用"人"来作比，他说"人"的一撇上写着五个大字："高尚的情感"；一捺上也写着五个大字："丰富的情感"。他深入地说，情与智的和谐是为了造就"全人"，而不是唯智，或唯情，或唯理的"半人"。显然，情智语文是关于人发展的语文，是为了培养"全人"、健康人的语文，这是情智语文的宗旨。有人一定会有这样的质疑：语文教学本来就是关于人的，是为了人的。是的，这正是语文教学的立意、使命，是我们大家共同的追求。但是，不可否认的是，我们常常在语文教学中让人缺席，让人边缘化，让人工具化。把"人"立于情与智两个重要元素上，正是让人在情感与智慧的交融中，再次拥有人的感觉，拥有人的价值，拥有属于人自己的尊严和幸福。如果当你抬起头仰望语文这一片星空的时候，你一定会在情与智的闪烁中发现一个大写的"人"字。

其次，情智语文构造的世界是一个"童年"的世界。孙双金认为一堂好课，应上得学生"小脸通红，小眼发光，小手直举，小嘴常开"。这是一堂好课的外部表征，其内在的意蕴是，这才是真正的儿童。是的，儿童是情感的王子，儿童也是充满智慧、"未被承认的天才"，总之，儿童是本能的缪斯。如果仍用人来作比的话，那么，儿童的双翼是由情与智共同组成的，或者说，儿童有情的右翼和智的左翼，两翼的张开、扇动，才会使儿童这一艺术之神飞翔起来。但遗憾的是，在日复一日、天长日久的语文教学中，儿童的情被消磨、压抑，儿童的智被挤压、驱赶，剩下的，我们所关注的，而且所见到的，只是苍白、平庸的语言文字，只是一片符号。当语文成了符号世界的时候，儿童已失去了应有的色彩和意义，他们面对的是一片荒漠，儿童的心灵也成了灰色的世界，枯燥、干瘪，情与智均被风干了。而当你在情智语文世界里仰望星空的时候，你看到的是童年舞动的蓝天，蓝得透明，蓝得旷远，蓝得就像儿童纯净的心灵。于是，情感的王子在情智语文中回来了，充满智慧的天才被承认了。

再次，情智语文所构造的世界是一个想象的世界。语言文字是让人想象的世界，汉字更是一个让人思想飞翔的世界。情智语文，让儿童凭借着语言文字去想象，在想象中创造，在想象中腾跃和飞升。人不能没有想象。但，我们常常误读想象，总认为想象是肤浅的，是全感性的。雨果为想象正名，他说："想象就是深度。没有一种精神机能比想象更能自我深化，更能深入对象……科学到了最后阶段，便遇上了想象。"雨果还把想象比作"伟大的潜水者"。古哲亚里士多德也说："想象力是发明、发现及其他创造活动的源泉。"为什么？爱因斯坦的解释是："想象力概括着世界的一切。"有一个不可忽视的问题，那就是想象力在语文教学中被折断了翅膀，这一知识和创造活动的源泉正在逐步萎缩、枯竭。我们需要拯救儿童的想象力，需要拯救人类的想象力。也许情感与智慧是拯救想象力的良方。是的，孩子们怀着情感去学语文，定会在语言文字的温度里敞开想象的心灵；孩子们用智慧去触摸语言文字的时候，语言文字里定会升腾起想象的云彩。于是，"伟大的潜水者"，让我们进入了语文世界的深处，而"伟大的潜水者"也在语文世界里探了个究竟。

其实，语文教学并不是一个"小世界"。大与小，有时候是很难区分的。由情与智编织的世界同样是个大世界。由此，儿童在情智语文世界里也不仅仅是一个待启蒙的小孩，而是一个伟大的创造者。

三、爬山与登峰：孙双金为儿童进入语文世界铺设了道路

孙双金构造的语文世界，呈现在孩子们面前。孩子们应当进入这个世

界，而且应当浸润于这个世界。不过，现实是孩子们常常在这个语文世界的门前徘徊，摸不着门道，进不了世界，抑或刚进入，又会由于种种原因退了出来。原因何在？原因很多，缺乏一条道路，不能不说是其中一个很重要的原因。严格地说，缺少一条道路，缺少通向世界的梯子，孩子们进不了这个世界。如果这样，从某种意义上来说，这个世界是无意义的，从本质上讲，这个世界是不存在的。

孙双金明白这一点。他着力铺设一条道路，让孩子去拥抱语文世界。他认为这是一条登山之道，而且提出了登山理论。其理论是由一连串的问题构成的。为什么登山？登什么山？登山的路径由谁选择？怎么上山？登山是一个什么样的过程？在山脚下、山腰中、山顶上有什么不同的感受？……这一连串的问题，串起了我们的思考之链。是的，学习，语文学习，好比是一次又一次的登山，只有站到了高山之巅，才能看到遥远的地方，才能看到最美丽的风景，才会"一览众山小"。此时，儿童的情智才会得到升华，情智语文才会进入一个新的境界。

孙双金的登山理论，又具体化为积累之道、训练之道、濡化之道、不求甚解之道等。

积累之道。语言文字是一个不断学习、消化、吸收的过程，语文学习不是一次性过程，只有在不断吸收中不断积累，才能逐步形成语文素养。因此，我们不难理解，孙双金为什么主张现有教材与教学要背诵成语、句子、片段，为什么主张国学、诗歌经典教学要以诵读、背诵为主，为什么主张儿童文学教学要以自主阅读为主。积累多了，积淀厚了，孩子们才会有语言文字的功底，才会生长起语文能力，才能在语文世界里游刃有余。

训练之道。语言文字只有在运用中才会有意义，才会获得生命活力。哲学家海德格尔说，"言说表达的方式是语言"，"诗人让语言说出自己"。他还说，语言常常有一种"语言的宣告"，那就是"语言的本质存在是作为显示的说"。言说表达，显示等，这些词语无非是在说一个道理：语言文字是需要训练的。孙双金向来重视语文的训练。当然，他追求的是科学的训练，是满含情智的训练。这样的训练，让孩子们有能力去爬山登峰。

濡化之道。从心理学角度看，濡化是一个内化的过程；从文化学角度看，濡化是一个文化的过程；从伦理学角度看，濡化是一个道德的过程。孙双金用情与智把多种学科知识和原理整合起来，通过朗读、字词句篇的训练、领会、体验，在语言文字及其所构造的语文情境里濡化，受到感染，悟语言文字之魅力，学运用语言之能力。

不求甚解之道。不求甚解，不是不理解，而是没有必要追求所谓"深入"的、"透彻"的理解。不求甚解，会给学生留下很大的空间，这个空间是留给学生未来的。这是一种智慧。

一条又一条道路，为孩子们呈现了进入语文世界的无限可能。孩子们进入语文世界了，这个世界才会热闹，才会丰富，才会让孩子们喜欢。孙双金既是语文世界的建构者，又是孩子们进入语文世界的引路人。

孙双金的语文世界精彩啊！

言语智慧的生长

——美学精神引领下薛法根的组块教学

　　常和法根聊天，也在一起开会。每次接触，总觉得他研究又有了新的想法，改革有了新的进展，用联合国教科文组织提出的第五根支柱"学会改变"来描述他，并来表达我的感受，还是很切合的。这就不难理解，法根为什么总是在进步，总是在跃升。萧伯纳曾经说过这样的话："唯一办事聪明的是裁缝。他每次总要把我的尺寸重新量一番，而其他的人，老抱着旧尺码不放。"这是裁缝的智慧，智慧在与时俱进，智慧在有一种"工匠精神"。语文，对于法根而言，就是那衣服那尺寸，而他则是那智慧的裁缝。

一、美学精神的映照：薛法根语文教学研究、改革的新境界

　　讨论语文，不得不讨论美学和美学精神，有学者在审视美学史时这么认为，"美学史就是语文——历史的科学"（朱存明《情感与启蒙》）。语文离开美、离开美学，就不是真正的语文，甚至不是语文。随着研究的深入，美学与语文越来越互相映照，越来越融合。对中国语文教育来说，美学是语言文字的感性释放，美学是语文价值的再造，美学是对语文生命的诗化阐释。显然，作为语文教师，必须用美学精神来丰富自己、提升自己，缺少美学精神的语文教师，他的语文教学绝不是语文教育，绝不会走向审美的崇高境界。

而薛法根却不是这样。他首先体现了对美学精神的不断追求。黑格尔、雅斯贝尔斯等都曾分别定义过哲学。黑格尔说："哲学的工作实在是一种连续不断的觉醒。"雅斯贝尔斯则说："哲学不是给予，它只能唤醒。"他又说："哲学就是在路途中"。美学，作为哲学的一个分支，当然亦是如此。假若你永远行进在路途中，假若你不断地被唤醒，又不断地自我觉醒，那么，你一定是在追索美学，也一定在养成一种美学精神。薛法根正是，也许以往他还是自发的，而如今他已逐步走向自觉，美学精神在他的语文教学生活中日益彰显。

　　从学习品质看，法根具有中国美学中的静虚和坐忘精神。静虚，内心宁静，抛却浮躁，走向谦逊，让自己的心灵在安静、谦逊中得到安顿。这是一个审美体验的过程，极具美学精神。法根具有谦虚的美德，他总是说"我有许多知识是不懂的"，又总是说"不少问题我还没想清楚"。当然他也会说"近来我有了一些新的想法"。近几年，他的阅读视野不断拓展，已超越了语文的边界，开始涉及心理学、社会学、美学、哲学等。随着阅读视野的开阔，他对语文教学的理性思考日渐深入，组块教学内在关联的逻辑线索越来越明晰。其实，法根的内心又是不安分的，但是不安分并不是不静虚，正是静虚让他学会静下心来反思，在反思中寻求突破，在突破中创新。我以为，静虚精神品格，培育了他的创新精神，甚至可以说，静虚品格正是一种创新精神。坐忘，中华美学的又一精神。说到坐忘，我们似乎看到了那亮着灯光的窗户，那灯光下的人，专心地读书、研究、写作……刻苦、忘我，耐得住寂寞，抛却功利，走向纯粹。法根就是那个亮着灯光的窗下的人。我知道他的身体常有不适，但是学习的品质、刻苦的精神、坚持的意志从来没有淡化，更没有淡忘。坐忘，说到底是忘我。法根为了学校发展，为了青年教师的专业成长，为了孩子们的秀外慧中，常常忘了自己的病痛。静虚与坐忘，铸就了法根的品格，在他的品格深处烙下中国美学精神的印记。

　　从学术的品位看，法根具有中国美学精神中的注重品味的审美品格。季羡林先生曾经分析过中国美学与西方美学的差异，认为中国美学更注重对美的"品"，亦即审美的内在品格，比如，中国常以梅、兰、竹、菊、松等表达审美感受和所追求的品位。法根领悟到这一特征，在中国美学精神的引领下，语文教学走向内涵，走向核心，走向深处。但是，这些走向绝不是要把教学搞得复杂起来，相反，法根注重教学的清简、幽默和自然，以此来切入和牵引教学，即在清简、幽默、自然的教学风格中，引导学生品味课文的内涵，渐渐漫溯深入，抵达核心。这是以简驭繁、以愉悦致深刻、以自然求真实的审美过程。如他的《爱如茉莉》课例，淡淡的爱在哪？在对茉莉清淡、素朴美的品味中。还有《我和祖父的园子》《剪枝的学问》等，都有这样品美的历程。我们不妨作这样的概括：法根对中国美学精神的追求，凝练为清简的风格、自然的品格，表现为教学的智慧。法根的教学实践告诉我们，美学精神是可以"看得见"的。让美学精神"看得见"，需要在精神真正内化的基础上，以艺术的方式，使其外显。法根已具备了这样的积淀和实力。

从价值追求看，法根的语文教学具有中国美学的道德感和崇高感。中华民族的优秀文化传统是以伦理道德为底色的，"仁者爱人"，"己所不欲，勿施于人"的道德感十分鲜明；美学又特别追求崇高，没有崇高感就没有美学，也就没有美学精神，"为天地立心，为生民立命，为往圣继绝学，为天下开太平"，生动而深刻地呈现了中国美学的崇高感的追求。作为中国美学载体的中国语文，更要以道德与崇高的追求为价值旨归。法根在他内心深处就是这么坚定地认知的。依我看，语文就是语文，但语文又不仅仅是语文，语文首先是"道德课程"，是"价值高端课程"。纵览法根的语文教学，深切感受到他在语言文学的背后看到了人，在母语的深处看到了一个民族，语文育人，语文立人，正是法根的追求。道德感、崇高感又落实在语言文字中，在法根的课堂里，道德感不是说教，崇高感不是空谈，语言文字让道德感、崇高感有了落脚的地方，而道德感、崇高感让语言文字有了灵魂。

二、为发展言语智能而教：薛法根语文教学核心目的和核心任务的进一步聚焦

美学精神也常常通过提问来表现。法根常有这样的自我提问："语文是什么？对于儿童的生命成长有何意义？""语文学科究竟要教什么？怎么教？""儿童语文学习有哪些秘密？我们怎样创造可以带得走的语文？"……这些提问写在他的思想深处，回响在语文教学的上空。提问即追问，追问让法根把语文教学的形而下与形而上结合起来，从"器"走向"道"，追寻、

把握语文教学之道。

　　道，路径也，规律也，哲理也，生命的创造力也——学者们对"道"有不同的解读。我们不必在它的本义与喻义上纠缠，重要的是让自己的认知贴近语文教学的主旨。在法根看来，语文教学之道即语文教学的核心任务，是语文教学的终极意义和目的。这是语文教学的根源性问题。根源性，语文教学之根、语文教学之源，语文教学建基于何处？在哪里诞生？从哪里开始，走向哪里？……诸如此类，假若搞不清，用法根的话来说，就是那"暗自摸索的黑胡同"永远是"黑胡同"。法根想照亮它。

　　于是，法根把眼光投向了言语智能。为什么？道理在哪？法根是从语言的生命性来认识的。他引用海德格尔的话来立论："人是能言说的生命存在。"其实，海德格尔还讲过："语言自我生长"。语言是一种生命，它能自我生长，而使用语言的人，更是在言说中获得生命的存在感和发展感。语言的生命更体现在母语教育上。阿根廷诗人赫尔曼说："祖国就是语言"。语言，母语，不仅是人的生命，也是祖国的生命。无论是人的生命，还是祖国的生命，集中体现在言语智能上，用智慧的方式表达语言，此时的语言就是在言说中闪耀着智慧。中国的语文教学的使命在于让儿童在语言的运用中，向人们展现自己的智慧，向生活表达自己成长的智慧，向世界讲述中国的智慧。当语言成为言语时，当言语表达自己对世界对生活的态度时，它就成了言语智能。法根认定，为促进学生言语智能发展而教，才是语文教学的核心目的和任务。

　　在言语智能及其教学实践中，经过研究，法根有几个重要的成果。其一，他认为言语智能是"语言合金"，是言语智力与能力的统一（这一表述还可以再斟酌，因为能力是智力的一种形态）。既是合金，它是多元素整合在一起的。法根说："以形象思维为内核的智力因素和以实践创造为内核的能力因素，在言语活动中高度融合，就构成了言语的特殊智能"。这样的界定和阐释是合理的，薛法根有着自己独到的见解。其二，言语智能中有两个重要元素，一是思维，一是情感。语言是思维的外壳，怎么思维就怎么言说，怎么言说意味着人在怎么思维，言语智能应以思维为核心。情感，用梁启超的话来说："天下最神圣的莫过于情感"，"情感这东西……是人类一切动作的原动力"。在哲学家大卫·休谟看来，"情感不存在违反理性的问题"，而"理性在指导意志方面并不能反对情感"。儿童是情感的王子，这是大家形成的共识。言语中缺失了思维，就丧失了核心，缺失了情感，就丧失了发展的原动力，丢弃了美。其三，言语智能对于语文教学，就是促使"言语与精神"的同构共生，促进学生核心素养的发展，这是语文教学的"独当之任"。在这过程中，言语智能"成为语文素养的种子，成为文化底蕴的养料，成为人格形成的萌芽"，这是诗意的表达。法根还以直问的方式表达："让学生越学越聪明"。其四，紧紧围绕言语智能应当建构"实战型"的教学。"实战型"教学，不仅意味着要实在，要可操作，而且意味着让学生在实践中理解和运用语言文字。为言语智能发展而教，在法根那里是一个扎扎实实的教学体系。

语文教学核心目的与核心任务的进一步明晰，也在破解一个难题：语文的工具性与语文的人文性。言语智能告诉我们，这一难题必须破除两元思维，应当建构复杂性思维范式。言语智能将工具性与人文性融合在一起，你中有我，我中有你，尤其是中华民族的母语，你即我，我即你，更要融合、锤炼与合成。法根有自己的见解和思维方式，显现了他的功力和智慧。美学精神让他走向高处。

三、组块教学，一种召唤性结构：薛法根语文教学的创新性发展

名师应当有自己的教学主张，由主张而形成教学风格。这是名师成长之道，经验已证实了这一点。法根一直没有放弃这一追求。可是，何为教学主张？又何为教学风格？法根意识到，教学主张、教学风格的本质特征是独特性，其实质是思想的深刻性，不进入思想，风格就丢弃了灵魂，血管里再也没有思想血液的奔涌，若此，风格就成了表演、炫技的面具。所谓思想的深刻性，首先是对教育本质和基本规律的深刻探究与准确把握，其次是对教学基本规定性的深刻认知和把握，再次是对语文教学基本特征、独特任务的深刻认知和把握。舍此，无真正的教学主张、教学风格可言。基本规律、基本规定性、基本特征等，无非言其基本性，就是根本性，就是深刻性。法根正是聚焦在这些基本性、根本性、深刻性问题上潜心研究，而且有了突破性进展。他认为，语文要教形式。他说："要知道，言语智能无法'裸奔'。语文

教学须以教材为凭借，关注语言形式三个层面的教学。"又认为，"教学在于'织线成网'"。于是，法根提出了组块教学，"即以发展学生的语文运用能力为主线，将散乱的教学内容整合成有序的实践板块，促进学生言语智能的充分生长"。

组块教学是一个结构，法根认为所谓结构，就是在关联理论的支撑下，以教材为蓝本，"紧扣教学的关键点，连点成线、织线成网"。值得注意的是，他不求教得完整，而求教得立体。艺术家李默然说："不论什么艺术都应该以几何图形为标准，要具体，要有长度、宽度，更要有深度。"风格一词，有不少的比喻，其中一个是：风格是个立方体。立体的语文是站得起来的语文，组块教学追求语文的立体性。此外，他不求教得多深——不是不要深度，而是求学得充分，组块教学为学生充分学习提供了多侧面的平台，引导学生从多种视角审视语文材料，学得充分，自己就在语文中生长起来，内心丰盈，自己就在语文中站立起来。

组块教学不是普通的结构，它是一种"召唤性结构"。召唤性结构具有空间性，为学生提供足够的空间。但空间不能离开时间，只有时间在空间里流淌，空间才有意义，因此马克思说："时间是人类发展的空间"。组块教学就是由空间与时间共同编织成的结构，充满着无限的可能性。召唤性结构具有开放性，为学生拓展更大的视域。组块教学注重结构的紧密，但不封闭，相反向外打开，学生从这一结构中走出来，可以走向另外一个结构，发现新的天地，甚至可以建立新的结构。召唤性结构具有开发性，激励学生去研究、探索、开发。组块教学只为学生提供材料，绝不提供答案；只为学生提供思路和线索，绝不提供所谓的标准。这样，学生的学习就是在开发，在持续开发中有所发现，有所创新。召唤性结构当然具有召唤性，召唤学生去探究，鼓舞学生去争辩，就像《狼和小羊》中的小羊，从容、沉着、应答、反驳、以理服人。如果用一个比喻来形容组块教学的话，我想用"造房子"来作比。在组块教学中，学生的语文学习好比用语言文字来造房子，门、窗、廊、床、桌、椅……都在开发设计中。造房子就是造一个世界，组块教学引导学生走进生活，走向世界。无疑，组块教学极具美学特征。

法根重视形式是很有道理的，美国儿童剧领域的"教父"托尼·瑞奇在讨论儿童剧时，反复强调形式。他说："儿童剧里最难处理的，还是形式，最简单的总是最难办。"他还说："我们追求的简单，是在表达方式层面的，做减法，洗净铅华。"语文教学又何尝不是如此呢？组块教学，这一形式，内涵多么丰富；但它又不只是形式，是形式包裹下的无比丰富的内容。因此，法根将组块界定为内容板块：以语文核心知识为内核的板块、以语文能力为内核的板块、以语文问题解决为内核的板块。而这一切都是为了儿童的学习，法根将其界定为联结学习，这就是与组块教学取得内在的高度一致，形成了教学的整体。

在美学精神的引导下，法根正在实现一个转化，从教师转化为研究者，转化为学者。他是个智慧的"裁缝"。他不断地量学生的尺码，为学生提供适合的教育，提供智慧语文，为言语智能发展而教，其实，他也在不断地量自己。我们应当为他鼓掌。

在《童年的月亮爬上来》的背后

——周益民诗化语文的探索

很喜欢周益民的一堂语文课:《童年的月亮爬上来》。这是一堂有创意的课，总觉得童年的月亮也悄悄地爬上了我们的心头，升在湛蓝的"心空"。

教有关月亮课文的不在少数，各有各的定位，各有各的风格。应该说不同的定位并没有好坏之分，但肯定有高低之别。高与低的区别主要在对月亮文化意义与审美价值的认识、阐释和教学的追求及其实现上。月亮并无年龄的规定，却可以赋予其年龄的象征。周益民的教学主旨不在"月亮"，而在"童年"，但是把"童年"依附在"月亮"上却别有一番意蕴。显然，此时的"月亮"，是儿童眼中的月亮，是对儿时月亮的回望，是对月光下童年生活的复现与追忆，甚至可以认为月亮是儿童的代意词。这样，教学的价值指向儿童对月亮象征意义的理解与想象，月亮带给我们关于童年生活的反思。当下的儿童已失去了真正的童年生活，稍大点的孩子已失去了对童年生活幸福的回忆，他们不知道蚂蚁的家在哪里，不知道蜜蜂为什么而忙碌，再也不会用苇叶放在嘴里吹奏，再也不会把木块做成心爱的手枪，无暇仰望星空、追随月亮。在这样的生存状态下，月亮的圆缺、月亮的乡愁、月亮的思恋虽很重要，但对儿童来说已在其次，重要的是通过对关于月亮童诗童谣的朗读与讨论，在"拜月亮"中，激起快要泯灭的童趣，儿童沉浸在遐想的欢乐之中，此时，孩子才像孩子，儿童才真正过一回儿童自己的生活。教学中"月问"

的设计，儿童问的其实不仅仅是月亮，更重要的是让儿童敞开心扉，与月亮有一次美丽的约会、一次真诚的对话、一次顽皮的游戏，是让月亮问问儿童：你们还好吗？儿童与月亮融为一体，已分不清哪是月亮哪是儿童。月亮被标上了儿童文化的色彩，于是真正成了"童年的月亮"，于是爬上了儿童的心头，映照着一颗颗童心。

值得注意的是，月亮的这种儿童文化意义的赋予又搁置在审美价值上。康德把美与崇高联系在一起："我们把绝对的大的东西称为崇高。"车尔尼雪夫斯基也有同样的论述，他说："一件东西必须出类拔萃，方称得上美，这是千真万确的。"他进一步论述，"假使认为美学是关于艺术的科学，那么它自然必须论及崇高"。所以，美、审美应该与崇高相伴。儿童与月亮的话题极易上得生动、有趣，但很可能缺少崇高感。周益民在教学中从"用'O'来代表月亮"，引申出在人们心中月亮是"独一无二"的，引申出"故乡概念放大"后的"中国月亮"，以及"嫦娥一号"，让学生心中悄然升起民族的自豪感，在轻松中有了崇高感，在笑谈中有了庄严感，那种被康德称为"大的东西"在儿童心灵中生成、升起来，是真正的审美教育。《童年的月亮爬上来》追寻的正是这种关于月亮的儿童文化意义与审美价值。这可能是周益民的思考之一。

周益民的思考似乎还在深入。他还思考什么呢？他在《课后"写在前面"》中说："隐藏在课堂背后的，则是我的对语言与人之存在关系的一点思考。"问题很清楚，他关注童诗童谣，关注语言，但更关注童诗童谣和语言中的"人之存在"，或者说，关注语言还不是他的终极目的，终极目的是语言中的人，抑或他关注语言是如何让人生存的，人在生存中是如何依凭语言去创造的。这样就使他的教学具有哲学上的思考。

关于语言与人的关系，海德格尔早就有精辟的论述："语言是存在的家。"他的进一步解释是：言说"近乎生存的揭示"，"人这个在者正是以说话的方式揭示世界也揭示自己"。在"诗"的层面上，也同样如此，海德格尔认为，诗人"以他自己的方式即诗的方式，把他经受的语言之体验形诸语言"。一部人类文化史告诉我们，开始的语言几乎是诗。维柯就有如此的论述，原始的民族，"由于一种……本性上的必然，都是些用诗性文字来说话的诗人"。中国文化更是一种"诗性文化"。（刘士林《中国诗性文化》）周

191

益民选择关于月亮的诗与歌谣来教，显然是让儿童在诗与诗性文化中认识自己、发现自己、提升自己。首先，周益民让学生诵读正在远去的传统童谣，让他们与月亮婆婆、月亮姑姑、月亮姐姐交谈，交谈中有点顽皮，有点撒娇，显出一个个真正儿童的可爱。从主旨出发，周益民指点的是诗谣中的"我"，且让学生进行文学小研究：孩子看月亮有什么特点？孩子把月亮当什么了？这些称呼给人什么感觉？完全站在儿童立场上，以儿童眼光来观察，以儿童方式来提问。在诵读与研究中，学生发现的不仅仅是月亮，而是月亮与"我"、月亮中的"我"。这种对"我"的认知与追寻，正是对童年的追溯，是对儿童好奇心、想象力的开发。其次，让学生自己创编关于月亮的儿歌。因为有了传统诗谣和"月问"的基础，又有了儿童画《我上月亮荡秋千》的启发，学生们用自己的语言现场编作了五首儿歌。他的点睛之笔在："通过童谣的创编与研究，我们发现，在孩子眼里，月亮——"让学生在想象中归纳、小结"月亮是我们的亲人"，仍然回到了"人"的主题上。周益民的用意在于，诗人言说自己，我们也是小诗人，也应当言说自己，表达自己的情感体验，在"形诸语言"中"揭示世界也揭示自己"。再次，教学往"大诗人"上推移，诵读彭邦桢的《月之故乡》和李白的诗句，"成人和孩子眼里的月亮是不完全一样的"，"成人的月亮与我们孩子的月亮也并不是完全相对的"，但"人即使长大了仍会记得童年的时光，记得童年的月亮"，"童年的幻想成了成年后的动力与资源"。于是，无论是儿童还是成人都在语言中确认了自己，都用语言表达了自己、提升了自己。《童年的月亮爬上来》想揭示的正是这样的理念：让语言在人的创造中成为一种图景，获得生命，让人在语言的言说中成为一种价值存在；语言的自觉实质是人的自觉，语言的实践是人的问题。这可能是周益民的思考之二。

以上两方面归结起来，周益民希望通过这堂课的探索与研究，对自己"诗化语文"的命题作出更深入的思考，有更准确的把握。我是非常赞成"诗化语文"的，倒不是它要变成另一种语文，也不是标新立异、夺人眼球，更不是故弄玄虚，制造一个概念，而是对语文本质的深刻追问、对语文教学现状的严肃反思。说老实话，命题提出至今，不少人仍存有疑虑：所有的语文怎么可能都"诗化"呢？"诗化"会不会虚化，使语文华而不实而丢弃了语文独当之任呢？应当承认，这些疑虑与忧虑不是没有道理的，正如美国科学哲学家托马斯·库恩在讨论"范式"概念时所说："术语会误导读者。"因此有必要对"诗化语文"的规定性作出比较清晰的解释。

我们可以先讨论一下"诗"。"诗化语文"离不开对"诗"的理解。大家曾对诗有过许多精深的论述。非常有意思的是，美国诗人弗洛斯特说过这么一句令人不断回味的话："诗歌就是翻译中失去的东西。"因为"诗是连接人、社会、宇宙的心"（池田大作语），"诗不是属于现实部分的事实，而是属于那比现实更高部分的事实"（高尔基语），显然，诗旨肯定和艺术联系在一起，"艺术的本质是诗"（海德格尔语），在古希腊语里，诗学的本义是指创作或塑造的艺术，而艺术与审美"带有令人解放的性质"（黑格尔语）。所以，千万不要把诗只当作一种语言形式，只当作一种华丽的词藻、浪漫的情调、斑斓的色彩。

我们再讨论一下"诗化"。加拿大教育现象学者马克斯·范梅南曾对诗化作过一种解释，他说："所谓诗化不仅仅是诗歌的一种形式，或一种韵律的形式。诗化是对初始经验的思考，是最初体验的描述。"我以为，"诗化语文"就是让语文在教师的召唤下，在儿童的自主建构中"呼出时代和生命的真实感——这就是诗的本质"。（卢荻语）

更为重要的是诗与语言的关系。法国启蒙主义时期学者尔格·哈曼强调，"诗是人类的母语"，有学者还指出，语言的源头是诗。诗、诗化，离不开语言，离不开母语；诗、诗化正是从另一个层面，或者说从"根"上关注母语、关注语言，关注中国的诗性文化与诗性智慧。

以上的讨论，实际上是自我追问与思考，进而追寻"诗化语文"的理论依据。我们所讨论的是诗化语文的基本思想，这些基本思想应该成为诗化语文的基本规定性。回过头来看这些基本思想和规定性，在《童年的月亮爬上来》的教学中得到了体现和落实，即聚焦在月亮被赋予儿童文化的意义、审美的价值，以及在童诗童谣里发现人、发现儿童上，语言真正成为儿童们的家。

童年的月亮，让我们进入了诗化的境界；《童年的月亮爬上来》，让我们眺望了那灵动的教育智慧。

华应龙：小学数学教育的智者

华应龙的数学课，有独特的色彩和光亮，有丰富而深层的意蕴。很喜欢，很赏识。常常想：我在华应龙现在这个年龄，能这么设计吗？能这么研究设计吗？能这么去呈现吗？能这么去表达吗？答案是否定的。不过，我并不难过，相反，很高兴，因为有华应龙这样的一批年轻人，我们国家的小学数学教育才有希望，中华民族的小学教育才会站立在国际对话的平台上。因此，应把华应龙当作与世界小学数学界进行交流和研究的对话者，而且是优秀的对话者。

一直在寻找一个词来概括华应龙的教学特色，表达我对华应龙教学的总的认识，但是，十分困难。这是因为他美丽的侧面太多了，所再现的色彩丰富，所蕴含的意义又很深。不过，我想也许用一个普通的很流行的词来表达，倒可能是最合适的。这个词就是：智慧。

实际上，不能小看、轻看"智慧"。可以这么去判断：人类一切最优秀的文化都是智慧的结晶，自古以来杰出人物都是智者。华应龙的小学数学教学正是人类文化的田野里开出的一朵鲜亮的花，华应龙正是小学教育界的一位智者，一颗越升越高的星星——老实说，这并不过分。

自知者明，知人者智。华应龙首先对自己有一个清醒的认识。比如，他对生活中的"我"有发现："我的年历上没有星期天，没有节假日，有的只是一天五六小时的睡眠，深更半夜，烛泪将尽，常常是和衣而睡。一觉醒来，踏踏步，暖暖身子，继续看书，……沉浸在教育教学的王国。"黎巴嫩诗人纪伯伦说得好：人是一支队伍；有的人因队伍走得快而离开队伍，有的人则因队伍走得慢而离开队伍。显然，华应龙是离开队伍的一位领跑者。华应龙的成长告诉我们，智者首先是一位辛勤的刻苦的开垦者、耕耘者，不付出，哪来的智慧？华应龙还告诉我们，生活中处处有智慧，如何认识生活、对待生活，实质是如何认识自己、对待自己，其间生长出智慧。比如，他竟然把生活中的打篮球和自己的成长联系在一起，把篮球当作自己的"导师"，而且产生了一种美丽的遥远的想象："庞加莱猜想"。一个有想象力的人，一个善于联想的人，是有智慧的。从华应龙的课上，你可以发现，他一直在现实的教育场景中展开教育想象，因而充满着激情，充满着"梦幻"般的色彩。

更为重要的是，华应龙对学生的认识。他对学生的认识更多的是一种发现。他发现了学生的什么呢？他发现了学生是"尧舜"。这种发现是基于儿童心灵的发现，是基于儿童最伟大之处——可能性的发现，所以他说，"人皆可以为尧舜"。他告诉我们，教育教学本身就是一种"可能性"，一切奇迹都可以在课堂里发生，其背后的哲理是：人，尤其是儿童就是一种创造性、超越性存在。不过，儿童的可能性常常被许多现实性的东西遮蔽着，久而久之，可能性的光芒会消退，会消失。唯有智者才能洞穿现实性，去发现可能性。华应龙在课堂里的挥洒自如，与学生心心相印，热情而又幽默地对话，正是他在尊重学生的前提下，独特的慧眼发现了儿童的独特之处，你别看华应龙身材可以说是魁梧的，但他的教育身姿是低的，他伟岸的身躯里有一颗勃勃跳动着的"童心"，他的教育姿态最美丽。

对人的认识和发现固然是智慧的，对教育教学的认识当然也是一种智慧。我们日复一日、年复一年地生活在"教育""教学"中，未必理解什么是真正的教育，什么是最好的教学。华应龙却有深层次的体悟，认为应该像农民种地那样教书。他说，要像农民那样不误农时，要像农民那样调整，因地因物制宜，要像农民那样耐心等待，不做揠苗助长、贻笑大方的事，要像种树那样"能顺木之天，以致夭忙（其性）"，要像农民那样不责怪庄稼，而是反思自己……而这一切不能不说与他是农民的儿子、在农村生活过有关。农民的情思、农业的情结、农村的情怀，让他像一位智慧的农夫在田野里耕耘。如今在现代都市生活，但他永葆农业教育的品格，更显他的难能可贵。

理解教育教学，离不开对学习的理解。华应龙的课堂教学，我认为，最成功的是他把学生真正推到教学的核心地位，"让学习像呼吸一样自由"。只有学生主动地去学，积极地去学，只有学生在教师的指导下学会学习，创造性地去学，才会"像呼吸一样自由"，学生才会享受学习，体验到学习数学的幸福。在华应龙的课堂里，学生兴奋、有激情，思维活跃、有创见，这和学生获得主体性的真切体验是分不开的。此外，学习像自由呼吸一样，还意味着，学习不是技能的训练，而是智慧的生长，是思维的发展。华应龙把教学、把学生学习的真谛巧妙地把握在自己的手里，教学像清溪那么欢畅地流淌，像是登山一样踏级向上，去高峰欣赏更辽阔的美景。这是一种智慧，是一种大智慧！

智慧的核心是创造。华应龙是一个创造者。他从不满足，在他那里，抵达是又一次出发，每一次出发都是新的抵达。华应龙之所以能创造，是因为他既有丰厚的学科专业，又有个性化的学科数学专业，更为重要的是，他把学科知识与学科教学知识结合在一起，驾驭自如，其间充满着创造。

华应龙这位智者的背后实质是他的文化底蕴和哲学功底，是他思想的深度与高度。一次上课，听课的既有数学教师，又有很多语文教师和其他学科的教师。他对大家说：也许你们听我的数学课还是有意思的。结果，所有听课的教师都说，华应龙的课的确有意思。这种有意思，实质是一种有意义。华应龙的这句开场白绝不是戏言，相反是一种自信，自信中又饱含着真诚。这种自信是他实力的自然流露和生动体现。他在语文教师们面前不仅表达了对"数学文化"的理解，还表达了对"教学文化"和"课程文化"的理解。这不仅与他对数学本质的深刻认识和准确把握分不开，也与他丰富的文化素养和全面良好的知识结构分不开。不难想象，华应龙也是一位优秀的语文教师，不妨把他看作是教学文化、课程文化的研究者和智者。

也许以上这些只是华应龙的一个侧面。即便如此，也让我们看到了华应龙智慧的结晶和深意。不夸张地说，华应龙已站到了与国际小学数学教育界对话的平台上，用他的课，用他的研究与实践，表达他数学教学现代意义的认识和发现，生动而形象、准确而又深刻阐发着中国数学教学及基础教育的文化传统和新的追求。总有一天，华应龙会登上国际小学教育的舞台，传播中国的教育智慧。我们完全相信，而且乐观地期待着。

徐斌的主张与风格

　　徐斌是一个个性鲜明的人，比如他的直率、干练，尤其是他的真诚与勇气。和他在一起时，我更多的是倾听，感受他内心的澎湃，触摸他的情感和思想。

　　徐斌已形成自己的教学主张和教学风格，已成为"苏派"新生代的代表人物，在全国产生越来越大的影响。看着他在自己面前树起一根根青春的标杆，一次次瞭望青春的高度，我心中也会泛起青春的浪花。

　　徐斌把自己定位于"用心教师"。他用心去教育，用心去研究，用心去提升。"用心教师"给青年教师的最大启示是：让青春放出光彩，必须对事业、对自己的成长有追求。

　　"用心教师"是一个低调的定位，普通，平常，似乎人人都能达到，但这恰恰是一个很严格的定位。陶行知"捧着一颗心来"，苏霍姆林斯基"把整个心灵献给孩子"，斯霞"以爱心培育爱心，以童心呵护童心"……名师、教育专家、教育家都在用"心"。徐斌的"用心教师"含义是用心做教师，做一个好教师。这是一个不断努力、追求的过程。正是在这个过程中，他形成了自己的优秀品质。

　　其一，好学刻苦的精神。孟德斯鸠说："任何别人的建议和意见永远替代不了发自内心的呼唤。"徐斌带着这种呼唤寻求导师。他忘不了盛大启老师对他的教导，忘不了从县城到乡镇的拜师经历。数十公里的行程，永久牌的自行车，每周都去，少则一两次，多则三五次。徐斌永远在路上，有问不完的问题，有讨论不完的话题，有一直被追逐的感觉。追逐他的不是别人，是自己。

其二，经受磨炼的品格。能不能上好公开课，是一种挑战。徐斌喜欢上公开课，他常说，它是"魔鬼式"的训练，也是智慧的"产床"。每一次公开教学，或成功，或失败，都是一笔不可多得的财富。"一朵具体的花胜过一千种关于它的描述"，重要的不是止于口头的描述，而是具体的实践与磨炼。

其三，坚守与改进的勇气。反思自己、调整自己、改进自己需要勇气，坚守也需要勇气，坚守与改进相结合才能有更完整、更快的进步。他记住了老子的"知其白，守其黑，为天下成"，还记住了朱光潜的"入世需要执着，出世便得'破我执'"。这就不难理解他的无痕教育的"退"与"进"的产生和深化。教学就是人生经验的投射。

其四，深入研究的特质。徐斌是在研究中成长起来的。他做过精细的系列调查研究，从中找到了发展的起点和改革创新的生长点。他做过不同版本的教材研究，形成了全局和整体的观念、贯通前后的结构意识，有了调整和创生教材的能力。18 年，他在小学数学教育中完整地走了三个来回，这既是学习与成长，又是研究与试验，是一笔可贵的财富，应该好好总结。

青春在追求中前进，名师在追求中成长。重要的不是追求到了什么，而是有没有追求，这是徐斌的成长经历告诉我们的。

徐斌不满足于一般的实践，他追求的是在研究性实践中提炼或提升的思想。在深入的学习和深度的思考中，他形成了自己的教学主张——无痕教育。

帕斯卡尔在《思想录》中说："思想形成人的伟大。"如果"伟大"一词显得过高过于神圣的话，那么他的另一种表述倒更贴切："人是靠思想站立起来的。"萧伯纳说："一个人要是没有什么主张，他就不会有风格，也不可能有。一个人的风格有多大力量，就看他对自己的主张感觉得有多么强烈，他的信念有多么坚定。"的确，没有主张就不会形成风格，即使有所谓的"风格"，也只是一个空壳，也会沦为无意义的炫技和表演。真正的风格有自己特有的内涵。福楼拜和别林斯基都认为："风格是思想的血液"，风格是"思想的雕塑"。可见，风格与思想、主张的关系是不可忽视的。

我以为，教学主张是具体化的教育思想，是个性化的核心理念，是学科化的教学见解。鲜明的独特性是教学主张的主要特征，它是共性中的个性，反映了共同的基本教育思想和观念。同时，教学主张也应当是稳定的，如同萧伯纳所强调的"感觉的强烈"和"信念的坚定"。

在20多年的教学实践和研究中，徐斌把教育理念聚焦在无痕教育上，是基于对实践经验的反复思考和反复锤炼，是对教学心得的反复提炼和反复推敲，是沙里淘金，是各种想法的淘洗与升华。用徐斌的话来说，"追寻无痕的数学教育，是我不变的教学追求"。这个"不变的教学追求"是从不自觉到逐步自觉的过程。提出一个主张固然不易，但相对于形成教学主张体系来说，难度还算不大，而形成教学主张体系最为重要的是进行框架和体系的建构，其中少不了准确的定位和合理的解释。在这一点上，徐斌有了很大的进展，也给了我们诸多有益的启示。

一是关于无痕教育的定义。徐斌把无痕教育定义为"把教育意图与目的隐藏起来，通过间接、暗示或迂回的方式给学生以教育的一种教育方式"，并用苏霍姆林斯基和杜威的论述作了解释，即教育的目的不应该以赤裸裸的形式进行，隐蔽教育意图是一种教育艺术，教育应当在不知不觉中进行。这种补充性的解释相当重要。我以为，无痕教育是让教育"看不见"，但一定要让学生的学习"看得见"。"看不见"的教育在"看得见"的学习中，"看得见"的学习在"看不见"的教育中，这样的教育才会更有魅力，这样的学习才会更有效。

二是关于无痕教育的宗旨。徐斌把无痕教育的宗旨定义在为学生的数学学习和发展服务上。他说："将复杂知识教得简单些，将简单知识教得有内涵，让所有的教学活动都为学生的数学学习服务，为学生的全面和可持续发展服务。"不仅如此，他还把无痕教育的宗旨总结成三句话：做学生喜爱的教师，创造学生喜欢的课堂，让学生享受数学学习和成长的快乐。可见，无痕教育是无痕的，但最终是"有痕"的，"有痕"在学生的心灵深处，在学生的数学思想和能力的发展中。这一切都在"喜欢"和"快乐"的"无痕"中。所以，无痕教育是学生真正喜欢和快乐的教育。

三是关于无痕教育的价值追求。宗旨本身就是所追求的价值，但价值追求还应更具体一些。徐斌对此形成了四点认识：让学生更有效地获取知识技能，更有序地发展思维能力，更有机地提升数学思想，更有利地接受情感教育。初看"无痕教育"似乎少了数学学科的特点，但是徐斌阐释的这四点认识非常好地彰显了数学学科的性质和任务，尤其是"更"的表述。徐斌没有把无痕教育当作灵丹妙药，也没有让无痕教育独步天下，其优势是鲜明的，又是有限的。这不仅说明了徐斌的谦虚，也表明了他的成熟和理性。

四是关于无痕教育的操作要义。首先是四个关注：关注学生学习内容，整体把握；关注学生心理变化，深度洞察；关注学生学习过程，精心组织；关注教师教学艺术，更高追求。其次是四个策略：在不知不觉中开始，在潜移默化中理解，在循序渐进中掌握，在春风化雨中提升。这些精妙概括既形成了无痕教育的路线图，又突出了无痕教育的特点——不知不觉、潜移默化、循序渐进、春风化雨；既简洁明了，又彰显了中华民族文化的元素；既表述完整，又具有韵律感，朗朗上口。

五是关于无痕教育的理论支撑。徐斌试图为无痕教育找到理论支撑，进行理论阐释。首先是哲学上的阐释：中国老庄哲学的"大音希声""大象无形"以及"无为而治"的逍遥。其次是教育心理学上的阐释：激发学生的学习兴趣，陶冶学生的情感，增强教育情境的吸引力和召唤性。再次是数学教育尤其是小学数学教育的特性：由浅入深、由易到难、循序渐进、螺旋上升等。更难能可贵的是，徐斌对无痕教育进行了美学阐释，即艺术的方式、人性的关怀、智慧的映照以及审美的意蕴。

在进行理论阐释后，徐斌进行了很好的总结："无痕教育不仅是一种教育方式，更是一种教育思想，是教育的美学和哲学境界，是一种对教育本源的追寻。"徐斌对无痕教育的思考是深刻的，建构是完整的，操作要义是明晰的，教育境界是崇高的。

在教学主张的引领下，徐斌总结了自己的教学特色，逐步提炼、形成了自己的教学风格——稳健厚实。

歌德说："风格是艺术家所企求的最高境界。"雨果说："风格是打开未来之门的钥匙。"所以，一个成熟的教师、一个不断走向成功的教师应当追求并形成自己的教学风格，也正是风格的追求和形成才推动自己走得更高、更远和更好。

徐斌逐步形成了自己的教学风格，即《四川教育》编辑余小刚为其概括的"稳健厚实"。我认为，余小刚的概括恰如其分，我对此有以下几点理解。

第一，稳健是教学的大度与从容。这不仅仅是人的个性使然，更重要的是实力。有了实力，才可能从容镇定，不慌不忙，不急不躁，收放自如，疏密有致，才能逐步指向一种风格。徐斌的教学是稳健的，路线清晰，行进从容。教师从容，学生才会有安全感，也才会有秩序感，这是心理的秩序，也是教学的秩序。这样的安全感和秩序感是具有美感的。徐斌的稳健绝不意味着呆板，更不意味着刻板，是另一种智慧。他的稳健中充满激情。课堂里，他的脸上始终洋溢着笑容，微微的，淡淡的。激情不是外表的张扬，而是内心的理智。从徐斌的脸上，学生可以读到安慰、鼓励、期待。徐斌常常抛出有思维挑战性的问题，在学生的应答中梳理出有思维含量的问题，引起思维的碰撞，擦出思维的火花。无痕教育不是没有深度的，深度不限于知识，而在于思维，思维的深度来自思维的挑战性。由此可见：稳健是另一种灵动，从容是另一种深度。

第二，厚实是内涵的丰厚与教学的扎实。厚实不在于知识量的多和大，而在于教学内容的内涵不是单一的，而是多向度的；不是浅薄的，而是浅近而又有厚度的。所谓教学扎实，是不含糊，不走马观花，不浮光掠影。徐斌在数学课中，讲每一句话，讨论每一个问题，都十分清晰，把重点话讲到位，好像钉钉子，钉进去后还要敲打几下，让进去的钉子扎扎实实。我一直以为，教学就该这样，尤其是小学数学教学。厚实不只是"实"，不只是踏实，不只是扎实。徐斌做到了以下三点：一是思维的厚度。他常常先让自己冷静反思，再用自己的反思带动学生反思。讲课时，他常常以设问的方式提出问题，好像自己没有搞懂，陷入了沉思，挑起学生跃跃欲试的冲动。一问一答中，学生的思维水平逐步提高了。二是精致中的开放。厚实不封闭，厚实也不粗糙。苏南小学教学流派的基本风格就有"苏州园林的精致，太湖水的灵动，石头城的厚实"的概括，这些在徐斌身上得到生动的体现。他向学生的生活开放，向学生的思维开放，向未来开放。事实说明，开放并不影响精致，厚实恰恰是精致中求开放，开放中求丰富和多元。三是删繁就简。厚实不是内容的堆砌，而是删繁就简后的重点突出。如果面面俱到，必定不实。徐斌的数学课线条清晰、简洁，力度就在简洁之中。

第三，稳健厚实的风格与操作策略的结合。风格不是虚空的，既要理论的支撑，又需操作策略的支撑。徐斌为此作了很多探索和总结。除了上述的操作要义，他还创造了"退"与"进"的策略："退"——退到学生的生活经验，退到学生的已有旧知，退到学生的思维起点；"进"——进到学生的认知结构，进到学生的思维深处，进到学生的实际应用。"退"是为了"进"，而"进"是一种拓展、深入，尤其是认知结构和思维深处的"进"，把稳健厚实提到了一个高度。如果只"进"不"退"，可能增加学生的负担；如果只"退"不"进"，那教学便止于表层。既"进"又"退"，教学才会张弛有度，充满张力。

歌德说："一个作家的风格是他内心生活的准确标志。"徐斌，在内心深处，始终涌动着教育热忱，始终追逐着教育境界，这使他的世界坚定和丰厚，让他的数学教育稳健厚实。

贲友林："学为中心"数学课堂的真正实现

贲友林，这位小学数学教师，一直在实践中研究，从来没有停下过探索、前进的步伐。因为他看到了彼岸——前方有一条地平线，闪亮着，召唤着他。这本书——《贲友林与"学为中心"数学课堂》，应当是他的一份报告——地平线报告，同样是闪亮的，激励着他。

与以往的梳理、总结不同，这次的更完整，机构化、体系化更强，主题更鲜明，提升的幅度更大，不只是幅度，更重要的是他的思考、研究的水平——贲友林越来越成熟，越来越深刻。相信，下一个彼岸又在召唤他，他会更勇敢而欣喜地前往，而我们仍是乐观地期待着，因为他没有让我们失望过。

人的发展应当抓住机遇，而所谓机遇，其实是自己创造的。贲友林不仅有这样的认识，而且锻造了自己的品格。这次小结，贲友林又一次抓住机遇，把问题聚焦在自己的教学主张上。这一聚焦让他有了一次重要的跃升。这一跃升是经历了一次次磨炼的结果。阅读中，我真切感受到，贲友林的每一次磨炼，都会有一个成果，都有一种沉淀，每一次沉淀，都会形成一个文化符号，成为他前行的路标。

一、贲友林关于手的三个隐喻：从此岸到彼岸的文化动因、思想张力

此岸、彼岸是贲友林最喜欢的文化隐喻。这一隐喻极具恒定性，又极具未来性。依我看，贲友林是在人生意义的思考、追寻中，思考、追寻他的教学主张的。于是，自然诞生了他关于手的三个隐喻。

隐喻一：摆渡。将教育比喻为摆渡是常用的修辞方式。帕克·帕尔默认为，每次摆渡都有陌生感、新鲜感的话，教学才会有激情，才有创造性。贲友林使用中更着重于自己去解决摆渡的动力问题。他认为摆渡不仅是一种方式，更是一种过程，其动力源自自己的手，用手去掌舵，用手去划桨。一个只坐在摆渡船上不动手不用力的人，是永远到不了彼岸的。问题还在于，教师不仅要自己用手去划桨，还要教会并鼓励学生用手划桨，合力向前。学生绝不是坐在渡船上的人，而是用桨划水的人，所谓"学为中心"，在某种意义上是学生用自己的力量，学会摆渡。

隐喻二：开门。贲友林坚定地认为，教师永远为学生开门，而不是关门。开门，永远为学生开启求知之门、探索之门，从"门"出发，走向社会，走向世界，走向未来。开门，意味着引领，意味着放手让学生自己去走，自己去闯，意味着开放，意味着解放。关门却完全与之相反，关门意味着封闭，意味着控制，意味着狭隘，意味着只有当下而无未来。但用什么去开门？用什么方式开门？最终谁去开门？贲友林曾这么说："教学，并不是在已经绘制完毕的地图上旅行，而是在旅行中完成地图的绘制。"多妙的比喻。是的，开门，走向哪里，应当有一张路线图，但是路线图不是教师绘制以后，让学生按图索骥，而是让学生在旅行中学会绘制，教学永远在开门中，在生成中。贲友林为学生打开了多少门，已无法统计，只要教学，他就是在为学生开门。"学为中心"，在某种意义上是学生自己打开走向未知的大门，在生成中学会学习和创造。

隐喻三：鼓掌。教师的手很特殊，有独特的功能，这独特的功能不只是在操作工具、板书内容、批改作业、命题制卷上，还在为学生指引方向上，用点石成金来形容一点也不过分。贲友林就有这样的手。他在指引方向之前或同时，还为学生鼓掌。他把教师手的独特功能充分开发出来。我常听老师

说，贲友林总是眯着他那不大的眼睛，满脸笑意地看着学生；贲友林总是在学生创意练习时，满怀情意地写下几句赞扬的话。这就是鼓掌，发自内心的鼓掌。他的手总是和心连在一起。"学为中心"，在某种意义上，是用手去引导、鼓励学生创造性地学习。

隐喻充满着哲理。三个隐喻汇聚在手上，其哲理是，开发手的力量，让教师之手有力量、有温度、有方向感，让学生之手成为解放之手、智慧之手、创造之手。因而，手成了文化符号，充溢着思想张力。我们常说，教师与学生心心相连，但结果总是不理想，心与心的分离，绝不是个别现象。也许，从手开始，才能抵达学生的内心。"学为中心"的数学课堂里，你会看见一只只小手，摇晃着，呼唤着，表达着，创造着。如林的手，是一颗颗渴望学习、渴望表达的心。这还不能彰显"学为中心"的教学主张吗？

二、"学为中心"共同的理念和追求，贲友林实现得很好

"学为中心"是个人人皆知、个个会说的理念。其实，知道、会说，并不能确认你已确立了理念。"学为中心"也是个大家都在探索、实践的问题，实事求是地说，真正实现的并不多，严格地讲是很少。"学为中心"，平实、素朴，没有深奥之处，但仔细想想，有多少人是真正深刻理解和准确把握的呢？贲友林就是确定了"学为中心"这么一个人人皆知、平实简单、几乎大家都在研究和探索的命题，似乎没有创新之点，也没有高人之处。仔细想一想，贲友林选择这一命题，绝不是从众，更不是盲从。翻阅他的全书，可以发现他一路走来，一路在追问、反思。他用三个问题不断地向自己提问：为何"学为中心"？何为"学为中心"？如何"学为中心"？三个问题，三个不同的视角，三个不同的维度，逐步推进，逐层深入。可见，"学为中心"这一教学主张的形成，来自他真切、深切的反思，来自他对教学本质和核心的执着、深入的探究和准确把握，来自他真实课堂的一项项变革试验。一言以蔽之，"学为中心"来自他的内心，诞生于他的课堂，是自然生成的。"学为中心"在贲友林那儿不是空中楼阁，而是有坚定的土壤，教改之根深深扎在改革、试验的泥土之中，不虚浮，不虚空，更不浮夸，踏踏实实，实实在在。这就是贲友林的高明之处，就是贲友林的创新之点。

为何、何为、如何，三个问题是对教学基本规定性的追问，三个基本规定性反映了教学的基本规律。贲友林教学主张的形成与提出，意味着他在回归，即回到教学的本质和核心上去。他在渡向彼岸，不过，他从没有忘掉此岸。一个忘掉此岸的人，失却的是根基，模糊了出发地，没有出发点，便没有目的地。回望此岸，回归基本问题，才会坚定地向着彼岸，这时候，此岸往往就可能是彼岸，彼岸很可能成为新的此岸。

坚持"学为中心"，贲友林着重研究、解决了以下一些问题，提出了极富创新性的见解和实践方法。

其一，对"学为中心"作出界定："'学为中心'的课堂教学，指教师从学生的学习出发，以学生已有知识和观念作为教学的起点，给学生更多的学习和建构的机会，根据学生的学习过程设计相应的促进学生学习的教的活动。"这一界定比较严谨，具有一定的学理性：一是出发点，二是起点，三是机会，四是活动。从学生的学习出发，而不是从教师的教出发；起点在学生已有的经验，而不是在教师预设的知识目标；有机会，才会有可能，给机会，便是维护学生的权利，用美国教学论专家达克沃斯的话来说，有机会才会诞生精彩的观念；活动是学生基本的学习形式和发展的载体，顾明远先生说，学生发展在活动中，而活动设计的依据是促进学生的学习。

当下不少研究，缺少对概念的界定，即使有了界定，也不准确和周密。贲友林给我们做了一个好榜样，同时说明，一线教师是有能力提出概念，并界定概念的。我们不要求教师成为学者，但不反对教师在实践中，像学者那样研究。

其二，真正关注和研究学生真正的学习。学生在课堂里一定是在学习吗？学生在做作业一定是在学习吗？什么是学习？什么是真正的学习？学生的学习究竟是怎么发生的？对这些问题，我们不一定很清楚，学生不在学习，虚假学习，"疑似学习"的现象不在少数。"学为中心"，连学习的状况都没把握好，怎能叫"学为中心"呢？怎能实现"学为中心"呢？贲友林把关注、研究的触角伸向学生的学习过程。他说："以学为中心，即在教学中不仅关注学生学了什么，更要关注学生是怎么学习的，还要关注学生在学习过程中的态度如何，从而促进学生获得全面的、生动的、积极的、和谐的发展。"在学习，真学习，真正学习的真正发展，成了贲友林攻克的难点。这样的研究才是真实的。为此，贲友林又把学习的目标定位在"着力让每位学生在学习中发挥他们的主体性，挖掘学生最大潜力"上。

知识传授是个黑洞，同样，学生怎么学习也是个黑洞，贲友林在"学为中心"的课堂里试图让这个黑洞敞亮起来，澄明起来。显然，他关注了当代的学习理论，并在教学中切实地去试验，这是了不起的进步。当然，这个黑洞的敞亮、澄明永远是个过程，但已经迈开了第一步，相信第二步、第三步会迈得更好。贲友林的试验告诉我们，"学为中心"的主题和难点就是——让学生真正地学习，让学习真正地发生，它是可以逐步攻克的。

其三，在教学的结构和进程上取得了突破，基本上构建了"学为中心"的数学课堂的模式。贲友林总结了以下一些教学策略，变革了教学结构，推动了学生学习的进程。一是让学生更有准备地学，二是让学生在深层互动中学，三是让学生在研究性练习中学，四是教学之教服务于学生之学。四大策略带来了教学结构和过程的优化，支撑了"学为中心"数学课堂的实现。可贵的也在于形成了自己富有新意的见解。比如，关于让学生有准备地学：学习不等于课堂学习，即要突破课堂的边界，让学生的学走在课堂教学的前头，让教学成为前后贯通的全过程，让学生走进课堂时有备而来，有备，不只是知识的准备，而是学习意愿、学习状态的准备，有备而来教学才会有效，才会高效；学习要有大问题意识，要有"大感受"，贲友林将其称为内心有"警觉"，有深度的思考；进行"小研究"，让学生充分地想，思维体操得到训练。尤为可贵的是，贲友林将前置于新课学习之前的研究与往常的"预习"作了比较："前置性研究学习是组织学生以研究的方式面对将要学的内容，而不是将教材中的知识乃至于结论简单地移植，或者说得更直接些，就是照搬到课前的研究纸上去。"他尖锐地点出了当前一些导学案、学习单的要害，即不是真正意义上的学，而是名称上的、形式上的"学"，学要贯穿于整个过程，一连串直接意义上的学，才会实现"学为中心"的数学课堂。这样的见解，全书中很多，读到这些见解，总会有心灵被撞击的感觉。

"学为中心"的数学课堂又告诉我们，教学结构要改变，结构改变了，教学过程才会改变，教学过程变了，学生的学习方式、学习进程才会改变。而这一切，都需要整体设计，要有智慧的教学策略，以策略来推动"学为中心"数学课堂的真正实现。

三、"学为中心"数学课堂的构建，深处是贲友林的儿童立场

贲友林书中有这样的结论："'学为中心'是一种指导教学实践的教育理念与价值取向……着力于让每位学生在学习中发挥他们的主体性，开发每位学生的最大潜力，让每位学生在求真、民主、合作、愉悦的良好学习氛围中获得预期的意义建构、能力提升以及身心健全发展。"这是"学为中心"深处的思想——儿童立场。

因为儿童立场，才会生发出关于手的三个文化隐喻；因为儿童立场，才会潜心研究学生真正的学习；因为儿童立场，才会有智慧的策略，才会有"学为中心"的真正实现。"学为中心"实质是"儿童为中心"，儿童是课堂的主人。儿童观带来课程观、教学观、课堂观的转变。课程观、教学观、课堂观应当根植于儿童观。"学为中心"，说到底，是儿童立场上的教学的新出发、新建构。

在贲友林那儿，儿童立场首先表现为对儿童的尊重。尊重是教育的起点，没有尊重何来"教育"，尊重的教育才会使儿童有主人翁的感觉，儿童才会阳光、自信。这是儿童立场伦理道德意义上的阐释和体现。其次表现为对儿童学习权利的保护和保障。学习是儿童的天性，也是儿童的权利，不让儿童学会学习、主动学习，其实质是剥夺了儿童的学习权利。这是儿童立场社会学、法学意义上的阐释和体现。再次表现为对儿童的信任。儿童的最伟大之处是可能性，儿童一切皆有可能，相信儿童一定会学，一定学得好，一定有精彩的观念和行动。这是儿童立场的哲学意义的阐释和体现。第四，儿童不只是课程的学习者，是教育的接受者，还应当是课程建设的参与者、研究者、创造者，儿童在老师的帮助下，已在创造适合自己的课程了。这是儿童立场课程论、教学论意义的阐释和体现。多学科、多角度阐释下的儿童立场，全面、丰富、多彩。贲友林的学习、思考是深刻的。

特别是读了贲友林《从"学"的视角透析课堂》一文中"邀学生一起观课"，感觉学生已成了教师了，他们正在把他人的教育变成自己的教育了，而且在帮助、"教育"别人了。这是多么大的变革。"学为中心"的课堂，让我们看到了儿童，看到了每一个儿童，看到了生动活泼发展的儿童。唯此，才有"学为中心"数学课堂的真正实现。

蔡宏圣的数学理性气质

蔡宏圣的文章写得好，文字干净、准确。文字的背后是思想。蔡宏圣的文字里透析着一种哲思。读他的文章，不能浏览，只能静下心来，把目光专注地投射到他的文字上去。只有这样，你才能触摸到他思维的脉动，才能感受到他思想的温度，然后会在心里想：这个问题蔡宏圣说得对，那个问题蔡宏圣说得透。然后会告诉几个朋友：蔡宏圣是个真正的研究者。然后又会在某些场合，对大家说：应当学习蔡宏圣的理性思维的品质，做一个有理性气质的教师和研究者。

说到理性，自然会想到西方理性主义的一些精辟阐述：理性是一种文化精神，理性是一种普遍化力量，理性是宇宙存在的根基和内在逻辑。撇开对西方理性主义的讨论，我们不能不承认，理性会赋予我们最美好的价值期许，进而会确证人的本质力量，理性也会确证教学的本质意义。结合数学教学而言，理性当然会让我们直抵数学教学的核心，以至理性成为数学教学赖以安身立命的文化支柱以及数学教学成功的文化特质与力量。数学教学不能没有激情，也不能没有理性，甚至可以这么说，数学教学的激情应当在理性土壤里生长起来，这样的激情才有深度，因此而恒久。蔡宏圣正是在不断的学习与思考中，挖掘着数学教学与数学研究的理性深度，培植着自己的数学理性气质。

粗略地梳理蔡宏圣的见解和观点，不难看出他的数学教学的主张和追求：和谐，让数学的教与学更美好。可贵的是，他合适地将"和谐"注入了数学的学科特质，即学科教学中的和谐不仅仅是各种教学因素的融合贯通，其首要的必须有精要的学科内核——数学味。"数学味"是一种日常用语，蔡宏圣就是用广大教师所熟知、所运用的这一表述，进行有深度的理论阐述，即数学味是数学视角、数学理性的通俗表达。他认为："敞亮数学课的数学味，不能硬生生地直接阐释数学的本质意义，以致数学的艰涩和抽象把学生搞得晕头转向，这是没有出路的做法。"那出路在哪里？他从四个方面做研究：（1）回归数学科学本体，体会所教内容的数学本质。尤其要探寻其本原意义，以使数学学习在浅显中见深刻，具体中现理性。（2）依托数学历史背景，把握认识跃升的关键点，引导学生关注历史事件背后人的思维过程，跨越和扩展自己的已有认识。（3）倚重数学教育心理，触及所教知识的思维方式，让学生每学一个新的数学知识，便是进入一个新的领域，聚焦于学生内部的认知过程，训练一种新的思维方式。（4）汲取数学哲学精华，呈现良好的数学学科形象。良好的形象不是纯粹的数学知识与技能，而是富有文化色彩的、带有鲜明数学特性的、关注学生内心世界的整体感受。无疑，他的阐释早已超越了用"数学特质"来简单概括"数学味"。对数学文化的认识同样如此，是"内在于"，而非"外在于"。这种认识的深度，没有开阔的视野，没有一定的理论功底是不可能形成的，更不可能拓展。

蔡宏圣的数学理性气质在数学视角下形成，而这种数学视角，是他在自觉地与数学史的链接、融入中逐步敞亮起来的。蔡宏圣用心读了数学史，他依偎在数学史温暖的身旁，自由地呼吸，吮吸着历史的养分，在数学知识最源头的部分寻觅，进而在认识深处自然衍生出新认识的形式逻辑印记，然后把数学史引进小学数学课堂，努力用浅显而又生动的情境去凸显数学思想的深刻内涵，使小学数学教学也闪烁着经典的文化色彩，因此而厚重起来。蔡宏圣对数学史的学习与研究既链接又融入，不过，他的数学教学却是自然的融入而非链接。但是，融入谈何容易？融入首先是融会贯通，对数学史知识有较为全面的理解与把握，而非一知半解；其次是在数学史与数学教学之间寻找到融入点，再自然渗透和表达；再次是让学生的数学认识由具体向形式飞跃。这样，即使是小学数学教学也会充满知识理性、科学理性和价值理性。

必须说明的是，蔡宏圣的数学理性气质绝不是一种表演，更不是一种显摆和故作高深。数学理性也不是让学生"成人化"起来，更不是用自己的理性气质去压迫学生，恰恰是他站在儿童立场上，对儿童数学学习进行理性气质塑造。他说："读懂儿童不是泛化意义上追求对儿童的理解，而应突出地表现为细腻地、科学地对儿童在数学学习中的思维活动作深入的了解和分析。"对儿童的思维活动了解和分析得深，数学就会"变得温情起来"，儿童就会去亲近它、学习它，也逐步塑造起既感性又理性的数学品格、数学气质，在一个个"胚胎"上，日后生长出各种高层次理性认识的多个生长点。这样才能"让学生在数学学习中获得持续发展"。

疑趣的内涵与价值

季国栋，数学特级教师。我喜欢以"国栋"相称。

国栋，身材瘦小，浑身充满着智慧，透着一股灵气。国栋又很"大"很"高"，那是因为他有自己的教育思想，包括数学教学主张。是思想、主张让他垫高了自己的脚跟，用卡斯帕尔的话来说，他的全部尊严在于自己的思想。

国栋是有自己的教学风格的。何为教学风格？风格是思想的雕塑，思想是风格的血液。没有思想哪来的风格，抑或有，那也只是一张面具，一具空壳而已。恰恰是国栋的教育思想的丰富和独特，让他的数学教学风格鲜活地呈现在我们面前。

疑趣，是国栋的数学教学主张。

疑趣，一个平常的、普通的日常用语，因而亲切、温和，易于老师理解和使用，形成高度的认同。可以想见，他的课堂像日常生活一样丰富、有趣，是"好玩"的。当然，不仅有"趣"，而且有"疑"。因此，疑趣，又不仅是个日常用语，还是一个科学概念。有了这一科学概念，国栋的数学教学进入了理论思维，展开了他的理论研究，准确地说，是把实践研究与理论研究结合起来，统一在一起。

疑趣，这一概念可以有多种理解。一是疑和趣，即教学中既有趣又有疑，是疑和趣和谐共生；二是以趣为核心，以疑为动因，因疑而生趣，疑统领着整个教学过程，呈现着十分有趣的课堂教学情景，形成一种教学气象；三是以疑为核心，以趣为动因，因为有趣，才去质疑，去寻找、发现，从形式上看是学生不断在疑，实质上是学生充满了思维的趣。

实事求是地说，作以上一些分解，不能说没有道理，但总觉得还没有解读到其本质处。在我看来，疑趣的本质是思维的挑战性和情感的生动性。疑，是一种深度的思维，是一种批判性思维，对数学学习中的一些问题，透过表面看到内在，这些问题形成了对思维的挑战，通过思维对这些问题的挑战作出了回应。没有挑战性，就没有深度的思维。在对挑战的回应中，有了新的认同，也有了批判，批判引导着新观点的建构。而趣也应视作思维，是深度思维的外在表现。学生发生兴趣，不是无缘无故的，他通过思考理解了，发生共鸣了，才会生趣；或者，他通过思考，发现其中另外的奥妙，于是生趣了；或者，他通过思考，仍在探寻中，因而也生趣了。所以，不应简单地去对待趣。何况，疑与趣相伴而行，相互支撑，相辅相成，更有思维的含量。而这一过程始终伴随着情感。

中国的学生特别需要疑趣，因为疑趣是创新的先导，是创新的诱发动因。中国学生的创新精神和实践能力究竟怎么培养，总是困扰着我们，不知从何着手，不知何种做法是有效的。可以说，疑趣，开启了一条新的思路，成为学生追求创新精神、学会创造的正确的、可行的、有效的路径。此外，正是疑趣的教学主张，不仅引导国栋去进一步追求教学风格，而且促使他逐步地建构追求创新的小学数学教学的样式，这一样式正在形成一种范式。显然，国栋的这一研究有着重要的意义，凸显着改革的价值。

国栋的以疑趣为主张的小学数学教学改革研究，不仅改变着课堂数学教学，改变着小学数学教育，也改变着他自己。我以为，这种改变不仅让他成了特级教师，还让他成了"反思性实践家"。不是实践者，而是实践家，实践家已摆脱了技术熟练型，而走向深度研究，走向了理论引领下的实践建构，走向了教学风格。国栋，是有深度的、有智慧的，是强大的。

"通透情境数学"的哲学意蕴和操作要义

　　"情境数学"是特级教师顾娟的教学主张。这一教学主张具有深刻的意蕴，而且体现了顾娟的教育追求和教学风格。它是个性化的，但又具有普遍的意义，无疑，对小学数学教学改革起着促进和引领的作用。

　　教学主张是一种个性化的核心理念，从某一角度说，它不是科学，而是哲学。哲学家们认为，科学对所存在的问题提出解决方案，相反，"哲学并不是提供一劳永逸的解决方案，而只是提供各种回答，……帮助我们继续追问下去"①。的确，顾娟关注了问题，思考问题，不断回应这些问题。她回应的方式是：观察、反思、概括。顾娟以自己良好的数学教师素养以及敏锐的目光，投向教学中长期存在的问题："隔"，与生活之隔、与感性之隔。"隔"本是文学批评中的概念，顾娟将之迁移，合理利用，足见她的人文素养和迁移的智慧。她思考后的结论是：打通"隔"，必须寻找中介或载体，这就是情境。情境教学是她的师父、著名儿童教育家李吉林的创造，顾娟亦作了科学的借鉴。这一主张几近成了顾娟的教育哲学，其主导思想是：让数学与生活相融合，让抽象与具象相映照，让理性和感性相趋近，把知识镶嵌在情境中，引导学生在情境中发生学习、学会学习。一次次的追问与思考，一如哲学家们所言："使我们能够与追问永久性的和谐共存"②。

　　顾娟的思考与实践还不止于此，她进一步提出了"通透性"问题。数学需要通透吗？数学教学中的通透究竟是什么？通透与数学固有的理性、抽象特质相悖吗？提出通透首先是一种大胆的见解，是对数学、数学教学的新理解、新追求；不仅如此，她还作了精辟的解释："通透"表现为开放、敞亮，"意味着化解遮蔽思维发展的一切障碍，通过探寻实现思维的通畅和通达"。这样的解释本身就很"通透"。所以，所谓通透性，并非一次性的透彻，并非教学中无障碍，也决非教师简单地告诉，而是思维在"解蔽"中的显露、明晰，思维品质得到培养。实践经验不止一次地告诉我们，并非所有的教学都是那么敞亮的、明晰的，学生常常在灰暗和混沌中不知所措地前行。我以为，通透性，是顾娟的情境数学的新理解、新追求，是情境教育用于数学教学的新尝试。

顾娟的性格让她再一次去追问与思考：通透的情境教学如何操作？操作方法亦是在情境中产生、创造的，不必作过多的规定，但是她认为建构操作要义相当重要，建构操作要义后可以此为基点演绎出丰富的教学样式。在实践的基础上，顾娟建构了三个核心要义：暴露、打通、转换。"暴露"与"打通"暂且不多讨论，引起我们思考的是"转换"。转换是手段，也是目的，暴露、打通是为了转换，转换是一种深度学习，是学习上的跃迁。还可以这么理解，教学中只有真正学会转换了，才是真正通透了。

以上这一切，顾娟都是基于儿童的。顾娟的"通透的情境数学"是儿童的情境数学，是儿童的通透，是儿童所喜爱的，也是促进儿童不断进行转换的数学。儿童，在顾娟那儿，成了最丰富最鲜活的情境，儿童通透了，一切都通透了。我不得不说："通透的情境数学"是一个极好的主张，因为它既具有实践意义，又具有哲学的意蕴。

参考文献

①②［西］费尔南多·萨瓦特尔.哲学的邀请［M］.林经纬，译.北京：北京大学出版社，2007.

"活动单导学"的核心意义及重要特点

坦率地说，对"活动单导学"还有一些不同的反映和看法。这不仅是正常的，而且是好事。的确，"活动单导学"还有不完善、可以改进的地方。不过，对"活动单导学"的方向、宗旨、指导思想等，必须有个基本的判断和肯定，否则，就会被暂时存在的不足遮蔽，不仅会妨碍改革的进程，而且会对改革的方向产生一些困惑。

我曾去江苏如皋了解过"活动单导学"，并且也听过课，当然了解还不深，与上课学生的交谈时间也很短。但是，通过仔细阅读有关材料，在慎重思考之后，我的基本判断是："活动单导学"，真正落实了课程改革的基本理念和要求，体现了教学的核心，凸显了教学改革的方向，是一种可贵的探索和创新，对克服当前课堂教学中普遍存在的问题，提供了一种思路，创建了一种模式，具有重要的指导意义和价值启示，值得大家学习和借鉴。

一、"活动单导学"的核心理念是使教学回到教学的原点和本质上去

考察汉语中的"教学"，首先必须对汉字的"教"与"学"的起源有所了解。商代甲骨文中"教"与"学"两字都已出现，且有多种写法。比较这两个字的构成，可以说"教"字来源于"学"字，或者说，"教"的概念是

在"学"的概念的规定性中又加上了一层规定性。宋人蔡沈对《学记》中的"教学相长"作批注，说："斅，教也……始之自学，学也；终之，教人，亦学也。"说明其词义只是一种先学后教，教中有学的活动。尽管这里所说的"教学"并不是现代意义上的教学，但这最早的词义道出了教学的本质：教学即学习。

后来，"教学"词义发生过变化。使"教学"回归本义的陶行知先生有重要贡献。1917年，他从美国学成回来，考察了许多学校，对当时的学校教育状况极为不满，因为"先生只管教，学生只管受教"。他说："论起名字来，居然是学校，讲起实在来，却又像是'教校'。这都是因为重教太过。"在他看来，"教的法子必须要根据学的法子……先生的责任不在教，而在教学，教学生学"。虽然"教学生学"与"教学即学习"还有些差异，但本质意义是一致的，都把教学的本义与宗旨指向学生的学，教师的职责与使命是"教学生学"。

在反复比较和研究以后，施良方、崔允漷教授对"教学"的定义从几个方面作了规定。其中引起我们关注的定义是："教学（教）就是教师引起、维持与促进学生学习的所有行为"，"'教'的本质特征是什么？我们认为，教师的所有努力是为了学生进步，教学的效能主要体现在学生进步上"，"教学本质上就是一种探究"，"教学行为即探究行为"（《教学理论：课堂教学的原理、策略与研究》）。

为了研究明天的教育，联合国教科文组织专门成立了国际教育发展委员会。1972年，该委员会呈送了报告，其中一份为《学会生存——教育世界的今天和明天》。报告专门设置了"学习者在学校生活中的地位"的章节。报告非常明确地指出："教育的目的在于使人成为他自己，'变成他自己'。""我们应使学习者成为教育活动的中心，随着他的成熟程度允许他有越来越大的自由：由他自己决定他要学习什么，他要如何学习以及在什么地方学习与受训。这应成为一条原则。"报告甚至直截了当地说："学习过程现在正趋于代替教学过程。"

通过对以上一些文献的初步梳理，不难得出一个结论：教学的原义与本质就是在教师指导下，学生主动学习、学会学习、创造性学习、享受学习。显然，"活动单导学"的宗旨与核心理念，就是让教学回到其原义与本义上去，就是真正体现教学的核心意义，让学生学会学习。它是一种理念。"活动单导学"就是以学生为主体，在活动中学习，使学习成为教育活动的中心。这是一条原则。"活动单导学"就是让学生的学习成为活动，这就要求给学生以自主学习的权利和时间，给学生以越来越大的自由。这是一种方式，继而形成教学的一种模式。"活动单导学"对课堂的结构作了调整，调整的目的是保证学生学习活动的开展，在此基础上，初步形成了操作步骤，形成了课堂教学的新样式。这是一种课堂教学的总框架。"活动单导学"强调其基本理念、原则和方式，同时又允许并提倡多种不同的做法，努力体现不同年段、不同学科的教学特点，因而也给教师教学的自由。总之，"活动单导学"既体现了中华民族对教学的智慧古训，又体现了时代精神的发展走向。

二、"活动单导学"具有鲜明的针对性和强烈的批判性

基础教育课程改革以来，我国课堂教学发生了明显的变化，师生关系得到很大改善，以学习方式变革为主要特征的课堂教学改革呈现出生动活泼的局面，涌现了很多典型，创造了不少模式，积累了丰富的经验。但是，从总体上看，课堂教学还没有根本性变化。主要表现在以下几个方面：

其一，仍然以教师教为主，学生被动地学，甚至可以说，学生的学习是被边缘化的。应当清醒地看到，以学生为主体，启发学生主动学，当下还只是停留在理念层面，理念的真正转化与落实还有很大距离。当然也有落实得较好的，不过一般是在公开课上，或是在日常课中的某些环节和细节上，而面广量大的教学，学生自主学习还未引起重视，还未得到落实。这样的课必然导致学生失去兴趣和信心。有人曾经问学生：你喜欢语文课，还是数学课，还是体育课？学生不假思索地回答：我喜欢下课。这让我们没有想到的回答让我们想到：不让学生成为课堂主人的课，学生永远不会喜欢，学生也永远不会得到主动发展。

其二，仍然以知识传授为主。知识是可以传授的，也是可以检测的。由此，不少教师以为教学就是传授知识，因而知识传授的多与少成了教学的主要任务和评价的主要标准。这样的课堂教学，形成了知识本位，淡化了能

力，轻慢了智慧，造成了学生素质结构的畸形。英国哲学家怀特海早就说过：认知教育总得传授知识，不过要提醒大家，有一样东西比知识模糊，但比知识伟大，在教育过程中居主导地位。人们把它称作智慧。也许你能轻而易举地获取知识，但未必能轻而易举地获取智慧。以知识为主的教学，说到底还是以教师的教为主的教学。

其三，仍然以技能训练为主。教学需要训练，训练是一种实践活动。但是，训练并不等同于教学，教学也不只是训练。训练是一种手段，而当下的训练已成为一种目的，其目的是技能的熟练。这种以训练技能为主的教学，使不少教师误以为教学就是用各种方法让学生做题目，也使不少学生误以为学习就是做题目。暑假里，家长让孩子在完成规定的作业后再学习一些东西，孩子两手一摊，说："题目做完了。再拿题目来！"从表面看，训练是以学生为主的，究其实质，仍然是在教师的布置、规定、要求等指令下学生被动地完成。就在所谓培养"能力"的名义下，教师仍然主宰了学生的学习。

其四，仍然以接受性学习为主。教学绝不能否定和排斥接受性学习。但是，有两个问题：第一，不是所有的接受性学习都是有积极意义的。对其理解得不准，把握得不好，接受性学习就很有可能使教学成为简单的"告诉"和重复、机械的训练，失去了其原本的意义和作用。第二，教学过程中学生不仅需要接受性学习，还需要其他的学习方式，特别是自主、合作、探究的学习方式。当下，这样的教学使自主、合作、探究的学习方式边缘化，究其实质，仍然是教师的教排挤了学生的学。

以上四种现象和现状，严重妨碍了课程改革的深入推进，严重影响了创新人才的培养。面对这样的状况，我们不得不思考：课堂教学该向哪里走，该怎么走；我们的责任在哪里，我们该怎么去改变。正是在这种背景下，如皋市教育局多次外出考察，反复学习，深入思考。在实验的基础上，提出了改革的意见，初步形成"活动单导学"教学模式。可见，其针对性是很强的，充满着批判精神，力图对以教师为主的教学模式进行解构，同时积极建构符合素质教育要求的、利于学生自主学习积极成长的教学新模式。如皋市教育局与学校，敢于解构，又善于建构，让人感动和佩服。

事实证明，"活动单导学"实验与实施以来，如皋的中小学课堂发生了显著的变化，用如皋市教育局局长金海清的话来说就是："学生学习行为和精神状态的变化是如皋课堂教学改革最大的收获。在我们的课堂上，学生的主体地位得到了凸显，学生真正成了课堂学习的主人。"用学生的话来说就是："以前总是老师讲我们听，碰到听不懂的内容、不感兴趣的科目就喜欢说话，做小动作，甚至打瞌睡。久而久之，成绩越来越差，也就越来越不想上课了。而现在，我们成了课堂的主人，一堂课下来，轻松而又充实，学习不再是一项枯燥的活动。"用金盛初中年轻的物理教师沙夕宇的体会来说就是："当我们真正把课堂交给学生，以学生为主后，学生学习的主动性、积极性空前高涨。而教师积极的、辛苦并快乐的教学状态与过去怕教、厌学、看似快乐其实痛苦的教学状态相比，我们和学生的精神世界已经发生了天翻地覆的变化。"正因为"活动单导学"针对当前课堂教学的主要弊端，也正因它有着尖锐的批判锋芒，才会触动教学深处和痛处，使大家有"颠覆"的感觉，因而才有突破性的效果。他们的实践告诉我们，教学改革是否成功，主要评判标准应是课堂的变化、教师的变化，尤其是学生的变化与进步。对"活动单导学"我们不应怀疑，正确的积极的态度应是在坚持中完善，在完善中发展，在发展中提升。

三、"活动单导学"与已有课堂教学模式相比较，具有不同的特点与优势

课堂改革以来，各地的课堂教学改革出现了一些典型，尤以泰兴洋思中学的"先学后教、当堂训练"，溧水县东庐中学的"讲学稿"，以及山东杜郎口中学的小组合作学习等影响更大。"活动单导学"与它们相比，既有相同的特点，又有自己独到的优势。

第一，"活动单导学"非常明确地把以学生的学习作为教学的核心，作为改革的核心思想和根本理念。我以为，"以学生的学习为教学的核心"，直抵教学的本质，是教学改革的根本。在这一核心思想和根本理念的引导下，会有各种不同的策略和方法。比如，"先学后教"当然可以作为一条教学原则，但严格地说，这是一种策略，是教学过程中的一种安排。如果核心思想、根本理念明确了，既可以"先学后教"，也可以"先教后学"。所以，"教"与"学"谁先谁后不是问题的本质，真正让学生学会学习才是问题的

关键。同样，"少教多学"是新加坡对中小学改革所定下的一条原则，固然有它的必要性和重要价值，即"少教"是为了学生"多学"，如果"多教"了，必然会影响学生的学，学生"少学"了，就会影响学生的主体地位及学生的发展。不过，真正意义上的教学，既不在于先与后，也不在于多教与少教。有时需要教师少教，有时也需要教师多教，只要是指向学生主动学习的具有思维挑战性的多教，不仅不会影响学生的发展，而且有利于学生的深度思考和吸收，有利于学生积极的自我建构。"活动单导学"不是把改革的重点放在策略和方法上，而是着眼于教学的核心和本质，这就有利于教师关注问题的"根部"，继而可以在"根部"生长出具体的策略和方法来。

第二，"活动单导学"明确地以"活动"为学生学习的载体和主要方式。学习本身就是一种活动，此外，学习需要用活动来支撑。可以这么理解：学习是由一个个活动串联、整合而成的过程，是"教师引起、维持与促进学生学习的所有行为"。强调"活动"，旨在把学生引到学习过程中去，主动地发生学习行为。金海清局长所阐述的"活动单导学"的实质"是把活动作为学生学习的基本途径，借助活动来真正确立学生在教学过程中的主体性，真正使学习主体化、活动化"，点出了"活动"的根本要义。"活动单"与"讲学稿"有共同的地方，可以说"讲学稿"更为具体，更具操作性，而"活动单"提供的空间要更大些，形成的具体形式可以更多样，可以更有利于教师和学生的创造。因为它是教学中的活动方案，是教学的线索，是学习的平台。比如，如皋中学的沈世红老师在高中化学课中，将"活动"界定为包含自主学习、合作探究、成果展示、自我完善四个基本要素。其中，"自主学习"是活动的能力要素，"合作探究"是活动的方法要素，"成果展示"是活动的激励要素，"自我完善"是活动的目标要素。可以想见，以此形成的"活动单"是学生自主学习和发展的一次又一次的机会。这样的"活动单"就是课程学习计划。

第三，"活动单导学"明确规定教师的教应是"导学"。上文所提及的一些课堂教学模式，并没有否定教师的教，有的还规定"以教导学"。这些都是正确的。"活动单导学"从名称上就规定了教师必须教，只不过不是传统意义上的教，而是"导学"。"导学"确定了教师在教学过程中的地位，规定了教师教的主要职责与使命，即教师是为了学生的，教是引导学生学的。因而，"导学"是一条原则，是"活动单导学"中一个不可或缺的重要部分。更为重要的是，他们认为"导学"不是导知识，而是导思想、导方法，其本质是把教师的教转化为学生的学，他们还认为，这一模式设计的重点并不在活动本身，而在于对学生自主学习的"导引"作用。这样的"导学"的特点是含而不露、指而不明、开而不达、引而不发，是一种学习的"导航"。这样的认识比较全面、深刻。"活动"与"导学"不是词语简单的组合和衔接，而是思想和意义上的整合和互为补充、相辅相成。

当然，"活动单导学"还只是在起步阶段，与一些较为成熟的教学模式相比，它还比较稚嫩，还要接受更多实践的检验和考验，还要在更长的时间里磨炼，尤其要研究如何鼓励教师形成不同的教学风格，以形成更加多元的生动局面。它还需要向其他教学模式学习。

"活动单导学"是在教育基础较好、教学质量较高的地区诞生的。这就启发大家，改革不一定发生在教育薄弱的地区，即使基础好、质量高的地区和学校也同样需要改革。也许这样地区和学校改革的难度很大，很难突破和提升，但只要潜心研究，让勇气、激情、科学、智慧同行，一定会取得突破性进展。如皋，为我们作出了榜样。

第五辑

理性的回答

反思，是教学诸多品质中的"第一品质"。反思是一种理性精神。它让我们对各种现象作出回答，而回答，其实是一种教学改进的前奏。当下，我们呼唤理性精神的回归。

理性的回答

"面对……，你准备好了吗？"这是一个并不新鲜的话题，但又始终充满活力。其实，整个世界就是在这样不断的提问和一次又一次的应答中，变化、发展、进步的。没有这样的提问，我们定会缺失紧张感和前进感。教育也是这样，需要这样的挑战，需要在挑战中自我超越。

近来，这样的提问又发生了：面对慕课，我们准备好了吗？这一提问的后面还有一提问：面对翻转课堂，我们准备好了吗？而且，这样的提问越来越急迫，离我们越来越近，不仅需要专家回答，更需要校长、教师回答。我们应该回答吗？我们能回答吗？当然，其中还有一个问题：我们敢回答吗？我认为，我们必须理性地回答。

我们的第一个回答是：无需迟疑，无需纠结，我们应该去迎接。

慕课来了，翻转课堂来了，你相信也好，不相信也好，你喜欢也好，不喜欢也好，它就是这么迈着豪迈的步伐，坚定地走来了，你必须面对它，迎接它，进而你还必须去拥抱它。因为它的到来，是不可避免的，是发展的必然走向，不可"逆袭"。曾记否，30多年前，教室里出现了幻灯机、录音机，于是，教学显得生动、活泼起来，那天安门，那桂林山水，那统计表，那美妙的歌声……顿时真实起来、鲜亮起来、活跃起来；曾记否，后来，又出现了投影仪；后来，又用上了电脑、视频；后来，又用上了电子白板；后来，又用上了苹果电脑……每次新东西的来到，都让我们在获得一份惊喜的同时，又有一点陌生、担心、不知所措。不过，用不了多少时间，大家都习惯了，喜欢了，慢慢自觉了，有时几乎离不开了，甚至所谓的"技术依赖症"出现了。"技术依赖症"固然不好，但它从另一个角度反映了技术的重要价值和意义。

通过"曾记否"这一回忆式的扫描，我们不难得出一个结论：现代技术"盯"上了教育、教学，而每一次"盯"上，总让教学发生了新的变化，可以说，让教学、让学习发生了重要的变革。这一场又一场的变革，虽说是静悄悄的，但都给我们带来了强烈的震撼。技术革命一定会带来教育教学革命，现代技术进入教育教学，一定会成为教育现代化的推动力量和重要标志；教育现代化一定离不开教育技术（包括工具、手段）的现代化。至于我们有时候不相信它，是因为我们不了解它；有时候不喜欢它，是因为我们不熟悉它。了解了，熟悉了，相信了，喜欢了，我们一定会拥护它。所以，"准备好了吗？"首先是情感上的准备，而情感上的准备是由认知上的准备来支撑的。慕课来了，课堂要"翻转"了，我们主动迎上前去访问，了解它的来龙去脉，千万别拒绝它。在了解以后，你一定会产生这样的想法：它是个好东西，我们要满心喜悦地对待它。所以，我们首先要问的是：在认知和情感上，你准备好了吗？

在认知和情感上准备好了以后，我们应该要进一步思考：慕课源自大学，翻转课堂也源自课外，适合基础教育吗？适合中国的课堂吗？

我们的第二个回答是：还应在深刻认知后，作出正确合理的选择——任何回答都不应盲目。

先说慕课——"MOOC"。慕课的经典定义是：大规模的网络开放课程。"M"代表大规模，一门慕课课程动辄上万人，最多达16万人；第一个"O"代表开放，以兴趣为导向，凡是想学的，都可以进来学，只需一个邮箱，就可以注册参与；第二个"O"代表在线，学习在网上完成，不受时空限制；"C"是指课程。

再说翻转课堂，"翻转"的是传统的教学模式，即学生在家完成知识的学习，而课堂变成了教师与学生之间、学生与学生之间互动的场所。其重要的支撑仍是互联网和计算机技术。当下，不少学校的课堂已开始了"翻转"。

在理解了概念的基础上，我们才能说，适合不适合，不在表面的形式，而应该关注其实质。慕课本身所彰显的特点恰恰是传统教学不具备的，因而这样的特点正是优点，正是教学改革的追求。无怪乎，许多普通学习者为之欢呼雀跃，也许他们的学习自此将变得更加主动，更加努力，也更加个性化。同样，翻转课堂创设了学生真正的自主学习环境，"学生成为中心""以学习为核心"不再是空话，教师也不再是讲台上的圣人，而是身边的导师。师生关系的变化、学习方式的变革，带来了学生真正的学习和真实的发展，而这一切都将延续学生的终生，成为他们带得走的东西。

经过以上分析，我们完全可以作出正确的选择：慕课可以从大学走向中小学，当然，由于中小学的特殊性，慕课应当成为教学的补充手段，至少在较长的过渡期内是这样；而翻转课堂并没有国家和区域的边界，中国中小学的课堂不仅应该"翻转"，而且完全可以"翻转"。

我们的第三个回答是：我们最重要的准备是理念的转变，准备的最重要支撑是教师的专业能力和水平。

从表面上看，慕课是一场关注技术的课程改革、教学改革，翻转课堂也是凭借新技术的教学方式变革，但它们的内核其实是理念的变化。其核心理念，一言以蔽之——以学生发展为本。课程改革、教学改革为的是让学生成为学习的主人，得到最优发展，因而，以学生发展为本成为课程改革、教学改革的主导理念、成功关键和最高境界。离开学生这一主体，离开学生发展的宗旨，离开学生自身的力量，即使技术再先进、再强大，改革也不可能达到预期目标，慕课与翻转课堂只能成为徒有虚名的一场游戏。换个角度说，舍去学生发展的新技术，实质上已成了无实质意义的一场"空手道"。

因此，我们应当谨防以下误区的产生：

误区一，技术可以代替一切。技术可以创造世界，但也可能毁灭世界。"技术至上"的观点需要警惕。英国的一位学者曾经作过这样的判断：技术的第一标准是人文特征。中国传统文化中的"形而上"之道，以及"形而下"之器、之技，早就道明了二者之间的关系。慕课、翻转课堂需要技术，但技术要为人所掌握，要为人服务。

误区二，以学生为中心可以让教师彻底退席。教师永远不能退席。道理非常简单，教学是由教与学共同组成的概念及所展开的过程，没有教师的教不可能有学生高水平的学，教的缺席会丧失教学的完整性，教师也必然失却了教的天职。学生只是面对技术，不会有情感的交流和心灵的对话。最有温度和心灵交流的课堂仍然是师生面对面的课堂。

误区三，慕课是书本搬家，是课堂搬家。搬家容易，简单的物质替代、空间转换容易，最不易的是旧理念、旧方式、旧习惯的"断气"。我们应当在技术的帮助下，让"头脑"来一次"搬家"。

显而易见，慕课、翻转课堂，最需要的是教师队伍的准备，是教师专业上的准备。我们要问自己：真正准备好了吗？没有完全准备好，也没关系，因为准备是个过程。这，是我们在理性思考后的回答。

让现代技术推动教学改革

——从宫崎骏谢幕说起

宫崎骏谢幕，退隐江湖，在我看来，这不是一个孤立现象，而是具有普遍意义的，对教育教学改革也有重要的启发——文化现象引起的教育思考不应筑起边界。

宫崎骏退隐的一个重要原因，是他的作品《风起了》在威尼斯电影节中"颗粒无收"。为什么？有人说他是个"一直坚持批判现代主义的现代主义者"，他抵制现代工业，意图保留那些固有的东西，似乎是在给现代工业文明唱挽歌。不过，事情的吊诡之处，在于宫崎骏大声反对这一切，却又身堕其中。他痛苦地承认这个事实，说"在拍《悬崖上的金鱼公主》时，我觉得自己还领先于时代，但现在时代已经追了上来"——他承认落后了。

承认落后需要勇气，这是好品质。这位动画电影史上最伟大的造梦师，不在意这种名利场上的得与失，人们也不会忘记他。不过，他让我们有了一种反思，那就是如何看待传统。美国学者希尔斯对传统有个定义，他提出了三个关键词：行为规范、文化感召力、富有想象的创造。这些，都不会过时。所以，传统不仅属于过去，也属于现在，还属于未来。传统具有持续的伟大力量。我们不应忘掉传统，更不应该否定甚至解构它。

问题还有另一面——对传统的扬弃。对于现代工业文明，对于现代技术，对于新媒体，你承认它，还是不承认，你是喜欢它，还是不喜欢，它总会到来，总会悄然且豪迈地来到你的身边，当然也会坚定地走进我们的课堂。如果只是固守传统中落后的东西，而拒绝现代的东西，落后的恰恰是自己，被解构的也恰恰是自己。现代技术引起课堂教学的"翻转"是必然的。

我个人以为现代技术对课堂教学的"翻转"主要是在以下几个方面：一是教学空间大大地拓宽、拓大。信息技术把一个个小小的教室变成了一个个偌大的世界，偌大的世界进入了小小的课堂。现代技术下的教室是无法关闭的，与世界的联系再也不是一扇扇窗，而是整个教室的敞开。彻底的开放，学生才能真正与世界拥抱和对话，教学走向世界的步伐才能加大加快。二是课程资源极大丰富。课程资源再也不局限在社区，而是拓展到整个世界。此时，"眼前""身边"的资源概念已发生了颠覆性的变化，"眼前"即世界，"身边"即全球。极为丰富的资源才有可能让学生在浏览中欣赏、选择，为我所用。资源的丰富才会有心灵的丰盈。三是师生关系的改变。现代技术时代的到来，才会有真正的后喻文化时代的到来，教师即学生，学生即教师，学习共同体的建构会真正成为现实。对于现代技术进课堂，我们应当欢迎。传统中的陈旧应当勇敢承认：落后了，你们来吧。

造梦师的谢幕，不是造梦的谢幕，我们永远有梦想。现代技术"风起了"，教学改革又风生水起了，我们怀着梦想去迎接吧。

降温，但不应熄灭

有效教学开始降温了。降温自有降温的道理。

三四年前，中国的大地上刮起了一股热风：有效教学。但凡讨论课程改革、提高教学质量，但凡研讨会、培训班，有效教学必定是主题词。有的地方和学校，觉得有效教学的要求偏低，又提出了高效课堂、高效教学。热浪一浪高过一浪，用"热浪滚滚"来形容也不为过。

太热了，该降温了。降温，首先意味着对有效教学的反思。有效教学的使命是追求教学的价值，尽管有效也是价值，但只是一种价值形态，而非价值的全部。这一观点，忽略了价值，专注于有效，有效教学渐渐地被技术化，甚至被应试化。这当然应当反思，应当降降温。其次，是对教学的反思。当下的教学应当在课程视野下，不应以教学遮蔽课程。而"教学遮蔽课程"的现象，在有效教学中，几近一种倾向，导致教学的视野过于狭窄了。这当然也应当反思，应当降降温。再次，这一次的降温，也反映了我们心态的改变。必须承认，我们有改革的积极性，充满激情，但有时容易追风，在不深入了解的情况下，又不从实际出发，盲目行动，心态浮躁。对此，我们必须反思，应当降温。

但是，降温，并不是要浇灭，要保持一定的温度，因为让有效教学之火继续燃烧也是有道理的。

我们要继续关注、研究、提高教学的有效性。有效是教学的题中应有之义，是个永恒的话题。必须承认，当下的教学，仍然普遍地存在着低效，甚至无效的现象，影响着教学质量的提高。老老实实地按课标要求进行教学，认认真真地备好每一堂课，踏踏实实地上好每一堂课，教学的有效性必定会提高。有效教学并不是一个低要求。在坚持有效教学的同时，一定要放开眼界，明晰方向，端正价值，以学生学会学习为核心，在课程标准的引领下，建立教学的新秩序，变革学习方式。这些同样也是有效教学的题中应有之义，也是对有效教学的新要求、新挑战。实践不止一次地告诉我们，这样的有效教学才是真正有效的。总之，有效教学之火还应当燃着、亮着，而不应熄灭。

从温度过热，到降温，再从降温，到让其继续燃烧，保持一定的温度，这一过程提醒我们：改革是一个不断认识、反思，不断调整、深化的过程，其关键是一个"度"的把握，既不能过度，又不能不到位。这需要智慧，需要核心理念，也需要良好的心态。否则，容易摇摆、徘徊，贻误改革，贻误学生发展。我们必须谨记。

教学不仅仅是一种"告诉"

"告诉"是最简易也是最常见的教学方法，但不应是唯一的和最好的教学方法。

在美国有这么一堂历史课：老师宣布考试分数后，发现学生垂头丧气，便说，如果要想加分数，就给他10美元，但是，只能是白种人学生。学生们都愤怒喊叫，拼命跺脚，把课本、书包扔向老师表示抗议。老师用早已准备好的盾牌来抵挡，并用水枪向学生扫射。学生们坐下歇一歇的时候，老师严肃地说："刚才就是当年黑人领袖马丁·路德·金反对种族歧视，组织示威游行的情境。他倒在统治者的真枪实弹下，献出了自己宝贵的生命，但给我们留下了《我有一个梦》。今天我们来学习这篇文章。"

有人说，这是一堂最成功的历史课，因为它生动地揭示了教学的本质：教学不仅仅是一种"告诉"，更重要的是学生在情境中主动地实践、体验、探究。

知识是在人类社会实践中形成的，原本是有生命的，但负载于课程、教材以后便失去了生命的活力。教学，就是要组织和引导学生尽可能地去重新经历知识形成的过程，在这过程中体验和领悟，探究和发现，把握和发展。

对教学本质的认识和把握，必然会建立起一种新的课程观：课程不再只是特定知识体系的载体，而更应成为一种师生共同探索新知的发展过程；课程发展的过程具有开放性和灵活性，不再是完全预定的、不可更改的。对教学本质的认识和把握，又必然会建立一种新的教学关系：教师的权威不仅是体现在知识体系的传递中，更是体现在与学生共同开展的探究知识过程中；学生不再只是知识的被动接受者、记忆者，而更应是实践者、研究者、发展者。

教学不仅仅是一种"告诉"，但也不是排斥"告诉"，高明的"告诉"应该是与学生探究的结合。唯有如此，课堂才会真正成为赏识人和培养人创新精神、创新能力的场所。

让学·半肯·情境

"教学"是一个词语十分丰富的世界。如果在古今中外的"教学"世界里走一走，你可以触摸到各种词语，它们带着不同的温度，闪烁着不同的色彩，彰显着不同的理念。这些词语往往来自日常用语，又超越日常生活，在理论观照下得以提升、"概念"化。概念化后的词语总是直抵教学的本质，所以，认识教学，不妨去寻找、发现和解释这些词语。若此，你完全可以体验到"众里寻他千百度，蓦然回首，那人却在灯火阑珊处"的意境。

比如，让学。这是一个再"日常"不过的词语，即让你学。但是，哲学家给予概念化。海德格尔说："教比学难得多。为什么教难于学？这并不是因为做教师必须腹笥宏富，常备不懈。教难于学，乃因教所要求的是：让学。"我们之前就提及这个概念，并着重解释为"让学生获取学习的权利和机会"。无疑这种理解是合理的，但又不完全。"让学"的另一层深意则是，"教师必须能够比他的学生更可教"。是的，"让学"，还必须让教师更多、更好地学。事实证明，一个不善于学习的教师，肯定不是一个善于教学的好教师。所以，海德格尔接着说："教师对他的材料比那些前来学习的人对他们的材料更加没有把握。"是的，教师要永远有对材料"没有把握"的状态，永远是一种"让自己学"的状态，才可能成为优秀教师，才可能创造更好的教学。

比如，半肯。"半肯"来自禅语，按字面解释很简单：只要肯定一半。

但是，当"半肯"进入教学概念领域，其意蕴就非常丰富而且相当深刻了，那就是，教学中永远没有绝对的权威，教师对自己也只能"半肯"，这样，才能虚心倾听不同的声音，尤其要倾听来自学生的质疑。那就是，学生不必完全迷信教师，不必在既成的知识前顶礼膜拜、诚惶诚恐，对它们"半肯"，就会有新的发现。于是，教学中的"半肯"，给认知留下足够大的通道，给心灵留下足够大的空间，就像杯子里不应该注满水，才可能有新的水注入一样。"半肯"指向创新，是一种教学理念。

再比如，情境。学习总是在情境中发生的，因此将情境作为一种学习中的要素纳入教学范畴，是基于这样一个事实——所有学习都是"情境性的"，而智慧则是对情境的认知、辨别与顿悟。但是，在教学实践中，我们常忽略情境，忽略情境的切合性、生动性、丰富性，忽略情感的介入和跳动着情感的情境的创设，因而教学缺少了召唤力和挑战性。值得注意的是，情境不只是物理性的，人是情境中最具核心的、最具活力的因素。李吉林总是把教师与儿童当作情境，我称之为"儿童情境"。正是儿童情境融入了"让学""半肯"，才使教学情境变为真正意义上的学习情境，变为生长智慧的园地。

诸如此类，我们还可以在"教学"的词语世界里去寻找和发现，当然也可以在词语世界里创造新的词语。当这些词语带着我们思想的温度走向学生的时候，教室里必定会发生伟大的奇迹。

我们不妨试一试。

起点，改变过程

记得学术界在关注社会和世界发展的问题上，有所谓的大趋势，也有所谓的小趋势的论述。在关注和研究大趋势的同时，不能忽略小趋势，因为小趋势不仅可以折射大趋势的色彩，而且很有可能演进成大趋势。

课程改革、课堂教学改革，当然也有大趋势和小趋势，比如，近来逐步热起来的微课程，所关注的是小事件、小策略、小积累，当属小趋势。说其微和小，乃言其时间之短、体量之小。其实"微"并不微小，小事件中有"大思考"，小策略中有"大智慧"，"小积累"中有重大发现。千万不能忽略"小"。有时，小的是美的。

教学的起点问题，可以说只是个小事件，讨论它也只能算是个把握教学小趋势的问题。正因为此，直至当下，教学起点还是个被遗忘、被忽略的问题。有时，它似乎在教学实践和研究中消逝了，即使偶尔提及，大家也觉得它并不重要，没有摆上研究的议程，往往以"学情研究"来替代，而"学情研究"又显得过于笼统而模糊。起点的缺席，让教学处在"摇摆"之中，不知从哪里出发，即使知道要走到哪里去，也失去了基础。因此，提出教学起点的问题，其意义与价值不可小视，它使教学真正"落地"，迈出十分坚实而重要的一步。

教学从哪里开始？太仓市实验小学鲜明地提出：教在儿童"学"的起点上。对这一小事件却有着重要的"大思考"，昭示着大趋势，因为它影响着教学的全过程，还影响着教学的结构，当然也影响着教师的教学理念、品质和作风。

其一，它明确地昭示，教学的起点应当是、必须是学生"学"的起点。

教是为了学的，教学的核心是学生学会学习，而且可以认定这是教学的实质。问题是，这一核心或实质从哪里起步？起步歪了、错了，核心或实质的抵达就很难实现。而教学起点置于学生的学上，这一重要起步，无疑意味着从教学的一开始，就把教学的核心置于学生学会学习、主动学习、享受学习上，意味着教学的过程其实是学生学的过程，这当然意味着整个教学过程将发生重大转型。从另外一个角度说，从学生的学出发，说到底就是从学生出发，从学生出发，端正了教学的逻辑起点，决定了教学中学生是中心。这些正是太仓市实验小学所阐述的儿童立场。

其二，它明确地昭示，教学的起点在学生的基础与需求上。

从学出发不是一句空话。具体地说，基于学生已有的知识和经验，用杜威所引用的诗句来说，这已有的经验应当是教育鲜亮的"拱门"，为学生搭起了出发的平台；基于学生的需求，势必把教学目标指向所要满足的需求。教学就是一次又一次的摆渡，从已知的此岸到未知的彼岸。此岸与彼岸都是相对的又是互相依存的，没有此岸，哪来的彼岸？不从此岸出发，怎能到达彼岸？这一命题的提及，要求教师必须认真地、全面地、准确地分析学生的基础是什么，他们的需求是什么，"最近发展区"又在哪里。这样，教学的起点实质上成为教学的支点，而支点将会支撑起整个教学，毫不夸张地说，它"可以撬起整个地球"。完全可以这么认知，智慧教师可以使起点成为支点，支点又成为创生点、发展点。

其三，它明确地昭示，教学要永远教在"学"的起点上。

起点是教学的起始点，教学过程中永远有起点，因为起点是动态生成的。一个起点解决了，另一个新的起点便又诞生了。新起点的诞生，意味着又一教学环节开始了，教学又有一次新的出发，摆渡之舟又处在一个新的渡口，向着更远处前行。这样，就要求教学及时地梳理、总结、发现、提炼新的出发点。起点的"不一次性"，让教学随时随地都在寻找、把握新的起点，教学永远从起点出发，因此，教学只有起点而无终点，任何止于起点的教学都是急功近利的；永远始于起点的教学，学生永远在学，永远在"摆渡"

中，永远充满陌生感，因而永远充满求知欲和创造感。显然，"教在'学'的起点上"比"教学从起点出发"内涵更丰富，意蕴更深刻。

其四，它明确地昭示，教学一定要实在起来。

教学改革带来了教学的多元化，教学个性越来越鲜明，教学风格逐步形成，这是很了不起的进步。但是，实事求是地说，有些教学过于"玩花样"，重形式，重技术，浮躁之气、作秀之风有可能影响一些青年教师的教学品质和作风。教在"学"的起点上，让教学站在"地面"上，实实在在，踏踏实实，一步一个脚印，不盲目，有针对性；不飘浮，扎实具体；不追求所谓特色，在教学核心问题上下足功夫。由此可见，教在"学"的起点上，不仅改变着教学过程，也改变着教学的作用，锻造着教师良好的教学品质。

真正知道那些"通过考试无法知道的"

2011 年，英国广播公司（BBC）刊登了两位小学老师共同写的一封信，他们在向六年级学生发放成绩单时，附上了一份充满爱心与鼓励的信。

信是这么写的：

亲爱的 ××× 同学：

请查收此次考试结果，我们为你感到骄傲，因为你已兑现了自己的承诺，在考试中展现了最好的自己。

但是，请你明白，我们知道这些考试不能衡量出每个人的独特之处，那些出题和判分的人并不了解你们——他们和老师不同，也肯定无法与你的家人相提并论。

他们无法从考试中知道，你们中的许多人掌握两种语言。

他们无法从考试中知道，你精通一门乐器、能歌善舞、有绘画天赋。

他们无法从考试中知道，你受同学欢迎，你的笑脸可以带给朋友一整天的好心情。

他们无法从考试中知道，你擅长写诗谱曲、热爱运动、喜欢思考未来、能在放学后照顾弟弟妹妹。

他们无法从考试中知道，你曾经到过许多风景优美的地方，能讲出美妙的故事，享受和家人与朋友在一起的时光。

他们无法从考试中知道，你值得信赖、热情、体贴，每天都在尽全力做最好的自己。

虽然考试成绩能反映一些事情，但这并不代表一切。所以，请快乐地看待自己的分数，并为此感到自豪。要明白，有许多方式可以证明你是个出色的人，分数并不是唯一的途径。（摘自《青年参考》，作者谢雨）

信的最后当然还有署名和时间。

这封信我读了好几遍。我深以为，这封信不只是写给学生的，更重要的是写给我们教师的，信中多次提到的"他们"正是我们，是我们教师；信中所说的一切，都曾经发生在我们教师身上，而且，这一切还将继续发生在我们教师身上。只有让这一切不再发生，"他们"——我们，我们教师才可能真正知道那些"无法从考试中知道的"。

的确，学生的发展，学生的成长，有好多好多是"无法从考试中知道的"，尤其是那些独特之处。而这些"无法从考试中知道的"，恰恰比"考试中知道的"要重要得多，也精彩得多。的确，"虽然考试成绩能反映一些事情，但这并不代表一切"。但事实是，在现有体制下，在现有的理念下，我们不少人相信考试能考出一切，能反映一切，也能决定一切，于是，以考试成绩来代替一切。殊不知，当以考试的内容和成绩代替一切的时候，就忽略了、丢弃了"无法从考试中知道的"一切，而这无法知道的一切，就会在考试的挤压下退缩、枯萎、衰落，以至最后消亡殆尽。

于是，教育面临着巨大的挑战：如何知道"无法从考试中知道的"。

我们不仅需要考试，还需要评价。考试只是评价的一种方式，也许一些"无法从考试中知道的"，能在评价中知道。发展性评价、过程性评价，正是追随着儿童发展步伐的，如果能将评价当成儿童发展的真正记录，那么，所掌握的两种语言，所精通的一门乐器，还有绘画的天赋、运动的才能，还有给朋友的温暖，对弟弟妹妹的照顾……这一切的一切都会生动活泼地呈现在学生、家长和所有人的面前，那么鲜活，那么闪亮。这时候，我们才会看到一个真正的学生。

其实，我们还可以大胆一点：如果我们舍弃评价呢，亦即不去评价呢？对这一大胆设想，肯定不少人是反对的：教育，怎能不要评价呢？没有评价的教育不是完整的教育。这些观点无可厚非。我也不想纠缠，只是提醒大家：学生悄悄的变化，学生内心深处的一切，都是不可捉摸的，也是不确定的，是无法考的，甚至是无法评价的。我们为什么不可以试一试呢？我们和学生一起学习，一起劳动，一起游戏，同呼吸，"共命运"，还不真正了解他们吗？有了这一切就够了。换句话说，当这一切成为新制度、新常态的时候，教育的使命不就完成了吗？在学生真实的、真正的发展面前，成为最好的自己面前，具体的方式、办法都是次要的——我坚信。

真想，有朝一日，中国教师也能写一份同样意思的信——在学生考试后，在发放学生成绩单的时候，甚至在学生比赛成功的颁奖会上……同时，我们不仅改革了考试，而且超越了考试，真正知道了"通过考试无法知道的"。教师成了最知道学生的人，所有学生成了最好的自己。

这封信，迟早会出现，而且会写得更好。

不只是教育的冲撞

2015 年，5 位中国教师"接管"50 名英国中学生，开展为期 4 周的"中国式教学"的实验，引起了大家极大的关注。BBC 以《我们的孩子足够坚强吗》为题拍成了纪录片，8 月 4 日才播出第一集，英国媒体、社交网站就沸腾了；在上海，《文汇报》《解放日报》以《中国课堂"经典场景"搬入英国课堂：看教育的冲撞》《5 名中国老师赴英国调教"熊孩子"》等为题连续发表 4 篇文章，估计，讨论的热潮还会继续。

我不是追逐新闻和时尚，只是说几句自己想说的话，因为这一实验引发了我们太多的思考；我也不只是有感而发，而且是觉得中外教育的比较一直若明若暗，今天这一报道似乎给我们送来了真实信息，明晰了一些问题。这些都与我们的课程改革密切相关。

"中国式课堂"实验大致的情景是：早上 7 点到校、每周一次升旗、身着统一校服、轮流打扫教室；50 人大教室、上课安静记笔记、一天 11 小时学习、夜自修；中国孩子的数学水平领先英国同龄人 3 年以上，中国老师只用 15 分钟就把所有公式讲完了……BBC 对中国式教育特点的总结是："超长的课时、严格的纪律要求、惨烈的竞争"；英国《卫报》说：中国老师"登陆"，占领英国课堂，勇敢的英国佬要夺回教室……

细看报道，大家讨论的话题几乎都聚焦在教育的冲突上，这没错，不过，中英教育的差异，乃至中国教育与国外教育的差异，存在着冲突，早已形成共识，这是不争的事实，当然可以再往深处讨论。中国式课堂的优缺点，我们大体上也心中有数，扬长避短、取长补短也已形成共识。因此，我们的讨论，仅仅聚焦于差异、冲突上，是不够的；中国式课堂经典场景搬上英国课堂，蕴含着诸多可供开发的元素。我们完全可以从差异、冲突，从谁优谁劣、该坚持什么、该放弃什么，来产生新的问题域，换个角度，从而引发更深层次的思考，引导课程改革走向更深处。

我以为，至少有以下问题可以作些讨论。

其一，课程改革与建设应当置于世界教育发展的大格局来观察和思考。英国的弗里德曼那本极有影响的著作《世界是平的》，明确地告诉我们，合作高于竞争，人们要跨越国界、地界的隔阂，走到一起来，共同缔造"平"的世界。联合国教科文组织上世纪 70 年代的那份国际教育报告《学会生存——教育世界的今天和明天》也提醒我们，教育正呈现着共同的走向，世界的今天与明天是所有国家共同创造的。回顾 20 世纪的教育改革历程，我们不难发现，教育改革已从世界裂变中的教育改革走向对峙双峰的教育改革，继而走向多极世界中的教育改革（陆有铨《躁动的百年》），教育改革的世界格局已基本构建起来了。如今，独善其身是不可能的，兼，则可达济天下。BBC 的这次实验并不出人意料。最近几年，英国向中国教育"取经"的步子越迈越大，包括 2014 年年底，英国教育大臣邀请中国数学老师到英国"支教"，也包括英国引进中国数学教辅材料《一课一练》。这不仅说明英国教育界的谦逊、好学，更说明当今这个时代的教育需要有大视野、大胸怀、大交流，要学会分享、学会比较、学会借鉴、学会改变。可见，英国教育界的举动具有全球性的眼光，彰显了一种战略思维，因而是一种大智慧，这很值得我们学习。世界教育是一个坐标体系，我们的教育要从这坐标体系中找到自己的位置，明晰自己的身份，知道要从哪里出发，走到哪里去。"坐标意识"是改革的重要前提和基础。

其二，课程改革与建设应当进行最真实的实验。据称，BBC 与 5 名老师有项重要约定：把传统的中国式教育，尤其是与英国教育对比强烈的搬来英国。他们在与中国老师沟通时反复强调这一点。可见，这是一种教育实验，是真实性极强的跨国教育实验。教育改革需要实验，那种止于浅表层的所谓差异、冲撞应当通过实验来验证，从经验走向实验，从想象走向实证，才能客观地重新认识那些所谓熟悉的问题，从熟悉中发现陌生，从而从陌生处发现规律，教育改革才会真正走在科学化的道路上。

这项实验又基于一些背景的思考："半个世纪以来，虽然美国和英国在这些排名榜（主要指 PISA 测试）上始终表现差劲，却在学术研究、科学专利、发明创新、创造力等方面引领全球。那么，中国式教育对英国的部长们为何如此有吸引力呢？"《卫报》特约专栏作家西蒙·詹金斯的这番话，不只是他个人的，几乎是全英国的，同时也可以说是我们中国的。提问中深藏着需要深入研究的问题，而真实验才可能有真答案。尽管这些问题不是通过一次实验就能解决的，但它绝对是一次良好的起步。中国的教育改革、课程改革需要这样高品质的实验。

其三，课程改革与建设需要深入研究儿童。儿童是教育的对象，也是教育的主体，课程的背后是人，是儿童。李希贵曾经说："我们学校教师不是教学科的，而是教人的。"他的意思绝不是对学科教学的否定，而是强调人才是目的，学科教学不能只见学科不见人。BBC 的这次实验，暴露出来的问题都聚焦在学生上，尤其是学生的学习上。当英国学生脱下紧身衣，穿上校服的时候，当英国学生不理解"谦虚使人进步，骄傲使人落后"的时候，当英国学生在老师们讲解理化知识时，一个学生用口技打着节奏，更多学生自顾自聊天、打闹的时候，课程内容在哪里？课程标准在哪里？知识在哪里？能力在哪里？爱莉诺·达克沃斯把皮亚杰的儿童发展心理学的成果成功地运用于教学，提出"教学即儿童研究"，明确揭示了教学改革的重要走向。因此，中国教师如此重视课堂纪律不无道理，但仅此又不够。深处的问题是，要研究儿童究竟是怎么学习的，学习究竟是怎么发生的。无论是中国式课堂，还是英国式课堂，都必须紧盯学生，紧扣着儿童研究展开。当今，学生发展核心素养已提出，教育开始转型，问题是，我们准备好了吗？在我看来，学生不是"熊孩子"，而是教育与课程往往"熊"了，所以让学生站在课程的正中央是必然的。

不只是教育的冲撞，"中国式课堂"的英国实验，我们应当深度关注与研究。

让"系统""制度"去获胜

——上海PISA夺魁的再思考

2012 年，上海第二次参加 PISA 测试后，上海的朋友发来信息说，上海学生再次问鼎 PISA 测试，他还将数学、阅读、科学三科的成绩与芬兰，与台湾、香港地区作了比较，平均分大大超过了他们。这又一次激起了我们的自豪感，当然也又一次激起了我们更深层次的思考：上海取胜的原因究竟在哪儿？有成功的秘诀吗？

2009 年 PISA 的成绩出来以后，曾有一种说法：这是上海市以好学生与人家的普通学生进行错位比较的"人为操作"。是这样吗？好像不是。我关注到两个方面的信息。第一个是 OECD（经济合作与发展组织）曾敏锐地捕捉到这一关键信息后，专门派了一个摄像组到上海，深入采访上海市如何改变薄弱学校。香港大学程介明教授受委托，对上海的教育系统进行特别研究。程介明调研的结论是："上海对于薄弱学校的改造，花了不少功夫……一个教育体系里面，学校总会参差不齐，如何改变薄弱学校，许多教育制度束手无策。上海在这方面卓有成效，使学生的学习成果在大面积的系统里面，不致有太大的差异。"第二个信息是，《世界是平的》的作者弗里德曼专门到上海考察学校，要求上海推荐两所学校，一所最好的，一所最差的。那所被推荐为最差的是闵行区城乡结合部的蔷薇小学。结果，弗里德曼在那里听了一节英语课，以及和学生交谈以后，走到操场边，给大洋彼岸的太太打了个电话，他说，他在上海看到了最好的学校。——他的太太也是搞教育的。当晚，弗里德曼还给纽约的报纸写了文章，文章里说，上海其实没有什么成功的秘密，如果说有，那就是教师的研修制度、教师的合作文化以及校长总是以最高标准来办学校。这些信息，完全可以让我们放心，上海的测评成绩是真实可靠的。

我想到的，还不止于此，所谓测评成绩，所谓教学质量，并不是孤立的，绝不是为质量而抓质量，而是应将其放在整个系统里，重在抓好教育政策和制度的设计、安排和实施。撇开谁胜谁负，测试成绩、教学质量提高的关键在于系统的建立和完善，抑或说，最终是"系统"的胜利。这是不难理解的，哈佛大学教育出版社的那本《超越上海》还有一个副标题："美国如何建设全球顶尖的教育系统"，这是他们反思的结果，是他们最想追求和解决的根本问题。往大的方面看，十八届三中全会《中共中央关于全面深化改革若干重大问题的决定》提出，教育领域要以立德树人为根本任务，进行综合改革，这一决策是十分正确的。

还有一个信息也相当重要。华东师范大学副校长、学习科学研究中心主任任有群教授认为，芬兰和上海的教育系统有实质性差异，在教师培训方面各有优劣。但是他说，在芬兰，教师的自主权很大，可以自由设计课堂教学，选用自己喜欢的教材，国家课程对于教师来说只是一个大致框架。而"上海教师没有这么大的自由度，但教学出现难题时，我们有教研室，让教师动用集体智慧应对，还有课标作为质量监控的标准"。这同样是一个系统和制度建设问题。我并不祈求下次的测试上海仍夺冠，或其他省夺魁，而是期盼我国的教育系统、教育制度更健全更完善，执行得更切实更有效。相信，这是指日可待的。

游戏，改变教育？

简·麦戈尼格尔是一位美国未来学家，是世界顶级未来趋势智库未来研究所游戏研发总监。她出了一本书，书名极具吸引力，叫《游戏改变世界》；内容更具颠覆性：游戏并非洪水猛兽，而且建议人们将现实世界"游戏化"，用游戏的思维和机制来改造现实世界。这是为什么？麦戈尼格尔坚定地认为：在线游戏为数亿玩家所创造的目标、荣耀、交互和情感中，就隐含着通向未来的密码，其精髓不单单是提供了一种参与机制和激励机制，更在于推动一个强有力的变革方式。

如此的观点及其论述，令人耳目一新，而且在心底里定会涌起这样的问题：真的吗？麦戈尼格尔有严谨的科学态度。她有一份统计，这份统计表明，美国、中国、印度、欧洲分别有 1.83 亿、2 亿、1.05 亿、1 亿玩家活跃在在线游戏社区里；其中有些"极端"玩家，比如美国有 500 多万，平均每周在游戏中耗费 45 个小时，中国则有 600 多万，每周至少玩 22 个小时游戏。麦戈尼格尔研究的结论大概有以下几条：一是游戏让人具有挑战高难度的愿望，因而游戏会常有"心流"体验。所谓"心流"体验是一种高度紧张并快乐着的投入状态。二是玩游戏并不是逃避现实生活，而是为了主动让现实变得更有价值，比如唤起幸福生产力，提高成功机会。麦戈尼格尔将其称为"情感耐力"。三是游戏的核心是游戏精神，而游戏精神可以推动一个强有力的革命系统，为人们掀开未来生活的图景。

这些诸多启发性的观点汇集在一起，就是告诉我们要改变自己，我们要让游戏也来改变教育，改变课程和教学。

　　首先，教育要有一个重大的转变：游戏并不可怕，并非坏事。况且，儿童原本就是一个游戏者，游戏是儿童的天性，也是儿童生活和学习的方式。长期以来，我们在口头上并不反对游戏，但在内心深处却是害怕、担忧和抵制的，久而久之，儿童的天性被遮蔽和消磨了，课程、教学也失去了魅力，一切都不好玩了。教育应当让游戏回归课程、教学，让儿童在游戏中回归。其次，课程、教学应当让学生勇于去挑战，挑战高难度，挑战成功，以一种高度紧张并快乐的状态投入到学习中，产生"心流"。假若学生的学习有"心流"体验，学习一定是有效的，一定是具有主动性和创造性的。"心流"体验应引入到课程、教学中来。再次，让"情感耐力"与游戏精神成为课程、教学的革命系统，即用游戏精神、游戏方式，以及游戏中的情感耐力推动课程改革、教学改革。看来，"游戏改变教育"也是一篇大文章。

　　千万别忘了，麦戈尼格尔还说：请注意，游戏改变世界，不可忽视两个附加条件——个人的自控能力和游戏的优劣。我想，我们是不会忘记的。现在的问题是：游戏，能改变教育吗？

游戏，不同于日常生活

有本名叫《人：游戏者》的书，作者是荷兰人胡伊青加——这个名字对于中国读者来说，还是陌生的。但是，读了他的这本书，却有非同寻常的"熟悉感"。因为他对游戏研究的视角，既不是生物学的，也不是心理学的，而是"力图把游戏的概念整合到文化的概念中去"，因此，他认为，游戏应作为文化现象来解释。他对游戏的定义是："游戏是一种自愿的活动或消遣，这种活动或消遣是在某一固定的时空范围内进行的，其规则是游戏者自愿接受的，但又有绝对的约束力，游戏以自身为目的而又伴有一种紧张、愉快的情感以及对它'不同于日常生活'的意识。"

胡伊青加把游戏当作"生活的一个根本的范畴"，很有深意。游戏在生活中，既是一种生活，又"不同于日常生活"，并"超越了日常生活"。儿童的游戏应遵循这一思想或原则。如果离开生活，儿童的游戏则毫无意思，也可能最终消逝；如果只是把游戏与儿童的日常生活完全等同起来，那么，游戏的文化意义、教育意义也可能丧失。

曾看到一则消息，一款名为《最高逻辑》的游戏盛行一时，其主要内容是"玩游戏，抓罪犯"，创意很简单：要求玩家在规定时间内将通缉令上的照片进行匹配，并且记录最高分值，获取积分。而通缉令上的照片都是真实的犯罪分子的照片，玩家玩游戏时精神高度集中，在不知不觉中就记下了这些犯罪分子的模样。如果发现了犯罪分子，玩家就可以立刻通过游戏给警方发送电子邮件。据统计，1/5 的罪犯就是这样被抓住的。

　　我绝不是说让幼儿园小朋友、中小学生成为这种游戏的玩家，而是说要将游戏融入生活，要在游戏中注入一些内容和要求，使游戏更有创意、更有目的、更有规则。这样的游戏，情境更真实，孩子会有更深刻的体验，因而才会有更自然的发展。如果用这一理念来衡量当下的游戏，不难发现，游戏中的虚假成分过多，疑似游戏、伪游戏比较普遍地存在着。其实，孩子们非常清楚，这是假的，但要"配合"老师，完成教学任务。这样的游戏缺失了神秘感，成了为游戏而游戏的"游戏"。假如我们设想一下，让游戏增加一点目的明确而又重要的"任务"，比如熟悉经典文学作品中的人物、语言，了解历史上重大的事件，学习科学上深奥的知识，比如识记一年级小朋友比较烦心的汉语拼音，还有英语单词……这纯属猜想，不过，似乎有一点道理。那么，就让我们试一试吧。

寻找开端：50年代的课堂记忆

回忆童年，不能不回忆校园里的生活，包括课堂的学习生活。但是，很奇怪，课堂的教学情景留在我大脑沟回里的，不是那么清晰，更不是那么丰富，倒是校园里的活动至今还恍若昨天。我知道，对于孩子来说，他最喜欢的地方是苏霍姆林斯基所说的"蓝天下的学校"，是夏夜野外的篝火，是树阴下小河里的嬉戏，是狭小院子里对足球的追逐……而相比之下，课堂的学习还没有变成学生所喜欢的生活。成人们要记住的是，孩子、童年，总是与生活、生活的乐趣联系在一起的。

可惜，上世纪50年代，在中国还没有"教学是生活"的命题，至少当年的学生还没有感受到。搜寻童年的记忆，那时的课堂教学似乎和今天的差不多。印象比较清晰的是，教师教学一个环节接一个环节：复习上节课学习的内容—板书课题—讲解，其中有读课文，有提问有回答—小结、巩固—布置家庭作业—下课。清清楚楚，干干净净。后来，当了老师才知道，这是苏联的"红领巾教学法"，是凯洛夫教育学上所规定的教学的几个基本环节。至今我都认为，教学应当有基本的结构。一堂环节不清晰的课一定是混乱的课，有时会杂乱无章。我不敢说自己的思维很有逻辑，但我自信，思维还是有条理的。这是不是与当时的教学环节有关系呢？

特别让我佩服的是教自然的吴老师：上课严谨，要求严格，但严肃中常常有引你发自内心笑声的幽默，在短暂的笑声后，又复归于教室的安静。在吴老师的课上，你的心是一起一伏的，有时会"一拎一拎"的。这是教学的节奏啊，是一种美妙的心灵节律啊！尤其是快要下课的时候，吴老师的背轻轻地倚靠在黑板上，用自己的身体遮挡住板书内容。要知道，板书的内容是全堂课的精华之所在。他向全班同学提问，随着提问与回答，身体缓缓地自右向左移动。这是每堂课的复习阶段，不多不少：5分钟。随着下课铃声响起，吴老师夹起书本走出教室，同学们欢呼雀跃地飞出了教室。我想，教学中的及时复习、巩固，教师帮助学生梳理所学的知识，无形中让你明确教学的重点、难点，印在脑子里形成一个"网络"结构，这不仅是必要的，而且效果相当好。如今，我们还要坚持吗？在坚持中要做哪些改进呢？

印象最深的，是一个夏日的晚上，五年级所有同学按规定时间来到学校，有的背锅子，有的拎油瓶，每人手里都有一个小小的米袋，好不兴奋。原来这天要夜行军，登山观日出。第一次集体住宿，再硬、再窄的课桌，我们睡在上面都不怕痛，也不怕掉下来，只知道有说不完的话，有讲不完的故事。刚刚睡着不一会儿，起床的钟声响了，睁开迷糊的双眼，把睡意抛在九霄云外，到操场集中，点名，向右转，出发，奔向那遥远的长江边，登上那狼山顶，在支云塔下面翘首东望，呼唤着旭日早早破雾升起……红日升空，老师让我们围坐在一起，回忆，议论，用上好词好句……回校后不久，作文课上《登山观日出》顺利完成了。我已忘掉了那篇作文的分数，但是留在心里的是那永不磨灭的经历。那时，还没有综合实践活动，还没有明确提出教育要与生活相结合（陶行知的教育思想是被批判的），还没有情境教育，还没有探究、体验，但老师已用自己的教学实践，证明了教育离不开这些元素，课堂应当是一个开放的天地。只不过在当时，那些元素只存活在教师心里，没有给它们命名；只不过，那些元素，只隐藏在活动之中。我知道，命名是重要的，是一种概括与提炼，会让人更自觉，但是，如果命名以后，它只是一个书面上供讨论、供写论文使用的概念、符号，而在心里早就失去了意义与光彩，那命名还有什么价值呢？不同的阶段，基本的教育元素应该互相融通，我们不应当追求形式，而应当追问本质，回到原点去讨论问题，就可能有非常精彩的历史对话。

最盼望的是作文课，因为我的作文会得到当众朗读的待遇。无论何时，无论你已成为伟大的作家或是著名的学者，我以为自己的作品能朗读给大家听，被当作范文作分析，这才是最高的礼遇。应该说，自己的作文就是这样被老师"捧"出来的。不知怎的，三年级时的一堂作文课我一直没忘。记得是第二课时，把作文草稿誊写到作文本上去。但是，找来找去，作文草稿不翼而飞，且无影无踪。陈老师走过来，关心地问我：你还记得吗？我很奇怪：自己写的怎能不记得呢？不一会儿，我把作文完成了。老师又一次表扬我记忆力强，说，学习一定要培养自己的记忆力。我的作文能力就在这样的氛围中生长起来。

回忆到这儿，我想作些简单的梳理。要说过去和现在的课堂教学有什么不同，或者换一个视角，现在的课堂教学比上个世纪 50 年代究竟有了哪些根本性的改变与进步，真的还很难作出客观的评判。这是一个值得深究的现象和问题。可能的答案有，教育有其基本的规律，不可大起大落，应当承前启后，保持一贯性和一致性。教学改革就是对教学基本规律的不断追寻与把握，是对基本规律的不同演绎与呈现；教育相当保守，可以说，比医学、建筑、军事等都要落后和保守。几十年、近百年的一贯制，要改变，非得从根本上改起不可。

无论如何，有一点可以肯定：课堂教学必须让学生真正成为主体，教学应以学习为核心，教师的使命是对学生学习的引导和提升，这样的改革可能是具有根本性和实质性的。尽管这样的话已耳熟能详，不过，我认为这个"结论"很重要。

附 录

成尚荣印象

江苏省特级教师　周卫东

看此标题，您或许会觉得：此人对成尚荣先生不够尊重，你一个晚辈，没头没脑的，好歹也应该加上一定的称谓，比如先生、老师、所长、教授什么的！如您这么想，真是错怪我了！加上一个称谓并非难事，但这一固化了的称呼，便遮蔽了我对成尚荣先生的那种多元的赞评以及无法用言语表达的敬佩甚至膜拜。

我与先生相识的时间至今还记忆犹新：2002 年 10 月 22 日。我当时所在的东台市实验小学正进行省"十五"课题的开题论证会，请来了当时是省教科所所长的成尚荣先生作为论证专家。虽然早闻大名且心存敬畏，但见面后，他那挺拔的身板、俊朗的外表、儒雅的风度、流畅的表达深深折服了我！第一次面对这么一位高档次的专家，我在介绍开题报告时稍显生涩，成所长及时鼓励："小周校长很不错呀，不仅中文讲得好，还能不时地蹦出几个英语单词来！"这一句"及时雨"浇灭了我心头的不安，使我一下子变得自如流畅起来。这是官员，还是专家？他没有有些专家那种标志性的迂腐，有些官员那种特有的官气，他是一个集学术型、行政型、人文型于一体的复合体！

成尚荣先生有着超强的记忆力，他发言从不用 PPT，也从不看一眼稿子，高屋建瓴、妙语连珠、娓娓道来、精彩纷呈。他有着超强的组织概括和提炼能力，更有着超常的应急应变能力。他甚至成了一些大型论坛、高规格会议上的"御用主持人"，有了他的到场，活动就成功了！

他能特别"应景地"抓住当时当场的人或事生成一段精彩绝伦、巧妙妥帖的对话，让听众记忆犹新、反复品味。记得那一年，我在任东台市第一小学校长期间，邀请成尚荣先生来学校讲学。开场时他把学校四个校长的姓（周、余、何、夏）全都串在一起："今天来到东台一小特别高兴，因为我仿佛置身于一幅水乳交融的画卷中，你看，在平静的河（何）面上，荡漾着一叶小舟（周），小舟的下面有小鱼（余）和小虾（夏）在愉快地嬉水。"如此开场，一下拉近了专家与听众之间的心理距离，现场感十足！在讲座最后的互动阶段，老师们自由提问，房爱云老师问："成所，请问我们青年老师什么时候能达到您这样的境界？"成所反问："请问您贵姓？"老师说姓房，成所说："好，你的姓已经告诉你答案了！你朝上看，看到了什么？对，你看到了房顶，如果你能拆除心理上的房顶，你离成功就不远了！"如此快速的反应与点评，有如神来之笔，这哪是一般人所能企及的？

海明威在《午后之死》中说："冰山运动之雄伟壮观，是因为它只有八分之一在水面上。"是的，这些可以作为饭后茶余谈资的微故事、小轶事，只是我对成尚荣印象中"八分之一"水面之上的部分。那水面下的八分之七呢？我们不妨走近成尚荣，从更深的层面来解读。

为教育生命的持久，每一位大家都得涵养一个生命的"场"。这个"场"以学养、经验和阅历为轴，"场"面流动他的气息、情趣，站立着他的个性、人格，弥漫着书香、激情："大知闲闲""大成若缺，其用不弊；大盈若冲，其用不穷""道法自然""人皆可以为尧舜"……马克斯·范梅南、达克沃斯、杜威、小威廉·多尔、加德纳，名人名言，如数家珍，张口即来……从远古到现代，从国内到国外，从传统到时尚，引经据典，诙谐风趣，富含哲理、诗意、思想，更见教育的精、气、神！

我不知道听过多少次成先生的报告，也记不清读过多少成先生的文章。他的大多数文章都被我拍成图片保存在手机里：《中国情境教育的原创性》《做一个精神灿烂的人》《名师之路：南通样本的标本意义》《核心素养的中国式表达》《基础性：学生核心素养之"核心"》……潜入到这些文章的深处，可以看出：先生对课程改革、学校管理、名师成长、课堂教学、儿童立场等诸方面都有着深刻的理解和精妙的诠释。内容涉及古今中外，博大精深，有如"教育大全"；表达擅长引经据典，字字珠玑，胜过"百科全书"。读来如沐春雨，如坐春风，余音绕梁，多日不绝。

先生对国家的课程改革倾注了无限的关注，因有着深刻的思考故有着精辟的见解。他在《人民教育》发表一系列关于"课改与改课"的文章，对课改中出现的问题发出了持久的声音，坚定而响亮地提出"课程改革：回归不是倒退""教学改革要以学生学习为核心""要回到教学的基本问题上来"……在学习方式变革这一方面，他对许多似是而非的概念进行了厘定：以学论教、顺学而教、以学为核心、多学少教、先学后教、以学定教，等等。这些概念可以形成一个结构，分为上、中、下三层。居于上位的是以学为核心，它是教学的目的；居于中间的应该是多学少教，先学后教，以学定教，顺学而教；而居于下位的应该是讲学稿、导学案、活动单、学习单，等等。他看到当下的课堂像染上了某种"瘟疫"，打着"为了学生"的旗号而出现的种种乱象，一针见血地指出："一些地区、学校和教师进行教学改革，总是力求建构一个体系、一种模式，也总是力求与别人不一样，形成自己的个性。追求体系、模式的建构并没有错，问题是体系、模式必定离不开对基本问题进行研究这一重要基础。"这一论述有如迷雾中的明灯、航海时的罗盘，对我们当下课堂教学的改革起着匡正、引领的作用。

说起国内的名师，成尚荣如数家珍：李吉林的"情境教育"、孙双金的"情智教育"、薛法根的"组块教学"、窦桂梅的"主题教学"……从这些国内的顶级名师身上，他概括出风格的基本要义："思想是风格的内核""道德是风格的伦理意义""智慧是风格的文化品性"……

正因为成先生接触、研究了大量的国内名师，因而他对名师的成长有着准确而深刻的认识。

他认为名师的标志之一是教学主张。"教学主张是名师教育自觉的关键性标志，名师应当是思想者，是反思型实践家"；"教学主张是名师成熟、成功的核心因素""教学主张是名师产生和促进影响力的重要原因，是具有影响力的名师与一般名师的显著区别""教学主张是名师教学风格的内核"。他独创性地认为："教学主张以及以教学主张为内核的教学风格，应该是名师成长道路上的通行证。这张通行证，引领名师走向教学改革的深处，走向特级教师，走向教育家，走向全国，走向世界，可以和国内外的教育同行进行对话。"

除了教学主张，先生对名师成长的规律的归纳更是入木三分："名师对基本规律的高度认同与坚守，显示着不同于一般教师的成长自觉"；"名师能持久磨炼，不断追求，形成鲜明的成长目标"；"名师给反思以特有的深刻性，并形成习惯，努力成为反思性实践家"；"名师在成长的过程中能不断丰富自己的心智，心智的成长比什么都重要"……

先生认为：名师的研究与写作，需要寻找更适合自己职业特点和需求的新视角、新方式，因而，他倡导散步美学。他把目光投向了苏霍姆林斯基、陶行知，常常翻阅浪漫主义哲学家的著作及中国诗性文化的论述，还多次阅读宗白华的《美学散步》及相关的评论文章，在此基础上大胆而果敢地提出全新的判断：向生活回归，向研究的自觉回归，在"散步"中，以"直觉把握"的方式开展研究，丰富生命体验，追求研究的内在逻辑；向形式美回归，在"散步"中寻找自己的句子，表达自己真切的感受，追求"诗意的深度"。

关于课堂，我尤其喜欢成尚荣先生的《教室，出错的地方》一文。文中谈到："既然如此，我们的教学不要刻意去求顺、求纯、求完美。其实，出错了，课程才能生成。就是在'出错'和'改错'的探究过程中，课堂才是最活的，教学才是最美的，学生的生命才是最有价值的。"这样的文字让我想起巴赫金的观点：课堂是有很多种"声音"相遇的地方。巴赫金的一个经典问题是："是谁在说话？"成先生提醒我们：老师的高明之处就在于课堂上善于挑起"事端"，引发学生争论、思辨。"课堂里应该是谁在说话？"主角当属学生。是的，所谓的教育是什么？成先生告诉我们：面对课堂应该有一份警觉，在面向未来的顺应中，千万不要掉到工具主义的陷阱里，因为学校里的"Face to Face"（面对面），真爱对真爱，行动对行动，永远是不二的选择；课堂，应该是启迪智慧、润泽孩子心灵的地方！

端坐在桌前，敲击着键盘，在飘荡着丹桂香气的季节里，看着蓬勃生长的藤蔓，许多过往的故事在我的回忆中温柔地淡入淡出，遥远且切近。今天，倘若在百度里输入"成尚荣"三个字，就能搜索到关于他的成千上万条信息。

我夫人也是教师，她一直在我耳边嘀咕："我希望你老了之后能成为成先生那样的人，少些粗俗鲁莽，多些儒雅厚重，少些官气，多些书卷气。"为了这一目标，我除了崇拜先生之外也一直在思考：成先生特别的地方究竟是什么？"钢铁是怎么炼成的？"

我真的很幸运。6年前在老家东台，几年能见到成先生一次就算不错了，2010年调到南京后，无意中买的房子就在先生隔壁的小区，步行也就几分钟的距离。饭后茶余，我会偶尔到他书房里坐坐，在茶香里聆听智者的声音，享受长者的教诲。一次他问我："卫东，你春节期间忙什么？"我当即自豪地回答："与朋友相聚啊，调到南京，家乡的朋友都等着我回去相聚呢！"他目视着我缓缓地说："卫东，假期里正是出货的时候啊！整个寒假我要完成12篇约稿！"没有批评和说教，先生这句话让我面红耳赤、无地自容……

想起《王永庆全传》里的一个故事：王永庆是台湾最知名的企业家，是白手起家的典范，也是年轻一代心目中最崇拜的创业英雄，被誉为台湾的"经营之神"。有一次，一个学生向他请教："您的成功，到底是勤奋重要还是运气重要？"王永庆答："我负责任地告诉你，年轻人，我用一生的勤奋就是为了证明我的运气比别人好……"解读他的成功密码，不难找到个中答案。

除了勤奋，还有什么呢？

偶尔读到日本学者和辻哲郎的《风土》一书，他认为：季风地区的"潮湿"，带来湿润、丰沃，但湿气又让人难以忍受、难以防御，孕育了季风地带的人忍辱负重的共同性格。他们明显保持着一种紧迫感，在忍耐的深处蕴藏着一股斗志。先生生在海边，长期工作在海边，后来定居在长江边，他的成长也与此相关？似乎有一些。这一特有的风土环境孕育了先生特有的对教育事业的热爱，对形成学校办学特色、风格的执着追求。诚如帕克·帕尔默在《教学勇气》一书中提出的，伟大是指"求知者永远聚焦其周围的主体"。成尚荣就是求知者，他在求知——教育过程中，培养着自己丰富的精神，具有丰富精神的主体一定是伟大的。

波兰尼在《默会之维》里说了句很有名的话："我们知道的比我们说出来的要多。"怀特海在《思维方式》里说了类似的话："我们经验的东西比我们能够分析的东西要多。"今天，我斗胆借用这些大家的话，很想说：真实的成尚荣，比我写的要精彩得多，成功得多！

信夫？

高度的力量

江苏省天一中学　沈茂德

　　一定可以这样说，江苏的中小学校长大多得到过成尚荣先生耳提面命的学术性滋养；也一定可以这样说，中国的中小学校长大多阅读过成尚荣先生关于教育、关于儿童立场、关于课程改革、关于名师成长等众多方面的研究性文章。就我来说，我几乎是读着成先生的文章在工作中成长的，也有幸多次如痴如醉地聆听成先生的主题报告，更承蒙成先生青睐，多次在天一中学校园里就学校优质发展、课程改革、资优教育、名师培养等主题面对面求教于成先生。天一好多老师这样说，成先生就是天一的贵人。在许多关键点上，天一的优质发展，都得到了成先生的点拨。当我们探索资优教育时，成先生高屋建瓴，适时予以"为每个孩子提供适合的教育""从关注学生现实性走向开发性"的方向指导；当我们研制学校课程方案时，成先生出现在我们的研讨会场，那么专注地聆听，时而闭目沉思，时而颔首微笑，用他一贯的诗意语言，醍醐灌顶，给我们洒下一片阳光："回到教育的基本问题上""培养积极的生活者"……可以这样说，"每个孩子都是一座金矿""教育是农业""教育，真的不能简单"等天一风格的教育哲学都渗透着成先生的教育思想和教育智慧。

　　我从事教育 30 多年，经历了一定的校长高层培训，也有了较广泛的教育行走，因此而走近了许多教授、学者，也聆听过许多"教育专家"的演讲，结识了国内外众多知名校长，在与一些专家、校长的交流中，渐渐有了这样的感觉：某些学者、校长文风张扬，极力浓墨重彩，极尽华丽，但其实文章内容言之无物，无非是些名词、概念的堆砌，更有些学者、校长每每出现在论坛，就像个刚出道的武士，张牙舞爪，拼命想让人看到他的"才华"，有时甚至对校园里并不存在的故事夸夸其谈，初闻者，甚为钦佩，知情者，则时常为之感到羞耻。但与一些真正的学者交流，与一些宁心静气的校长深谈，常内心悦服，成尚荣先生正是其中典范。因为年龄、阅历的深厚积淀，成先生的文字越来越内敛，但这种内敛更显教育风骨和情感韵味。读他的文章，既有谦和淡然的味道，更有大气老道、哲理明晰的意蕴。听他的讲座，看似淡然轻巧，自然天成，细味之，字字珠玑，犹如"大珠小珠落玉盘"。某一次，成先生在我校作讲座，我安排了录音，第二天，慢放聆听，信笔记下，整整十多页纸，浑然如一长篇教育散文，几乎没有啰嗦的语言，没有重复的话语，绝无"这样""那样"的官腔语调。为什么成先生在国内有这么多的教育粉丝？因为听过成先生的讲座，大多内心钦佩。我曾在我的笔记本上写下这样一段话：成先生的讲座，绝对非常人所能及。语调如诗人抒情，语言如哲人叙理，观点如真正的武林高手，在悄然中有着强大的气场，内容则有丰富而厚重的内涵，感受如万千风景寓于一体的真醇之味……

2016年4月，第11届中国卓越创新校长论坛在天一举行，成先生的讲座安排在最后一天下午，我稍有担忧，这么多远道而来的学者、校长，已连续两天听了这么多报告，最后的半天能否坚持。下午1:30，当我忐忑地走进会场，报告厅早已济济一堂。贵州教育厅副厅长李奇勇先生原计划中午饭后赴北京，听闻下午有成先生的讲座，果断重新订票，他对我说，久闻成先生大名，也读过成先生好多文章，这么好的机会，一定要好好听听。新疆建设兵团18位校长在华山中学邱成国校长的率领下远道而来，原计划提前赴苏州重点中学考察，成先生一开讲，全体留下，报告刚一结束，集体涌上去，成先生顿时成为会场合影模特。一位女校长说，我们早就是成先生的教育"粉丝"，今天一定要有一张合影。

因为长期从事超常教育研究，我接触过众多国内外少年英才，也在与中国科学院心理所、北师大、华师大及美国资优教育中心、台湾师范大学等众多学者的交流中，对IQ、EQ有了一定的了解，一定可以这样说，成先生是属于IQ、EQ特高的一类人。凡聆听过成先生讲座的人，在钦佩其诗人气质、学者风范、长者姿态的同时，一定都会惊叹于他巨大的脑储量和惊人的记忆力，更臣服于其磁场般的人格魅力。我从未问过成先生一年的阅读量，但我从他娓娓道来的浩瀚信息中，顿感"胸有成竹""学富五车"的含义，面对无数个主题，每个主题都能有序展开，逐渐深入，其内容的逻辑性、语言的丰富性、故事的情节性，犹如程序般储存在成先生的大脑中。他往讲台上一站，全场聚焦，他一开口，听众顿悟高度的力量。这种功力，这种境界，听众无不叹为观止。我常这样想，倘若我们有更多的学者、教授能修炼到如此淡定、从容、丰富的程度，教师培训、校长培训，一定会进入一个新的境界。

我们还常看到这样一种情境，一位年过七旬的长者，两个小时的讲座，总是喜欢潇洒地站着，激情澎湃地叙说着教育情怀、教育理想、教育智慧；我们还看到，成先生的讲座，绝不用预设的多媒体课件，他还喜欢随时提问应答。我想，是否可以这样说，因为他已站在中国教育、世界教育的高度上，因为在他的内心有一种青春的情怀和教育的情怀，在他的血液里流淌的是教育的思考和教育的梦想，因此，成尚荣先生如此年轻？

信笔至此，油然想起美国作家塞缪尔·厄尔曼的散文《青春》："青春不是年华，而是心境；青春不是桃面、丹唇、柔膝，而是深沉的意志，恢宏的想象，炙热的情感；青春是生命的深泉在涌流。……人人心中皆有一台天线，只要你从天上人间接受美好、希望、欢乐、勇气和力量的信号，你就青春永驻、风华常存。"

生命之树常绿，只有内心幸福的人才能如此。成先生就是这样一位心中有梦、心态阳光、永远幸福的思考者、探索者，江苏有他，中国教育有他，确是幸事。

致　谢

　　早上五点多就起床了，准备写文丛的致谢。每次写东西前，总喜欢先读点什么东西。今天读的是《光明日报》的"光明学人"，写的是钱谷融先生。

　　钱谷融先生是我国著名文学批判家、文艺理论家、教育家。那篇写他的文章，题目是:《钱谷融:"认识你自己"》。文章写出了钱先生性格的散淡和自持，我特别喜欢。文章写到在 2016 年全国第九次作代会上，谈及当下的某些评论，钱先生笑眯眯地吟出杜甫的《绝句》:"两个黄鹂鸣翠柳，一行白鹭上青天。"看提问者似懂非懂，他便说:"黄鹂鸣翠柳，不知所云;白鹭上青天，离地万里。"提问者恍然大悟，开心大笑。

　　自然，我也笑了。我笑什么呢? 笑钱先生的幽默、智慧、随手拈来，却早就沉思于心。我还联想到自己，所谓的文丛要出版了，要和大家见面了，是不是也像钱先生所批评的那样，看似好美却不知所云，看似高远却离地万里呢? 我心里十分清楚:有，肯定有。继而又想，没关系，让大家评判和批评吧，也让自己有点反思和改进吧，鸣翠柳、上青天还算是一种追求吧。

　　回想起来，我确实有点追求"黄鹂鸣翠柳、白鹭上青天"的意思，喜欢随意、自在，没有严格的计划，也不喜欢过于严谨。我坚定地以为，这并没有什么不好，文字应当是从自己心里自然流淌出来的，有点随意，说不定会有点诗意，也说不定会逐步形成一种风格。我也清楚，我写的那些东西，没有离地万里、不知所云，还是来自实践、来自现场、来自思考的。不过，我

致谢

263

又深悟，大家大师的"随意"，其实有深厚的积淀，有缜密的思考，看似随意，却一点都不随便，用"厚积薄发"来描述是恰当不过的。而我不是大家，不是大师。所以应当不断地去修炼，不断地去积淀，不断地去淬化，对自己有更严格的要求。

我也有点散淡。总希望写点单篇的文章，尽管也有写成一定体系的论著的想法，但总是被写单篇文章的冲动而冲淡；而且单篇文章发表以后，再也不想再看一遍，就让它安静地躺在那儿，然后我会涌起写另一单篇的欲望。所以，要整理成书的愿望一点都不强烈，在家人和朋友的催促下，我不好意思"硬回绝"，只是说："是的，我一定要出书。"其实是勉强的、敷衍的。说到底，还是自己的散淡所致——看来，我这个人成不了什么大事。

好在有朋友们真诚的提醒、催促、帮助。非常感谢李吉林老师。曾和李老师同事了23年，她是我学习的楷模，我的思考和研究，在很大程度上是在她的影响和提醒下进行的。清楚地记得，我从省教育厅到省教科所工作，李老师鼓励我。她又不断地督促我，要写文章，要表达自己的思想。非常感谢孙孔懿先生。孙孔懿是学问家，他著作丰厚，是我学习的榜样。他总是温和地问起我出书的事，轻轻的，悄悄的，我在感动之余，有一点不好意思。非常感谢叶水涛先生，水涛才华横溢，读书万卷，常与我交谈，其实是听他"谈书"、谈见解，又常以表扬的方式"诱发"我写书。非常感谢沈志冲先生。沈志冲是高我一届的同学，他的真诚和催促，成了我写作、整理文丛的动力。非常感谢周益民老师。周益民是我的忘年交，是知己。他一次又一次地提议并督促。他还说：我和我们学校的老师可以帮助你整理材料。不出书，真是对不住他。非常感谢校长和老师们，他们对我的肯定、赞扬和期盼，都是对我的鼓励。在徐州的一次读书会的沙龙上，贾汪区一所学校的杜明辉老师大声对我说：成老师，我们希望看到您的书，否则是极大的浪费。杜老师的话让我感慨万千，他的表情一直在我脑海里浮现，他的话语一直在我耳边回响。非常感谢华东师范大学出版社大夏书系的李永梅社长、林茶居先生、杨坤主任及各位朋友、编辑，真心实意地与我讨论，有一次他们还赶到苏州，在苏州会议结束后，又与我恳切交谈，让他们等了好长时间。他们的真诚，我一直铭记在心。当然，我也非常感谢我儿子成则，他常常用不同的方法来"刺激"我，督促我，他认为这应是我给他留下的最宝贵的财富。

在整理文稿的过程中，翟毅斌默默地、十分认真负责地为我做了大量的工作：文字输入、提供参考文献、收发电子文稿、与有关老师联系，事情繁多，工作很杂。他说，我既是他的老师又是朋友，他既是我的学生又是秘书，而且是亲人。我谢谢他——毅斌。

在与窦桂梅老师谈及文丛的时候，在鼓励之后，她又有一个建议：在书后附一些校长和老师的故事。这是一个极好的创意，我非常赞赏。窦校长亲自写了一万多字的文章，有一天她竟然写到深夜，王玲湘、胡兰也写了初稿。我很感谢她们，感谢清华附小。接着我和有关学校联系、沟通，他们都给予真诚的支持和帮助：孙双金、薛法根、祝禧、王笑梅、李伟平、周卫东、曹海永、冷玉斌、陆红兵等名师、好友给我极大的支持和真挚的帮助；南京市琅琊路小学、力学小学、拉萨路小学、南京师大附小等都写来带着温度的文字；名校长、特级教师沈茂德也写了《高度的力量》——其实，他才拥有高度的力量。

出书的想法时隐时现，一直拖着。去年春节期间，我生发了一个想法：请几位朋友分别给我整理书稿，大夏书系李永梅社长说，请他们担任特约编辑。于是，我请了江苏教育出版社的周红，南京市琅琊路小学的冯毅、周益民，江苏教育报刊社的蒋保华，南京市教研室的杨健，南师大附小的贲友林，还有翟毅斌，具体负责丛书各分册的编辑整理工作。他们花了大量的时间和精力，在九月底前认真地编成。这是一项创造性的工作，他们给我以具体的帮助，谢谢他们。

书稿交出去以后，我稍稍叹了一口气。是高兴呢，还是释然呢？是想画上句号呢，还是想画上省略号呢？……不知道。我仍然处在随意、散淡的状态。这种状态不全是不好，也不全是好，是好，还是不好，也说不上。"两个黄鹂鸣翠柳，一行白鹭上青天"，是我所向往的状态和心绪，也是我所自然追求的情境与境界。但愿，这一丛书不是"不知所云"，也不是"离地万里"，而是为自己，为教育，为课程，为大家鸣唱一首曲子，曲子的名字就叫《致谢》。

2017 年 2 月 15 日

致谢